20世纪的
汉字简化运动
与中小学语文教学

● 蒋 麂 著

陕西师范大学出版总社

图书代号　ZZ21N1918

图书在版编目(CIP)数据

20世纪的汉字简化运动与中小学语文教学／蒋麑著.—西安：陕西师范大学出版总社有限公司，2021.12
ISBN 978-7-5695-2469-7

Ⅰ.①2…　Ⅱ.①蒋…　Ⅲ.①简化汉字—研究—20世纪②语文课—教学研究—中小学　Ⅳ.①H124.2 ②G633.302

中国版本图书馆CIP数据核字(2021)第190567号

20世纪的汉字简化运动与中小学语文教学
20 SHIJI DE HANZI JIANHUA YUNDONG YU ZHONGXIAOXUE YUWEN JIAOXUE
蒋　麑　著

责任编辑	张俊胜
责任校对	王东升
封面设计	鼎新设计
出版发行	陕西师范大学出版总社
	（西安市长安南路199号　邮编710062）
网　　址	http://www.snupg.com
经　　销	新华书店
印　　刷	西安日报社印务中心
开　　本	787mm×1092mm　1/16
印　　张	14.625
字　　数	240千
版　　次	2021年12月第1版
印　　次	2021年12月第1次印刷
书　　号	ISBN 978-7-5695-2469-7
定　　价	36.00元

读者购书、书店添货或发现印刷装订问题，请与本社高等教育出版中心联系。
电话：(029)85303622（传真）　85307826

前　　言

　　汉字简化是新中国成立后确立的文字改革的三大任务之一,是汉字规范工作中的一项重要内容,是中文信息处理的基础和关键。汉字简化及汉字规范化的成果,为基础教育提供基本依据。因此,回顾汉字简化历史、梳理汉字规范化基本问题,对指导汉字规范化工作和基础教育教学有着极其重要的意义。

　　20世纪汉字简化运动100年的历史,经历了一个提出、实践、修正、再实践的过程,这一系列过程中有高潮也有低谷,有成功的经验,也有失败的教训,这些都值得我们深入探讨和研究。2000年,《中华人民共和国国家通用语言文字法》颁布,确立了"普通话、规范汉字、拼音方案"的法律地位;2013年《通用规范汉字表》的公布,更为汉字的规范化、标准化提供了切实的依据。在这个新的起点上,联系清末纷繁复杂的社会背景,在全面占有历史资料的基础上,追溯汉字简化理论的源头,梳理汉字简化理论与汉字简化运动的发展轨迹,恢复历史的真实面貌,并尝试对历史事实做出客观的解释与评价,总结历史发展的规律,是非常有必要的。

　　汉字的发展应遵循其客观规律,具有科学性,但汉字与老百姓的社会生活紧密相连,又具有其社会性和应用性。作为"人文符号"[①],老百姓希望汉字能在较长的一段时期内保持稳定;而作为一种应用工具,老百姓希望汉字越来越便于书写。正因为汉字与社会生活息息相关,国家对汉字所进行的极其微小的简化和调整,都将引发全社会各阶层的广泛关注和讨论。百年来,汉字就是这样在客观规律和应用需求之间不断调衡,不断发展。这其中有很多热点问题,至今仍未成定论。诸如汉字简化原则、同音替代、类推简化、简繁之争等问题。

---

① 引自王宁:《谈信息时代的汉字规范——〈通用规范汉字表〉的制定与应用》。

但我们可以肯定的是,汉字简化理论在当时,无论其提出的初衷和目标如何,都无疑是为汉字的发展找到了一条正确的符合汉字演变规律的道路。

那么,如何在这条正确的道路上解决历史遗留问题,继续前进?如何科学地评价汉字,正确地看待汉字简化和汉字规范化工作?对过去一百年汉字简化历史的总结和正确认识是基础,也是关键。"学术史的研究对学术的发展有重要意义,它可以鉴古知今,帮助我们看清前进的方向,跨过荆棘,冲破迷雾,朝着既定的目标前进。"①

本书绪论至第五章,系笔者在北京师范大学文学院汉语言文字学专业汉字学方向就读时撰写的硕士论文。主要从学术史的角度出发,钩沉历史,对汉字简化工作做一番全面的审视和认真的整理,理清其理论的发展脉络,关注历史中出现的相同和不同的声音,分析和挖掘其理论依据,为现代汉字研究"由以往侧重政治的和社会的,转向侧重科学的和本体的"②提供一个基础性的桥梁,为基础教育领域的语文教学工作提供正确的理论指导。

毕业后,笔者成为一名语文教育工作者,在义务教育语文教学领域工作多年,深深体会到汉字规范化工作对基础教育领域的深远影响。作为新时代的义务教育工作者,正确看待汉字简化和汉字规范化的主要问题是非常必要的,它有利于完善我们的专业知识储备,正确落实国家的语言文字方针政策,引导学生正确看待汉字发展的历史规律,把握汉字发展方向,更好地传承中华民族最宝贵的文化遗产。

因此,笔者在第六章整理了21世纪以来与基础教育相关的汉字规范化问题,围绕汉字规范化主要成果《通用规范汉字表》,对照汉字简化百年历史,梳理各问题主要成因及学术界主要观点,尝试为义务教育语文工作者掌握汉字规范化主要内容提供基本参考。

全书未尽之处,有待于日后的学习和思考中逐步完善。

---

① 苏培成:《二十世纪的现代汉字研究》,书海出版社2001年版,前言第2页。
② 王宁:《二十世纪汉字问题的争论与跨世纪的汉字研究》,见《中国社会科学》1997年版第4期。

目　录

绪论 ……………………………………………………………… 1
　一、20 世纪汉字简化运动的发生 ……………………………… 1
　二、简化汉字的评价 …………………………………………… 9

第一章　关于汉字简化和简化字的含义 ………………………… 22
　一、与"简化字"相关的一些概念的含义 ……………………… 22
　二、汉字简化的定义 …………………………………………… 27

第二章　汉字简化的原则 ………………………………………… 30
　一、约定俗成和系统类推 ……………………………………… 30
　二、笔画简单原则 ……………………………………………… 36
　三、系统优化原则 ……………………………………………… 40

第三章　简化方法研究 …………………………………………… 43
　一、简化方法的类别 …………………………………………… 43
　二、草书楷化法 ………………………………………………… 51
　三、同音代替法 ………………………………………………… 56
　四、类推简化法 ………………………………………………… 65

第四章　简化汉字字源研究 ……………………………………… 73

第五章　繁体字和简化字 ………………………………………… 76

第六章　汉字简化与中小学语文教学 …………………………… 87

一、《通用规范汉字表》……………………………………… 87
　　二、《通用规范汉字表》对中小学语文教学的指导意义 …………… 89
　　三、正确看待《通用规范汉字表》涉及的汉字规范化问题 …………… 92
附录　20世纪汉字简化运动年表 …………………………… 101
参考文献 ……………………………………………………… 221
后记 …………………………………………………………… 227

绪 论

一、20世纪汉字简化运动的发生

20世纪的汉字简化运动,是在轰轰烈烈的汉字改革运动的大背景下展开的。作为实现文字拼音化的暂缓之计,汉字简化理论在初期并没有受到应有的重视,以至于今天,当我们重新回溯这段历史的时候,理论的发生与发展依然显得有些模糊不清。但我们还是要尝试在充分占有历史资料的基础上,描述汉字简化运动初期的历史面貌,考订史实、梳理源流,回顾和分析其赖以诞生的土壤——汉字改革运动的理论成因。

自古以来,汉字在中国享有较高的声望。周代的"六书"到汉代的"小学",确立了汉字的崇高地位。随着用汉字书写的书籍逐渐增加,"汉字变成每一时代首先需要关注的一种解读前代文化、书写当代文化、存于后世文化的工具,它自己也成为一种重要的文化要素"[①]。处于19—20世纪之交的汉字改革运动,就是在这种强大的传统势力笼罩下展开的。1895年的甲午战争,轰开了中国的大门,西方先进的科学技术与中国落后的现实状况形成了鲜明的对比。面对严重的民族危机,众多站在时代前列的知识分子开始寻找落后的根源。最终,他们认为西方富强的原因是由于教育普及,而教育之所以普及,是依托了拼音文字的便利。我国的汉字太笨拙繁难,以致延迟了教育的发展,进而影响国家的

---

① 王宁:《二十世纪汉字问题的争论与跨世纪的汉字研究》,见《中国社会科学》1997年第1期。

文化发展。"因之谭嗣同、梁启超等人都提倡过汉字改革之说。"①可见,改革汉字在当时,已经成为富国强民的一种手段。

然而,稍加观察我们就会发现,汉字改革初期各界学人提出改革汉字的主张和影响较大的方案都是拼音化的,没有涉及汉字的改良。这虽然和西学东渐的大背景有关,更与中国维新派希望学习日本,以及提倡者本人的文化背景、思想信仰息息相关。

日本在1868年开始明治维新运动,迅速走上了资本主义道路,成为世界列强之一。中国维新派看到了日本的崛起,"希望效法西洋和东洋,更主要的是效法日本明治维新。中国维新派是希望中国走日本维新的道路,所以在汉字改革上效仿日本也就成了主要倾向"②。日本于1868年开始文字改革,推广国语,在汉字旁边全部注上假名,1866年提出废除汉字,1872年提出改用罗马字,1873年提出限制汉字字数。这个和我国使用同一形制文字的邻国的汉字改革历程当然不能不引起我们的关注。另一方面,清末至民国初年,中国向日本派出了大量留学生,从1892年到1912年共派出39056人。这一批留学生都感受到了假名相对于汉字的便利。这些都对中国的汉字改革产生了巨大的影响。

"1891年,宋恕第一个提出'造切音字'就是以'宜取法日本'为指导思想的。……1909年他创制的《宋平子新字》,是一种完全仿效日本假名字母的汉字笔画式字案。"③

汉字改革的揭幕人卢赣章,21岁时曾经到新加坡学习英语,回国后一直从事英语教学工作。同时,对基督教的信仰使其深谙教会罗马字母,并在此基础上创制了切音字方案《一目了然初阶》。"在方案序言中,卢赣章特别介绍了日本采用假名字母而'文教大兴'的情况,并把日本教育发展,归功于假名的'切音字之效'。"④"1906年,他创造了与日本假名很相似的汉字笔画式方案《中国切音新字》,再一次强调'日本教育普及,端赖切音字之功也'。"⑤

---

① 卢赣章:《一目了然初阶》,文字改革出版社1956年版,序言。
② 陈永舜:《汉字改革史纲》,吉林大学出版社1995年版,第48页。
③ 转引自陈永舜:《汉字改革史纲》,吉林大学出版社1995年版,第48页。
④ 同③。
⑤ 转引自陈永舜:《汉字改革史纲》,吉林大学出版社1995年版,第49页。

切音字运动的主将王照,在戊戌变法失败后,曾在日本避难两年。他的"官话合声字母",就是受日本假名字母的启发制定出来的。

之后,劳乃宣著《增订合声简字谱》是在王照的《官话合声字母》的基础上增补而成。他认为:"东瀛以五十假名包括一切音。文与言一致,能言者即能文,故人人能识字,实为教凡民之利器。我国数百兆凡民,欲令普受教育,非学步之不可。"①

提倡拉丁字母式方案的朱文熊,1906年在日本留学,有感于汉字繁难,倾向于借鉴日本汉字改革的经验,"日本以假名书俗语于书籍报章,故教育亦普及,而近更注意于言文一致,甚而有创废汉字及假名而用罗马拼音之议者。举国学者,如醉如狂,以研究语言文字之改良不遗余力。……余受此激刺,不觉将数年来国文改良之思想,复萌于今日矣"②。

总之,"当时的维新派,某些支持变法的政府官员以及大多数的切音字提倡者,都是主张学习日本的。"③不仅如此,对于这个和我们有着共同文化根源的国家的关注,一直持续到后来的汉字简化运动当中。较早提出汉字简化的著名教育学家陆费逵对日本的文字改革也是有所关注的,他在《论日本废弃汉文》中说:"夫日本与我为同种同文之国。日既改革文字矣,我宗邦其亦有所继起乎。……我国从事改革,宜从字体简单言文一致入手。"④新中国成立以后,郭沫若先生在《日本的汉字改革和文字机械化》中也提出了著名的"他山之石,可以攻玉"的思想,从而揭开了汉字第二次简化的序幕。无论这些关注和论断正确与否,日本文字改革对中国汉字改革的深远影响都是不容我们忽视的。

我们还注意到,清末民初产生的各类文字改革方案,都是以肯定汉字的主体地位为前提的。真正摇撼汉字权威的,是20世纪初国粹主义与无政府主义的一场论争。而20世纪的汉字简化思想,也诞生于这场论争之中。

1908年,巴黎中国留学生办的无政府主义刊物《新世纪》发表了吴稚晖的《评前行君之"中国新语凡例"》,文中说:"中国现有文字之不适于用,迟早必

---

① 转引自陈永舜:《汉字改革史纲》,吉林大学出版社1995年版,第49页。
② 转引自陈永舜:《汉字改革史纲》,吉林大学出版社1992年版,第49页。
③ 陈永舜:《汉字改革史纲》,吉林大学出版社1995年版,第51页。
④ 陆费逵:《教育文存》卷三,中华书局(上海)1922年版,第52页。

废。"并提倡使用世界语。与此同时,他还提出了汉字的改良之法,同样是源自日本文字改革的启发。他说:"中国文字之迟早必废,本稿已言之矣。故欲为暂时之改良。莫若采用二法。(一)即限词字数。凡较僻之字,皆弃而不用。有如日本之限制汉文。(二)即手写之字。皆用草书……凡手写者无不为行草。有如西国通行之法。"随后,章太炎先生在《国粹学报》第41、42期上发表《驳中国用万国新语说》进行反驳。他不赞成吴稚晖"以象形字为未开化人所用,合音字为既开化人所用"的说法,指出使用拼音文字的民族和国家,其文化并不都优于使用汉字的中国。教育的普及,在于政府是否重视和认真推行,而不应归咎于文字的优劣。章炳麟还指出,一个国家的文字应该与本国的语言相契合。日本所以改读改字,是因为日语与其借去的汉字不相契合。同时,章炳麟也认为,汉字的确"太深密","欲使速于书写,则人人当兼知章草。"另外,他也表示出了对汉字改良的担忧,认为改良汉字会造成"无所取意"。

"章炳麟是中国近代在国学上成就最为昭著的爱国主义革命家、思想家。他对中国的历史和文化十分熟悉,逃亡日本后,经过对比,对中国国情有深刻的认识。应当说,他在汉字问题上所采取的立场,代表了具有丰厚国学根底、维护中国文化的爱国知识分子的典型的立场。"[1]他的关于汉字改良"人人当兼知章草"的思想,对随后提出汉字简化提案的第一人——钱玄同产生了巨大的影响。在《章草考·序》中,钱玄同提道:"补救难写之法,则余杭先生主张采用章草。他说:'欲使速于书写,则人人当兼知章草。'我读了余杭先生这段文章,认定他这个主张是最切于实用的,是写汉字唯一的简便方法。从那时起,就时时留意章草法帖,颇想搜罗许多材料,写定其字体。"[2]实际上,在采选简体字时,钱玄同也是这样做的,他在《论简体字致黎锦熙汪怡书》中提到采选字样的原则:"所采之材料,草书最多,俗体次之(俗体几已应有尽有,其向不普遍者,弟本不主张采取)。行书又次之,古字最少。"[3]

对于提出汉字简化思想的第一人是谁,学术上历来有不同意见。60年代以

---

[1] 王宁:《二十世纪汉字问题的争论与跨世纪的汉字研究》,载《中国社会科学》1997年第1期。

[2] 卓定谋:《章草考》,北平自青榭,1930。

[3]《国语周刊》1935年第204期。

前,人们通常把章炳麟《驳中国用万国新语说》中:"欲使速于书写,则人人当兼知章草"看成简化字运动在清末的开端。最早对汉字简化运动的历史进行描述的杜子劲先生在《简体字的纵横论述》中把1935年以前的简体字运动分为提议期、研究期和公布期,在提议期中,他说:"这一期由三个人提议汉字当实行简化,第一个是章太炎,第二个是陆费逵,第三个是钱玄同。"易熙吾在1952年《新建设》第2期上发表的《简体字的几个问题》中也谈道:"有系统的简体字运动在数十年前就发生了。文字学专家章炳麟在清末年已有写减笔字写草字的主张。"董国炎《论普通话与简化字的学理依据——兼论学术史上几桩重要公案》也认为,章太炎对中国现代语言文字学的理论贡献是直接开启了推广普通话和简化字运动。① 然而,这个说法周有光先生却不赞成。1960年9月8日他在《光明日报》汉字改革双周刊第4期上发表了《简体字运动纪要》,文中认为把章太炎的提议看成汉字简化的最早提议是不妥当的,"仔细研究章氏前后的言行,可以知道,章氏不过以章草是'有典有册'的,合乎他的保守思想罢了。他反对修改章草,他喜欢写古字,不喜欢当时通用的简化俗体字"。周有光提出,应该把陆费逵1909年发表在《教育杂志》创刊号上的《普通教育应当采用俗体字》作为简体字运动的开端。此后的学者大多沿袭周氏的说法,极少有异议。

但是,通过史料我们了解到,陆费逵的《普通教育应当采用俗体字》发表之后,并没有引起太多的注意。"这篇文章发表以后,除了引起沈友卿的驳辨以外,别无若何反响。后来他又发表一篇《整理汉字的意见》,以后就再不见他写这项文章了。"② 而汉字简化运动真正的开端,则源自钱玄同1920年《减省汉字笔画底提议》。因此,本文认为,厘清钱氏汉字简化思想的根源对梳理汉字简化运动的源流是极端重要的。钱玄同的汉字简化思想,首先来自其师章炳麟先生。这些,在钱玄同后来收集简体字时对草书的青睐也可见一斑。

钱玄同是汉字简化运动中的一个重要人物。他曾经响亮地提出废除汉字,又激烈地提倡简化汉字。这两种看似矛盾的思想,实则有着不为人知的来源。

---

① 董国炎:《论普通话与简化字的学理依据——兼论学术史上几桩重要公案》,见《山西大学学报》(哲学社会科学版)年第2001期。
② 杜子劲:《简体字的纵横论述》,见《山东民众教育月刊》1936年第7卷3期。

他在晚年的采访中谈道："我主张中国文字改革,最早是受了李石曾吴稚晖主编的《新世纪》周报的影响,以为凡中国旧思想旧文化旧社会政治组织,一切一切,都应在毁弃之列;毁弃旧的,改换新的,汉字也是一件旧东西。所以也应该毁弃。但是我当时的真心,仅仅主张用汉字写的白话文学而已,连把汉字改用罗马字都还没有说到,可是很鼓吹中国人学世界语,便是我向蔡子民先生建议,深荷蔡公赞同而成立的。我不主张立刻就废除汉字及国语,尤其不主张改用任何国文字。我是主张暂时仍用汉字写白话文,将来改用世界的语。""老实告诉你罢!那篇东西(《中国今后之文字问题》)中的话,并非完全是我个人的意见,有几句话是'代朋友立言'的。朋友是谁?就是鲁迅先生。""鲁迅似乎不大看得起世界语,他是学德文的,他说:'德文便很好。因为文法很麻烦。'他是认为文法麻烦即愈精密的。""我听了他这话,便怂恿他把这用一种外国文来代汉文的主张做篇文章,登在《新青年》上,他一定不肯。我说:'那么,我来发表吧。'他说:'不能说是我的主张。'我觉得那不好办,于是改变方针,把他的主张和我的主张混在一起,写成那篇通信。"①

  通过以上史料的分析,我们可以清楚地看到,汉字改革运动初期提出解决中国文字问题的方案的众多知识分子,有一些共同的特点,他们大部分都精通某一门外语,对汉字的历史和发展规律了解不多,但却十分关心教育的普及和国家的发展。凭借着一腔爱国热情以及个人不同的学识、文化背景,以及思想信仰,他们提出了各类改革中国文字的主张和方案。但是,由于他们错误地认为汉字是造成国家落后的根源,以及对汉字与汉语缺乏足够的理论研究和历史分析,他们的提议最终都因为不能从根本上解决中国的文字问题而以失败告终。当时被认为是保守的、抱残守缺的封建遗老的章炳麟先生所提出的众多建议和主张,现在看来却是合理的、正确的、科学的,对于我们今天的汉字研究,依然有着极为重要的指导意义。

  廓清汉字改革的历史发生历程之后,我们再来清理汉字简化运动的发生与发展。1908年,吴稚晖在《评前行君之"中国新语凡例"》中提出汉字改良的思

---

① 熊梦飞:《记钱玄同先生关于语文问题谈话》,见《文化与教育》(旬刊),1934年第24期。

想:"故欲为暂时之改良,莫若采用二法:(一)即限制字数,凡较僻之字,皆弃而不用。有如日本之限制汉文。(二)即手写之字,皆用草书……凡手写者,无不为行草,有如西国通行之法。"①但是,他的限制汉字字数的提议,是在借鉴日本汉字改革经验的基础上提出的,是作为走向世界语的暂时之法,以后终将在汉字中掺入世界语,渐掺渐多,最后变成世界语。而他提倡的所谓草书,是简单地把汉字笔画变成"平划、直竖、斜弦、圆点"四种,实与假名式的笔画文字无异。之后,章太炎先生在《驳中国用万国新语说》中提倡用章草。1909 年,陆费逵发表《普通教育应当采用俗体字》,"窃以为最便而最易行者,莫如采用俗体字。此种字笔画简单,与正体字不可同日语。……易习易记,其便利一也。此种字除公牍考试外,无不用之。贩夫走卒,且籍此以读小说歌本焉。若采用于普通教育,顺而易行。其便利二也。余素主张此议,以为有利无害,不惟省学者之脑力。添识字之人数。即写字刻字,亦较便也"②。文章发表之后,反应平平,只有沈友卿发表《论采用俗体字》③进行反驳。于是陆费逵再度发表《答沈君友卿论采用俗体字》④,进一步阐述自己提倡俗体字的主张。1918 年,钱玄同在《新青年》上发表《中国今后之文字问题》⑤,提出废除汉字的主张,同时他也赞成吴稚晖的初步改良汉字之法。"中国文字,迟早必废。欲为暂时之改良,莫若限制字数:凡较僻之字,皆弃而不用,有如日本之限制汉文。……所有限制以内之字,则供暂时内地中小学校及普通商业上之应用。……若为限制行用之字所发挥不足者,即可搀入万国新语(即 Esperanto),以便渐搀渐多,将汉文渐废,即为异日经用万国新语之张本。"这个提议直接来源于吴稚晖的汉字改良思想。1920年,钱玄同发表《减省汉字笔画底提议》⑥,认为:"拼音文字不是旦暮之间就能够制造成功的……拼音新文字底施行,总还在十年以后。如此,则最近十年之内,还是用汉字底时代。……既然暂时还不得不沿用汉字,则对于汉字难识、难

---

① 吴稚晖:《吴稚晖艺术论著》,出版合作社 1927 年版,第 306 页。
② 见《教育杂志》1909 年第 1 期。
③ 见《教育杂志》1909 年第 2 期。
④ 见《教育杂志》1909 年第 3 期
⑤ 见《新青年》1918 年第 4 期。
⑥ 见《新青年》1920 年第 3 期。

写底补救,是刻不容缓的了。……这字体必须大大减省,才能缩短写字的时间。"1921年,陆费逵发表《整理汉字的意见》①,提出限定字数和减少笔画。随后,钱玄同在国语统一筹备会第四次大会上提出了《减省现行汉字的笔画案》②,连署人是陆基、黎锦熙和杨树达。提案中说:"我以为改用拼音是治本的办法,减省现行汉字的笔画是治标的办法。那治本的事业,我们应该竭力去进行。但这种根本改革,关系甚大,不是一朝一夕就能达到目的的。……但现行汉字在学术上,教育上的作梗,已经到了火烧眉毛的地步,不可不亟图补救的方法!我们决不能等拼音的新汉字成功了才来改革!所以治标的办法,实是目前最切要的办法。"他分析了通行于民众社会的简体字,得到八种构成方法。并具体拟定了推行的计划:"我希望本会中指定这种简体字,由教育部颁行,要求商务印书馆、中华书局等大书店制造铜模铅字,从学校教科书首先改用,次及于新书新报。以后重印古书,也应该一律改用简体字。"提案获得通过,成立"汉字省体委员会"。"这标志着汉字简化已由学者的提倡变为政府要考虑解决的问题。"③之后的十年,关注简体字的学者渐多,但"汉字省体委员会"和"国语统一筹备会"并没有做出什么实际的成绩,于是1934年,钱玄同再次在国语统一筹备委员会第二十九次常务会上提出《搜采固有而较适用的简体字案》④,获得通过。之后,简体字开始被越来越多的人关注,研究简体字的书籍也逐渐多起来,在1935年的"手头字运动"的推动下,国民政府公布了《第一批简体字表》。

同是改良汉字的提议,陆费逵的文章反响平平,而钱玄同的提议最终被政府关注并采纳。在此之间,也有一些学者提出类似的汉字简化观点,如1922年周作人在《汉字改革的我见》中提出:"汉字改革的具体办法,在保存汉字形体的条件下所能做到的只有减省笔画的一件事。"⑤1928年杨端六在《现代评论》194期发表《改革汉字的一个提议》中提出"我们还有一个比较可行的方法,就是改用省笔字"等等,都没有得到政府的关注,这是值得我们深思的一个问题。陆费

---

① 见《国语周刊》1921年第1期。
② 见《国语月刊·汉字改革号》1922年第7期。
③ 苏培成:《二十世纪的现代汉字研究》,书海出版社2001年版,第188页。
④ 见《国语周刊》,1934,123期。
⑤ 见②。

遂及其他各界人士的提议,是学者对于文字问题的提倡,没有得到关注,便放弃了。钱玄同先生却是把提议最终上升到提案,具体提出制定、公布的程序及推行方法,其中的执着与锲而不舍,是我们都能感受到的。知与行的统一最终促使汉字简化运动迈出了第一步。无论这一步最后的结局如何,其中的艰辛与努力都是值得我们敬仰的。

通过以上的分析我们看到,汉字简化运动虽然在20世纪初期蹒跚起步,但却带有先天性的不足,这也直接或间接地造成今天我们所面对的众多汉字简化的遗留问题,这些问题的根源主要在于:

第一,错误地把国家兴亡的根源归结于汉字的繁难。汉字在中国使用了五千年,有盛世也有乱世,汉字的地位并没有动摇。简单地把国家的落后与民族危机归咎于汉字的繁难,这种观点现在看来是极其幼稚的。它导致人们过多地重视汉字的改革而不是改良,同时也造成汉字简化工作的仓促上马,没有对汉字体系进行细致完善的考察和研究。

第二,虽然汉字简化最终在汉字改革的大背景下被提上了议事日程,但却是作为实现拼音化的暂缓之计,因此,在考虑简化方案及采选字样的时候,"暂时过渡"的思想伴随始终,这也给今天的汉字简化工作带来一系列的遗留问题。

第三,汉字简化运动初期,学术界对汉字、汉语及其相互关系的理论研究不足,使得汉字简化运动缺乏完善的理论指导。

二、简化汉字的评价

20世纪30年代,国民政府公布了《第一批简体字表》。有识之士都认为这一政策将为教育普及方面,增添一把利器,发挥更大的作用。他们通过广播、演讲、发表文章等途径发表支持推行简体字的言论。如雷震在中央广播电台主讲《简体字在识字运动上之意义》[①],黎锦熙在北平大学女子文理学院主讲《最近

---

① 见《广播周报》1935年第56期。

公布的简体字及注音汉字》,顾良杰发表《简体字在民众教育上的价值》①,章荣发表《简字的价值及应用之试验研究》②,等等。

但是,反对推行简体字的意见也不少。如何健在长沙电请中央政府收回成命③,徐宝璜上书教育部长对于简体字提出疑难④,各地存文会也纷纷提出反对意见,电请教育部不要强制推行简体字。天津《益世报》社论上说:"自采用简体字之消息传出以后,学术界中明达之士并无反对之论,惟有向在海外讲学之江亢虎氏独持异议,戚戚焉以'斯文将丧'为忧,到处宣传。非难部方措施,更组织存文会,以为声援。风声所播,远及香港,其地亦有存文会,曾掇拾江亢虎徐宝璜二氏之说,通电全国(见本月十一日本报)请求政府取消强行简体字之令,并以'摧残文化,动摇国本'等骇人字句,号召当世。原点洋洋洒洒,约两千言,会中诸君诚不免大惊小怪矣。"⑤国民党元老戴季陶等也极力反对,甚至声泪俱下。1936年2月,国民党政府下令《第一批简体字表》"不必推行"。

中华人民共和国成立后,1955年,政府公布了《汉字简化方案(草案)》,受到群众的热烈欢迎。全国上下欢欣鼓舞,报纸杂志上也刊登了众多拥护简化字、肯定简化字的文章,认为它为中国人民的日常文字生活带来了很多便利。这一时期,反对简化字的文章几乎没有。

"双百"方针提出之后,开始出现对文字改革和汉字简化工作的不同意见。陈梦家在《光明日报·文字改革》双周刊上发表《关于汉字的前途》⑥,他提出:"简化汉字公布得太快,没有考虑好就以国务院的名义公布了。公布之后没有注意缺点,只是向印刷出版部门问了问好不好,发了些表。外面对简化字意见颇大,因为是国务院名义公布的,所以有时就不便再提意见。"他认为:"简化汉字要有步骤,有原则。不要图快,不要随便简。简化的目的是应把汉字改得更简单,但不要混淆。文字改革工作是个学术性的事情,不应该用行政命令的方

---

① 见《教育与民众》1935 年第 3 期。
② 见《中华教育界》1935 年第 1 期。
③ 参见 1935 年 9 月 19 日《申报》。
④ 参见 1935 年 10 月 2 日《南京朝报》。
⑤ 《简体字势在必行》见 1935 年 12 月 14 日《益世报》。
⑥ 见 1957 年 5 月 19 日《光明日报·文字改革》双周刊。

式。"对《汉字简化方案》采用的简化方法,他认为:"毛病出的最多的是同音替代和偏旁省略。简化后有些字混淆了。文字应当简化,但不应因简化而混淆。"他说:"我个人对这次公布的程序是不赞成的,制定得不周详,公布得太快,没有及时收集反对的意见。因此,在某些方面它是不科学的,没有走群众路线,也脱离了汉字的历史基础,把学术工作当作行政工作来做。"最后,作者要求撤回《汉字简化方案》,认真研究之后再予以公布。

这篇文章在当时引起了巨大的反响,引发了关于"汉字要不要改革"的大讨论。

梁东汉认为,陈梦家先生的有些意见是很正确,但有一部分值得再商榷。他认为,尽管简化汉字工作有缺点,但用一棍子打死的办法完全加以否认也是不公平的。他给汉字简化工作的评价是"成绩是主要的,缺点是次要的"。"文字改革委员会整理方块字是有成绩的,过去公布的简字大部分都是已经'约定俗成'的,有的甚至有一千几百年的历史。这些简字给以合法地位是完全应该的,也就是说,这一部分是做对的。但是另外也有一部分简化得不好,大家都有意见。"①

1957年,中国文字改革委员会先后举行了三次文字改革问题座谈会,会上很多学者、作家都发表了对汉字简化的意见。王伯祥说:"文字是历史产物,改变是一个过程。应当逐步的、相应的发展,决不是用行政命令可以一下子行得通的。……但是,这是一个极其艰巨的工作。必须有一个较长的时间,广泛地征询和讨论,妥善地考虑和深入地研究,然后才能收到'约定俗成'的效果。像现在这样仅仅乞灵于命,使人意味着'张人以必从',而另一方面引起的副作用,是鼓舞各地随意造字,形成今日那样一片汪洋、极端混乱的局面。那么,推究责任就不能不怪当初的草率从事,甚而至于可以说是粗暴的行为。""于是乎古代一直沿用到今代的许多人名、地名、年号甚至名物制度的字面都把它追改了,比以前封建时代因为避讳而改写的字面不知要多出若干倍,弄得遍体鳞伤,面目全非,不但读者莫名其妙,就是从事编校工作的人也搞得啼笑皆非,有冤难诉。

---

① 梁东汉:《〈关于汉字的前途〉读后感》,见1957年7月11日《光明日报·文字改革》双周刊。

这一类的例子,实在多得不胜枚举,我想体会甘苦的同行们一定'如鱼饮水,冷暖自知'。"

陈定民认为:"文改会在征求知识分子的意见方面是不够的,在征求工农群众的意见方面就更为欠缺。……'百家争鸣'以前,不大见到对文字改革反面的意见,所以有人就说,文字改革的事情都是少数人决定的。像唐兰先生对文字改革的方案有不同的主张,他写了文章,《中国语文》就把他的文章用最小的字登在后面,并组织了很多反驳他的文章放在前面压倒他,使读者先读到反驳性的文章,这是不对的。"①

1978年,周有光发表《汉字简化问题的再认识》②对二十年来的汉字简化成绩进行了客观的评价。他认为:"从一般语文应用来看,简化有好处,但是好处不大。从机械化的语文工作来看,有好处,好处不大,更是明显。""简化笔画,不是有利无弊的。笔画越简,近形越多。新造声旁,声调难准。同音代替,意义易混。笔画简化如果造成读音繁化、意义混乱、形体难辨,那就得不偿失。"他提出了简化汉字的"十诫":"1.约定俗成,好;约未定、俗未成,不好。2.新字跟原字相比,轮廓相似,容易辨认,好;否则不好。3.不增加近形字,好;否则不好。4.手写不容易跟别的字相混,好;否则不好。5.不使一字多音多调,好;否则不好。6.新造声旁能准确表音表调,好;否则不好。7.同音代替,字音字调相同,意义不混,好;否则不好。8.草书楷化、不增加笔画形式,好;否则不好。9.原来笔画不顺手,改成顺手,好;否则不好。10.简化常用字,好;简化罕用字,不好。"他说:"如果能遵守这'十诫',当然很好。但是,汉字既有内在联系,又充满内在矛盾,很难避免顾此失彼。"

杜松寿认为:"全面考虑,新简化字的作用还是功大于过,这就说明为什么1956年第一次简化字公布以后,25年来社会上要求继续简化的呼声还是很高。也就是为什么我们还要进行第二次简化。"③

刘涌泉说:"简化汉字,从某种意义上说,是带来了部分繁化,主要指增加了

---

① 陈定民:《文字改革问题座谈纪录》,见1957年5月30日《光明日报·文字改革》双周刊。
② 见1978年6月16日《光明日报·文字改革》双周刊。
③ 杜松寿:《当前文字改革问题的面面观》,见《语文现代化》1981年第5辑。

字的总数。无疑地,这给汉字编码增加了工作量。但是,我们应该看到,简化汉字是合乎文字历史发展趋势的。简化后学习上减少了困难,书写上节省了时间,阅读上提高了效率。简化汉字的工作成绩是巨大的、主要的。……简化汉字尽管本身还存在一些缺点,但它终究是一个不可逆转的历史进程,认清这一点是十分重要的。"他从信息处理的角度,对汉字简化工作的不足提出了几点建议:"1. 简化时要照顾到汉字结构的系统性,能合并的部件(我们称基本笔画、偏旁部首、不能分解的独体字为部件,也有人称它们为字根、字元,或字素的)应尽量合并,不允许增加新部件。……2. 简化时要注意提高字形的清晰度,应该尽量避免因省略几笔而产生区别性差的问题。……3. 简化时要避免增加每个字的音、义上的负担。……4. 简化时主要应着眼于简化常用字和次常用字。……5. 简化汉字短期内不宜进行多次,应保持相对稳定。如果是过个三年五载或十年、八年就来一次成批简化字,那对输入输出设备的设计制造极为不利。"①

在 1988 年的汉字问题学术讨论会上,一些学者也对简化汉字进行了评价。刘绍中认为:"汉字简化,取得了巨大的成绩,对汉字的学习和应用带来了很大便利,这是不容置疑的。但是也存在着不足。主要是简化方法缺乏科学性和规律性,笔画的精简未能很好兼顾认读的方便。有些字简化后降低或失去了原有的表音效果……"②

康殷也说:"不少简化字的优点是肯定的,成功的。翻翻简化字表,觉得对照之下简化字方便多了。这是很多同志的艰苦努力的结果、功不可没。然而也应一分为二,简化字带来一些弊病,也有一些缺点,粗略地想想,大约有以下几点:首先是……简化之后,字数更多、负荷更重了。原因是青年人不认识繁体字,老年人不大认识简化字;青年人要再认上千个繁体,老人再认识上千个简化字。彼此都更加重了负担。严重一点说,简化字在一定程度上造成了两代人的隔阂,新旧文化的截断。其次是有些字简化得不太成功,又造成了一些不应有的混乱……有些字减去的笔画很少,本属可简可不简的字……两笔之差,值不

---

① 刘涌泉:《科技革命和汉字改革》,见《文字改革》1982 年第 1 期。
② 刘绍中:《保全优点 克服缺点 以汉字为基础改革汉字》,见中国社会科学院语言文字应用研究所编《汉字问题学术讨论会论文集》,语文出版社 1988 年版,第 150 页。

值得又增加一个字?……第三是,简化时,较少考虑到字形的美和书写上的方便、完整。""宏观上我赞成简化,在微观上我主张慎重细致、自然,保持某种稳定的简化。有些特别繁难的字还要继续简化,不过要接受以往、尤其是第二批简化字的经验教训,不要以多取胜,好大喜功,要先在小范围里作些试验,再来推广……"①

周有光在《〈汉字简化方案〉的推行成果》②中说:"小学教师们说:简化字有'三好',即'好教'、'好认'、'好写'。可是,'三好'不是绝对的。有些简化字比繁体字难教、难认、难写。……这些缺点是'草书楷化'和'同音代替'等方法用得不适当所产生。少数简化字简得不合适不能否定多数简化字的良好作用。'瑕不掩瑜'。当然,这些由于简化而产生的问题、以及原有汉字中的同类问题,应当研究解决。""汉字简化的好处是明显的,但是,汉字简化的好处是有限的,不宜夸大。"

美国普林斯顿大学的周质平教授在《为简体字重新定位》③中对汉字简化工作做了客观中肯的评价。他说:"从 1892 年卢戆章创制'切音新字'到 1952 年中共成立'中国文字改革委员会',在这 60 年文字改革的发展过程中,简体字是所有文字改革方案中最温和、最保守的一条路。""我在此要特别强调的是:我们不能因为简化字之中有某些个别的问题,遂怀疑到整个简化字运动的方向与价值。要知道所有的文字改革都永远只是一个过程,而非最后定案。""中共的文字改革,在 30 几年的时间里,能收到今日的效果,已经是一项了不起的成就,我们应该以一种宽容的态度允许这些简体字有一段试误与淘汰的时间。我们只要打开刘复与李家瑞合编的《宋元以来俗字谱》看看,就可以知道:一个俗字(绝大部分比正字的笔画减省)的成长、写定与受到正式的承认,往往是需要经过许多不同形式的试验与长时期的试用。30 几年的时间在中国文字的发展史上,只是一瞬。在这样短的时期内制定的简体字,其不能尽如人意,乃是意料中事,而那些在实用上发生混淆的简体字,也终究会受到淘汰的。"他驳斥了认为

---

① 康殷:《对简化字的一些感想》,见中国社会科学院语言文字应用研究所编《汉字问题学术讨论会论文集》语文出版社 1988 年版,第 126－127 页。
② 见《语文建设》1989 年第 5 期。
③ 见《语文建设》1989 年第 2 期。

简化字割裂了中国文化的传承影响了汉字的美观等说法:"文字形体之变异与文化之断绝,并无一定的相关性,更何况隶书与大篆之别远比现行的简体字与繁体字的不同要大得多。而以现代科技之发达,文字在文化传递中所扮演的角色已比两千年前小得多了。……这也就更减低了文字形体变异与文化断绝的相关性。以消灭祖国传统文化,来作为反对推行简体字之口实,实有更进一步深思的必要。另一个经常用来反对现行简体字的理由是'不美观',因此不利于书法的表现。笔画的多少与美观的程度是不相关的。最好的例子莫如'一二人'等这些字,这几个字是中国字之中笔画最少的,却没有人说这些字不好看。美观不美观是一个习惯问题,而不是笔画多少的问题。"

1989年新加坡学者谢世涯著《新中日简体字研究》。书的结论部分全面分析了中国现行简体字的优缺点。优点是(一)在书写上,简体字由于笔画减少了,写起来就简便快捷,作为一种应用工具,它满足了人们求便求快的要求。(二)在教学上,简体字消除了汉字难学、难写的心理障碍。(三)汉字形体简化的结果,结构简化了,部件减少了,也就容易辨认得多。(四)汉字改简,有利于编写教科书;尤其对于教科书的编者来说,他们可以专心照顾课文的内容概念,不必再为字体的繁难而伤脑筋了。(五)汉字简化的重点是常用字和常用构字部件,这样就降低了汉字掌握上的难度,从而提高了汉字学习上的速度。(六)汉字简换偏旁的结果,大大提高了汉字的能析性,有助于识字和正音教学,也便于认记和书写。(七)同音代替的结果,可以达到压缩汉字的目标。减轻了学习的负担。此外,还可以节省大量的铅字、铜模、电脑中的储存单元,甚至还可以减轻汉字编码的难度,缩短编组长度,提高汉字传输的速度和效率。然而,优点的反面也构成了它的缺点:(一)笔画简化的结果,却繁化了读音。(二)形体简化的结果,却繁化了偏旁。(三)笔画形体简省以后,形体易误字却大量增加。(四)约定俗成的简体字,往往无规律可循。(五)类推简化的字,往往有变例。(六)可以类推的字,却没有简化。(七)有些同音代替字,意义容易发生混淆,有的还繁化了读音。(八)有些符号代用字,破坏了汉字的体例,增加记忆的困难。(九)增加或改换新的偏旁部首,给部首的归并带来难题。(十)在文字机械方面的难题,仍然无法克服。①

苏培成在《关于简化汉字的几个有争论的问题》②中也评价了汉字简化的成绩和不足:"我们认为建国以来进行的汉字简化工作基本上是成功的。有两千多个通用字在不同程度上得到了简化,许多笔画繁多的常用字减少了笔画。据统计《汉字简化方案》中的515个简化字,简化前平均每字16.08画,简化后平均每字8.16画,省去了大约一半的笔画。由于减少了笔画,方便了学习和书写,节省了时间。……同时还提高了清晰度,便于辨认,因而受到了群众的欢迎。简化字也有缺点,它的缺点主要有三条。第一条,繁简对应比较复杂,给由简化字学习繁体字的人增加了难度。个体简化使汉字的系统性有所削弱。第二,也确有欲简反繁的现象。第三,有的简化字会造成意义混淆。这些缺点的产生,和方案制定时的环境与指导思想有关。50年代希望简化字笔画越少越好,同时还要减少字数。对其他方面考虑不够。另外,认为简化字的使用只是实现拼音化以前的临时措施,缺乏长远打算。成绩和缺点相比,成绩是主要的。"

王宁认为:"建国以来在汉字规范与汉字简化方面所做的工作,是汉字发展的必然趋势,是在科学分析汉字的基础上进行的,是适应了亿万人学习文化、掌握文化的合理要求的。""在简化汉字推行以前,汉字系统早已比较凌乱,不合理的情况也已时时产生。大量的工作将在今后去做,许多理论问题与技术问题有待研究。已推行的简化汉字,虽有个别不合理的地方,也已在35年中为具有各种文化程度的人所接受,有很大的社会通行度。因此,稳定地将它保持一段时间,对它的个别疏失之处,留待同汉字其他不合理的情况一起逐渐地、有步骤地、慎重地解决,这应当是一个有利于汉字和中国文化的较好做法。"③

裘锡圭《从纯文字学角度看简化字》④从纯文字学的角度来谈简化汉字的利弊。他认为:"从汉字字形的表意表音作用来看,有很多简体显然优于繁体。""另一方面,也有大量的简体,是通过破坏或削弱繁体的字形的表意表音作用,

---

① 谢世涯:《新中日简体字研究》,语文出版社1989年版,第456-465页。
② 见《语文研究》1991年第1期。
③ 王宁:《汉字的优化与简化》,见《中国社会科学》1991年第1期。
④ 见《语文建设》1991年第2期。

来达到简化的目的的。""在古文字演变为隶书的过程里,为了书写的方便,破坏或削弱了许多字形的表意表音作用。这是合理的,因为古文字实在太难写了。在楷书成熟的时代还这样做,是否很有必要,就需要认真考虑了。""我们衷心希望在今后的汉字整理工作中,不要再破坏字形的表意和表音作用,不要再给汉字增加基本结构单位,不要再增加一字多音现象,不要再把意义有可能混淆的字合并成一个字。"

史有为的《汉字简化的价值评估》[①]从七个方面对汉字简化进行了评估。"第一,在书写速度方面,简化汉字提高了书写的速度,无负值。第二,在空间处置难度方面由于笔画较大幅度的减少,因此每个字的空间内笔画密度也相对降低,有利于书写时处置笔画。但简化字中一小部分字或偏旁由于采用草书楷化而导致字体较难安排,不易书写美观。第三,在认知难度上《一简》方案中一部分难认的繁体字得到简化,从而降低了认知难度。但是由于在简化中对某些字只从单纯减少笔画考虑或只从书写方便考虑,因而又造成了一批新形近字,并在一定程度上增加了认知难度。……有些字由于牵涉几个字的连项调整,因而又无形中制造了一批易认错、写错的字。另外,由于'一简'采用'指别符'(记号)替代大量音符(声旁)、少量义符(形旁)及重构新字,致使一部分形声字消失,失去了字音、字义的提示手段,而且这种替代是不系统的,从而增加了认知难度。第四,在系统性方面,由于采取类推简化和偏旁简化,使简化汉字数量大大增加,这不能不说是个成功。这当然也大大降低了认知难度。但是,必须看到还有相当多的第一表内的字是不系统的,稍微往外类推几个字便立即出现错别字。这样一来便增加简繁转化的困难,学了简化字很难看懂繁体字,因为这些非类推字大部分都是常用字,在一般繁体字文章中的频度是高的。第五,在笔画和部件的重量方面,简化相反增加了一些新笔画和新部件,从而使人们认知和计算机输入时增加了难度。第六,在文字的稳定性方面,《一简》的公布使民间简体有了规范,《二简》的废止又在一定程度上阻遏了群众乱简化的潮流。然而,由于大规模的简化,尤其是以《二简》为结果形式所反映出来的对'群众路线'的误解,致使在35年间的全国范围内造成一股群众简化、群众造字的习气。

---

① 见《语文建设》1991年第3期。

……这不能不令人担心和不安。第七,在时空范围内的信息流动难度上,在大陆范围内,在新增信息和日常信息的交流上显然由于笔画的减少而未增加交流的难度,甚至还有部分改善,但是这种改善是不大的。在包括海峡两岸及港澳在内的全国范围内由于文字制度的不一致,造成信息交流的一定难度。"

最后,作者做出估算:"汉字简化的'得'与'失'的比例大致为61∶39,或者6与4之比,得大于失,但超过的差额并不多,失去的却太多。我们承认简化的价值是及格的,但却是刚刚及格。尽管我们认识到世上没有十全十美的文字,而每次改革总要以失去某些作为获得更多的代价,但失去如此之多去获得一种刚够及格的方案却仍然是一种遗憾。"

高家莺的《汉字简化评析》①从简化目的、简化内容、简化原则、简化方法、简化对象五个方面对汉字简化工作进行了评析。他认为从简化目的看,"简化汉字是为了便于人民群众学习和使用,以利更好地发挥文字的交际工具作用。简化字的显著优点是笔画少、结构简、字形清晰、分辨明快,比繁体字好学、好认、好写。人们在使用简化字时,体会最深的莫过于书写简便快捷。……应该说这是简化字最大的社会效益"。从简化内容看,作者认为在简化形体方面,过去"单纯追求减少笔画的认识并不全面","同时没有注意区别度问题"。从简化原则来看,"'约定俗成'的原则有其必要和正确的一面,同时也有它的缺陷。因为民间流行的、群众出于自发需要创造的简体字,往往只想到书写方便,缺乏统筹兼顾的考虑。……80年代初期,人们经过总结对汉字简化的认识日趋全面,明确提出了既要'约定俗成'又要'简化合理'的原则"。从简化方法来看,作者认为同音代替法有一些好处,但是其中的"异音假借使原来的一音字变成了多音字,简化了字数却繁化了字音,这种转移难点的做法不足取"。

1992年,王凤阳的《汉字的演进与规范》②一文深刻地分析了新中国成立以后简化汉字工作的不足,提醒人们关注遗留问题并寻求补救措施。他认为:"从指导思想上看,把简化汉字的位置摆得不适当。建国初期,我们对我国的国情调查了解得还很不够;就文字来说,就是对汉字和汉语的历史与现状还缺乏清

---

① 见《古汉语研究》1991年第1期。
② 见《语文建设》1992年第4期。

醒的认识。……我们夸大了汉字的落后性和在中国现阶段进行文字改革的可行性。……正因为如此,在制定文字政策时,我们把改革汉字放到了中心位置上,而把改进汉字放到了次要的地位。这种摆法的失误集中反映在'汉字的拼音化需要做许多准备工作,在实现拼音化以前,必须简化汉字,以利目前应用,同时积极进行各项准备'的指示上。非常明显,当时我们把改革汉字当作终极目的,而且认为它在几十年或更长一些的时间内就可能实现,而把改进现行汉字的汉字简化工作当成在实行拼音化以前的过渡办法,所谓'简化汉字是汉字改革的第一步'。不难看出,正是因为文字政策的制定者和执行者把简化汉字放在次要地位,这就导致了简化汉字过程中的短期行为。简化汉字的仓促上马和后来的仓促下马,就是这种指导思想的必然产物。""从理论上看,当时学术界和政策制定者对简化汉字存在着片面的认识。许多著名的文字学家在简化汉字前后写了很多文章,宣称'简化是汉字字形发展的规律'。这实际上是理论的短期行为。回顾汉字历史,区别律、简易律才是字形发展的规律,简化、繁化只是两个规律在字形上的体现。""在简化是汉字发展的规律的理论指导下,在简化汉字运动当中产生了凡是简的就是好的倾向,产生了汉字要一律简化、不断简化的思想。1960年发布的、关于'为了加速扫盲和减轻儿童学习负担,现有的汉字还必须简化一批,使每一个字尽可能不到十笔,或不超过十笔,尽可能有简单明了的规律,使难学难认难记、容易写错认错记错的字逐渐淘汰'的指示就反映了这种思想。"

"从简化与推行简化字的步骤上看,过去采取的分批简化、分批推行的方针是违背文字的社会性的。"作者认为,动荡的社会要求文字的变革,而稳定的社会则要求文字的规范,因此分批推行简化是不合适的,"是和文字的社会统一要求相抵触的"。"社会对二简的批评正是反映了社会对文字稳定的要求,从另一方面说,就是对违背规律的方针步骤的否定。"

"当然简化汉字中还有其他一些缺点:比如某些简化字简得还不尽如人意;比如后来有忽视文字归并与整理的倾向……比如过分强调来自群众,不够重视科学整理。"

王宁的《再论汉字简化的优化原则》①则从优化的角度对汉字简化进行了评价,其结果是肯定的。她说:"用已经认识到的优化原则来衡量已公布的简化汉字,符合优化原则的以及在某些方面具有合理性的占绝大多数,不符合优化条件的不过10%左右。而在繁体字中,不符合优化条件的字的比例要比这高得多。"

随着改革开放步伐的加快,进入20世纪90年代以后,大陆和港澳台的交流日益增多,两岸文字的不一致,给交流带来了一定的困难。于是,批判简化字的文章开始增多。1993年,田惠刚的《汉字简化质疑》②举出简化字13条不妥之处,对简化汉字的必要性提出怀疑。江枫也发表《文字改革,不妨暂停:浅谈汉字的恶性简化》③认为目前实施的文字简化已经导致我国民族文化水平的倒退,是一种恶性简化。

詹鄞鑫《汉字改革的反思》④也认为:"简化字推行之后,并不能由此彻底告别过去的汉字。所以,如果我们要对简化字作评价,并不是简单地把简化字跟繁体字作比较,而应该是对整个汉字体系,也就是增加了简化字的汉字体系,跟还没有增加简化字的汉字体系作比较。这样就会发现,简化字的推出大大地增加了汉字的总数。这不仅增加了汉字学习的负担,对计算机的汉字处理尤其不利。……假如没有推行或者废除简化字,字符总量就会少得多,并避免计算机不胜造字的难堪。"

王文元的《欲简弥繁,欲清弥混,欲速弥迟——有感于简化字改革》⑤中说:"大多数繁复的汉字遭刀砍斧劈后,腴肉不有,仅存瘦骨。由于被简化的汉字数量多,笔画改动大,字形走样严重,几乎等于重新创立了一套文字体系。……简化字给我们带来的不仅是简化,还有麻烦,简化字使得信息传递空前地复杂化了。简化字像一条难以逾越的鸿沟,后生们被阻隔在沟的此岸,望彼岸若望冥界,向往之而不能近。"

---

① 见《语文建设》1992年第2期。
② 见《语文建设通讯》(香港)1993年第2期。
③ 见《汉字文化》1995年第3期。
④ 见《南阳师范学院学报》(社会科学版)2002年第3期。
⑤ 见《书屋》2002年第8期。

  黎传绪也认为简化汉字破坏了汉字的表意性,割断了现代汉语和古代汉语之间的密切联系,影响了大陆和港澳台以及海外华人的交往,影响了电脑信息处理的应用和普及。但是他认为"为了适应社会需要,汉字还是必须简化,但是关键在于如何简化"。[①]

  2009年8月12日,《通用规范汉字表》(征求意见稿)面向全社会公开征求意见,掀起了新一轮汉字规范化的大讨论,其中不乏繁体字和简化字以及汉字简化的优劣等问题的争论,但主要关注点在汉字规范化上,所以这一部分将放在本书第六章进行讨论。

[①] 黎佳绪:《汉字简化的反思和新思路》,见《江西师范大学学报》2003年第4期。

第一章　关于汉字简化和简化字的含义

一、与"简化字"相关的一些概念的含义

文字改革初期,对民间群众普遍流行的较为简单的写法的字的称谓很多,有简字、简体字、简笔字、减笔字、省笔字、手头字、俗字、俗体字、俗写字、破体字、别体字、通用字、简易字、省写字等。

当时,"简字"代表两个不同的概念。最早使用"简字"这个词的,是清末民国初年的劳乃宣,他的拼音文字方案称为《简字全谱》。其实,他所谓的"简字"不是指简写的汉字,而是他在王照的官话合声字母的基础上创制的一种拼音文字,和汉字有着本质的不同。正因为如此,1910 年严复作资政院特任股员长时,把"简字"正名为"音标","简字当改名音标,盖称简字,则似对繁体之形而言之。称推行简字,则令人疑形似六书之废而不用,且性质既属拼音,而名义不足以表见。今改名音标,一以示为形字补助正音之用,一以示拼音性质,与六书形字之殊"[①]。

随后,这个词被早期汉字简化的提倡者陈光尧先生使用,来称谓简写的汉字。他也对这个概念进行了清理。陈光尧在《〈简字问题〉答客难》[②]中谈道:"'简字'这两个字,最先是用于清光绪三十三年桐乡劳乃宣氏之书;但劳氏之所谓'简字',实在只是一种'拼音符号',与'简字'的本意全不相干。我用'简字'

[①] 《资政院特任股员会股 1 员长严复审查采用音标试办国语教育案报告书》,见《清末文字改革文集》文字改革出版社 1958 年版,第 134 页。
[②] 见《语丝》1927 年第 145 期。

第一章 关于汉字简化和简化字的含义

这两个字,在民国十五年的秋间,这是'简字'二字名副其实的最先应用的一个纪念。"之后,他在《关系简字书报举要》①中又再度重申:"劳氏所谓的'简字',其实是一种'音标',严复已经说过它名不符实了。因为劳氏的'简字'和现在注音字母的用法大体相同;所以它实在是一种拼音符号,和'简字'的真义全不相干。"1938年,在《简字运动概说》②中,陈光尧对"简字"这个概念作了简单的解释:"'简字'即笔画简易,使用便利之美化汉字,亦称'简体字'。其中包括简易之古文、篆文、隶书、行书、章草、今草、异文、俗字等等字体。凡笔画简于现行之楷书,而易于认识,易于使用,并无流弊者,即总称之曰'简字'。"1960年,唐兰在《光明日报》上也提道:"清代劳乃宣把王照的官话拼音字母拼出来的字称为简字。"③虽然一再澄清,一些非专业的介绍性书籍仍将二者混为一谈,认为官话字母就是简体字。例如何应钦1969年在《整理简笔字案》里就谈道:"我国倡行简体字之起源,远在满清末年,时在甲午、庚子二役之后,首先提出此一问题者为河北王照,创用《官话合声字母》。"④

1930年,李从之在《教育与民众》2卷3期发表了《简字的研究和推行方法之拟议》,他认为:"简字是现社会上一般人所惯用而且通行的省写字,就是指普通简单的字以外的繁杂字省写法的替代字,例如體作'体',萬作'万',與作'与',亂作'乱',齊作'齐',劉作'刘'等是,但是同简字一类性质的词真多的很,容易相混,如作为简体字,简笔字,省笔字,俗写字,破体字,减笔字,别体字,通用字,简易字,省写字,等等。如果要把他们划分各清清楚楚,似亦不大顶容易,因为有的一个字,只具有一种性质,也有的一个字,兼具有数种性质,我们可不必去管它,只要是合乎'简单'的一个原则,就是笔画比较原来的那个字少的,我们就叫他'简字'好了。"另外,他还列出了简字的范围:"简字范围包括下列六种:1.减笔字。为减少笔画的字,字形仍像原形,变化极少者。2.别体字。为别用一个字体,与原字音义相同而形不同者。3.行书字。为该字的行书写法。4.通用字。为音义形本不相同之字,但得借用者。5.俗字。把字之一部分难写

---

① 见《图书馆学季刊》1930年第1期。
② 见《今论衡》1938年第2期。
③ 唐兰:《论汉字简化的方法问题》,1960年8月11日《光明日报·文字改革》。
④ 转引自谢世涯:《新中日简体字研究》,语文出版社1989年版,第142页。

而复杂的,改用较简单之符号替代者。6.古字。为从前写法的古字。"

吴法军在《由"简笔字"说到农民识字问题》①中也认为,这众多的概念指的其实是同一个东西,他认为"简笔字"的意思,"就是因为汉字有的笔画太多,记忆和写起来,都很费力;于是大家把原来的汉字笔画渐渐减少,直到不能再减,然而它仍然可以代表原来的字,与原来的字同一功用"。"简笔字是我们识字的人,笔底下时常写到的,也是口头上不断说到的。但是大家对于它却有各样的称呼,今把它一一写在下面:1.庄泽宣先生著的基本字汇里,称做'异形字';2.商务书馆出版的平民字典里,称做'别体字';3.刘复先生,称做'俗字';4.减笔字;5.简易字;6.破体字;7.省写字;8.缩写字;名称虽不一样,实际是一个玩意。"

钱玄同也认为,俗体字就是简体字,但简体字的范围更大一些。我以为通行的所谓"俗体字"应该大大的提倡,叫学生们来正式使用。不过这类字很少,应该再兼采通行而又好写的行书草书,集成一种简单好写的字体,这可以名为"简体字"。②

陈光尧却认为,简字和破体字是有区别的:"今人或称俗字为'破体字',然不能以此并称简字,因简字并非字字破体故也。"③"破体"究竟做何解释,却没有学人进行过专门论述。

1935年,《太白》半月刊的主编陈望道,联合上海的文字改革运动者,发起了推行手头字运动。提出了"手头字"这个概念。

史枚认为,手头字和简笔字是不一样的。简笔字是有书本根据的字,没有书本根据的简写,不能称之为简笔字。"什么是手头字呢?它也是我们日常使用的方块汉字,不过这种方块汉字,并不是一般书本上印的体式,而是手头上日常所写的体式。……比较起来,手头字的字形就简便易写得多了。这是它和原来的方块汉字很显著的不同地方。""手头字也有一部分根据书本,但手头字的所以承认'從'应该写为'从',还是因为大家都这么写。所以,手头字主要的

---

① 见《乡村改造》1934年第25期。
② 钱玄同:《几句老话——注音符号,G.R.和简体字》,见《国语周刊》1935年第174期。
③ 陈光尧《简字运动概说》,见《今论衡》1938年第2期。

第一章 关于汉字简化和简化字的含义

根据在大家的手头上。这是手头字的重要的特色。"①

潘广镕也同意手头字和简笔字是不同的,但他认为,二者的不同在于简笔字的范围更大。"手头字必定是简笔字,这是当然的。因为既要便于书写,减少笔画是最好的办法。而简笔字不一定是手头字。因为有些字在写时并不是习惯的减少笔画,是特为的将笔画依已有的俗体、省体、草书、古字等,研究参酌,做出一种笔画减少的简字。所谓的俗体、省体、草书不是别的,就是'手头字'。所以'手头字'之范围比较简笔字小;'手头字'是简笔字之一部分。"②

魏凉在《关于简体字》③中谈道:"《太白》推行的叫'手头字',《论语》推行的叫'俗字',国民党教育部提出的叫'简体字',陈光尧创造的叫'简字',另外还有'减笔字''省笔字''简笔字'(五四时代用)等名称。这些名称基本上都可以说是指同一个东西,不过'手头字'和'简体字'是有些区别的,'简体字'顾名思义是指只简不繁的字体,但是民间通行的'手头字',有一部分却是不简反繁的所谓'由混趋析'……虽然也有人说'简笔字'不一定减省笔画,有的只是变更笔势,不过增加笔画这一点仍旧包括不进去。"看来,他是以繁简为标准来区别手头字和简体字的。

谢世涯在《新中日简体字研究》中则认为,《论语》推行的俗字和《太白》推行的手头字,实际上都是简体字。④

陈榕甫则缩小了简体字的范围,认为"所谓简体字就是楷书(正体字)的简写,也就是简化了的方块汉字"⑤。这和陈光尧的解释又有了分歧。

《辞海·语言文字分册》对"简化字"的释义是:"繁体字的对称。同一汉字,简体比繁体笔画为少。"这个定义相对简单,似乎把"简体字"等同于"简化字",但是"简化汉字"条对此做了一些补充:"'简化汉字'指:我国当前文字改革的任务之一。把笔画多的汉字改为笔画少的;把有集中写法的改用一种写法。……简化后减少了笔画的字也就叫简化汉字或简化字。"

---

① 史枚:《关于手头字》,见《礼拜六》1935 年第 609 期。
② 潘广镕:《简笔字与手头字》,见《文苑》1935 年第 1 期。
③ 见《语文知识》1952 年第 5 期。
④ 谢世涯:《新中日简体字研究》,语文出版社 1989 年版,第 160 页。
⑤ 陈榕甫《从汉字的发展谈到简体字的应用》,见《新文字周刊》1950 年第 43、44、45 期。

张育泉认为,"简化字,是经过规范的简体字,过去叫俗体字"①。

王临惠认为应该从广义的角度理解简化字,简化字应该涵盖所有的简体字,包括规范的简化字(以《总表》里公布的简化字为标准)、二简字以及社会简化字(即人们所说的属于乱造的简化字)。②

1996年,邹哲承和黎明发表文章,反对把简化字和简体字等同起来,"'简化字'不同于历史上各个时期出现的'简体字'。从内涵上看,简体字是从古就有的,简化字是解放后经文字改革确定下来的;简体字是民间或个人的,简化字是官方认可的;简体字是自发出现的,简化字是自觉形成的。因此,历史上的简体字不论与现行的简化字怎样一致,也不宜称为简化字。"③这个区分还是相对合理的。

詹鄞鑫在《汉字说略》中给简化字下的定义是:"通常所谓'简化字',指的是1956年中华人民共和国国务院公布的《汉字简化方案》所规定的简化字,1964年3月文化部、教育部、文改会《关于简化字的联合通知》又做了一些补充规定和局部调整。凡未列入上述两个文件的简体字(包括历代出现的简体字),只能一概视为异体字或俗体字。"④

在随后的《关于简化字整理的几个问题》⑤中,他又对原来的定义作了一些补充:"'简化字'和'繁体字'概念可以指具体的汉字,譬如说'万'是'萬'的简化字,'萬'是'万'的繁体字;但有时候可以就汉字的体系而言,'简化字'指1956年国务院颁布《汉字简化方案》之后日常使用的汉字体系,'繁体字'指《汉字简化方案》推行之前中国通用、港台地区至今沿用的汉字体系。因为'汉字简化'只是部分汉字的简化,所以在汉字体系这个意义上,不论是'简化字'还是'繁体字'概念,都包括了不简化的那部分沿用字在内。"

---

① 张育泉:《谈谈对"识繁写简"的看法》,见《汉语学习》1991年第1期。
② 王临惠:《也谈"简化字"》,见《山西师范大学学报》(社科版)1994年第3期。
③ 《简化字不等于简体字》,见《语文建设》1996年第4期。
④ 詹鄞鑫:《汉字说略》,辽宁教育出版社1991年版,第301页。
⑤ 詹鄞鑫:《关于简化字整理的几个问题》,见史定国主编《简化字研究》,商务印书馆2004年版,第280页。

胡吉成在《关于简化字问题的思考》①中,从简化字和繁体字的相互依存角度给二者下了定义:"简化字是指笔画结构简单的汉字,是人们在运用中,对原来结构复杂,笔画多的字进行了改造、简化而产生的。繁体字就是笔画结构复杂,被简化字取代,现在在一般场合已经不使用的那些汉字。""简化字和繁体字是相对而言的,互相对待的一组概念,没有一方,就没有另一方,没有繁体字,就没有简化字,没有简化字,也无所谓繁体字了。因此简化字不一定就是结构简单的汉字,有些汉字,从产生之初至今就是那样简单,没有相应的繁体字,它们不能称之为简化字。笔画结构复杂的汉字也不一定就是繁体字,繁体字的内涵不是指笔画结构复杂的汉字,而是特指为简化字取代了的,已经停止使用的那些笔画结构复杂的汉字。所以不能简单地把简化字理解为笔画结构简单的汉字,也不能简单地把繁体字理解为笔画结构复杂的汉字。"

通过以上史料我们看到,汉字简化初期,有关"简体字"的概念层出不穷,有的只是一字之差,却充斥于各类报刊文章之中,没有形成统一的说法。这类现象一方面反映了群众对汉字简化运动的热忱与期盼;另一方面,也暴露出汉字简化初期观点不统一、理论不成熟等问题。本文认为,简字、简体字、简笔字、减笔字、省笔字、手头字、俗字、俗体字、俗写字、破体字、别体字、通用字、简易字、省写字等等,基本上指的都是简体字。繁体字是相对简体字而言的一个概念。但"简体字"和"简化字"是不同的,区别在于,"简体字"是群众自发简化的汉字,而"简化字"则是在政府自觉行为之下有计划、有组织、有目的的工作结果。

二、汉字简化的定义

对汉字简化的定义,学者们的意见不太统一。一般有狭义和广义的不同。大部分学者都认为,汉字简化应该有广义和狭义之分。持这个观点的学者有:

陈越在《试论汉字简化的规律性》②中说"提起简化汉字,人们往往局限

---

① 见《北京广播电视大学学报》2002年第2期。
② 见《新建设》,1962,2期

这样一个概念,以为只是简化汉字的结构——尽量减少汉字的笔画。这是对简化汉字工作的狭义的了解。简化汉字的目的是要把难学难用的汉字,加以科学的整理,尽可能做到合理化、规律化、简易化,使人们比较地易学易用。而服务于这一目的的简化汉字工作的内容,应该包括三个方面:精简字数、减省笔画和整理字形。这是广义的简化汉字工作,也是我们所主张的。"

祝鸿熹也认为:"广义的汉字简化工作除了简化汉字的形体笔画以外,还包括精简字数、淘汰异体。……狭义的简化即汉字形体笔画的简化。"①

蒋善国认为,"严格地说,简化的含义的理解不能局限在个体文字的符号外形(笔画结构)的简体上,应该包括文字体系的演变,文字本质的演变"。"不但包括简体化(狭义的简化),并且包括其余五化(符号化、统一化、匀称化、规律化、工整化)的全部内容","文字形体规范化的过程就是简化的过程"。② 这和费锦昌的观点有些吻合,他认为"不能把汉字简化偏狭地理解为只是笔画数目的减少,而应该同时甚至更多的从总体上去追求简化",他主张从广义的角度理解简化:"要把汉字的现在跟汉字的过去、将来联系起来考虑,放开眼光,从大处着眼",确立"全面的简化观"。③

胡瑞昌《论汉字的简化》认为,"简化汉字指的是简化汉字笔画和简化汉字通用字数(特别是淘汰异体字)"。④

高更生的意见是"汉字简化有两个含义,狭义的只指笔画的简化,广义的兼指笔画的简化和字数的简化"。⑤

对此,王凤阳有不同意见。他认为,应该严格区分汉字的简化和精化,"汉字简化和汉字归并属于整理、规范汉字中的两个不同范畴,它们之间既有联系,又有区别,不能混为一谈"。"'简化'汉字是针对汉字结构上的笔画繁多的,

---

① 祝鸿熹:《汉字繁简散论》,《电大教学》(语文版),1986 年第 4 期。
② 蒋善国:《汉字学》,上海教育出版社 1987 年版,第 185 页。
③ 费锦昌:《简化汉字面面观》,见苏培成、尹斌庸编选:《现代汉字规范化问题》,语文出版社 1995 年版,第 115 页。
④ 《现代汉字规范化问题》,语文出版社 1995 年版,第 149 页。
⑤ 高更生:《现行汉字规范问题》,商务印书馆 2002 年版,第 171 页。

'精化'汉字是针对汉字的通用字数量过多的"。① "所谓'简化汉字',它的内涵应该是减少单个汉字的多余度"②。显然,王凤阳赞成从更狭义的角度理解汉字简化。

另外,还有学者把简化区分为内在的和外在的两种,如朱星在《形声简字还可提倡》③中认为:"简化有两个意义:一是形式的,即笔画的简化,一是内在的简化(形声字是表面并不简化,加了形旁反而增加了笔数,但在造字上识字上都大大减轻了负担,实质上简化了,可称内在的简化)。理想的简化当是二者的统一。"

傅公认为:"汉字简化有两种含义:一是指把汉字加以简化这项工作,一是指被简化的汉字。后一含义一般多称为简化字,简化字是繁体字的对称。"④

本文所谓汉字简化运动只论述狭义的汉字简化,即笔画的减省部分。

---

① 王凤阳:《汉字学》,吉林文史出版社1989年版,第580页。
② 王凤阳:《汉字学》,吉林文史出版社1989年版,第581页。
③ 见《文字改革》1964年第12期。
④ 傅公:《谈汉字简化》,《人大复印资料》1991年第2期。

第二章　汉字简化的原则

一、约定俗成和系统类推

早在20世纪30年代,黎锦熙《国语运动史纲》就主张采用"约定俗成字",他说:"'小百姓'业已创造的破体字,如果调查齐全,我想没有什么不够。假如不够,不够就不够吧。最大限度也只能在将来的简体字谱中再挑一些'固有而较适用的'出来大家提倡,却不可创造新的,因为'简体字'的'创制权'完全操在'小百姓'手里,文人学士乃至政府都不可滥用此权,滥用了也是行不通的。"①

1935年8月21日,国民政府教育部公布了《第一批简体字表》。《字表》的选编原则是:(一)依述而不作之原则;(二)择社会上比较通行之简体字,最先采用;(三)原字笔画甚简者,不再求简。② 其中,"述而不作"就是只公布而不创造,和我们今天所说的"约定俗成"基本精神是一样的。

沈有乾在《简体字价值的估计方法》③里对这条原则进行了简单的解释:"'述而不作'的大意是推行而不创造。摒弃创造当然是一大原则,但对于已有简体字的辨别并无直接贡献。推究'不作'的用意,大概因为新字缺乏时间的权威,推行易生阻碍。若然,古体字的地位应当比俗体字高一等,俗字的搜入字典的应当比未入字典的高一等。此外,若一字原有某种意义,而借以替代另一字,

---

① 黎锦熙:《国语运动史纲》,商务印书馆(上海)1934年版,第38页。
② 转引自国民政府教育部部令第11400号。
③ 见《教与学》1936年第8期。

第二章 汉字简化的原则

易生错误,也不免减低价值。"

建国初期我国的汉字简化方针定位为"约定俗成、稳步前进"。"所谓'约定俗成'就是在社会习惯的基础上来因势利导,就是尽可能采用已经流行的简化字,并不是把目前的汉字彻底改造成为整批的新字,也不是有系统地改变字体。""所谓'稳步前进'是说简化的步骤不是一次简化,而是分批简化。"①

吴玉章《关于汉字简化问题》中也说"约定俗成,过渡时期的权益办法,即使不很理想,却是可行的,对于已识汉字和初学汉字的人都是有利的"。②

但是,约定俗成的简体字数量是有限的,"约定俗成程度较高的字大约不过三、四百,……但仅仅这些字还不够,日常应用的字还有一些笔画太繁必须简化的,因此必须有所补充。""第一个补充的办法是适当采用偏旁简化类推的方法来扩大简化面。……我们的偏旁类推是有条件的,有限制的,不是系统类推,而是适当类推,或者说类推的适当运用。"③

吴玉章说:"采用群众所创造、并且为群众已经习惯使用的那种简化方法来创造一部分新的简笔字,这样,我们就可以把一大部分笔画繁复的汉字都给简化了。另外,我们把汉字的某些组成部分——部首和偏旁——逐步简化,类推到同一偏旁的汉字,这样就有更多的字可以简化。"④

然而,约定俗成和系统类推往往是矛盾的。约定俗成的字多是民间创造的,它们的来源和简化方法都很不一致,常常无规律可循。因此,如何处理约定俗成和系统类推的关系,学者们意见不一,少数人认为从俗应该服从类推。

温知新发表《采取约定俗成原则呢?还是采取系统整理原则?》⑤,具体论述了约定俗成和系统类推的优缺点,赞成以系统类推的原则来简化汉字。"不用多说,采取约定俗成的原则,就可以少造一些新字,也就可以减轻人们重新学

---

① 叶恭绰:《关于汉字简化工作的报告》,见《第一次全国文字改革会议文件汇编》,文字改革出版社1957年版,第25页。
② 吴玉章:《关于汉字简化问题》,《中国语文》1955年第4期。
③ 同①。
④ 吴玉章:《文字必须在一定条件下加以改革》,《文字改革文集》,中国人民大学出版社1978年版,第102页。
⑤ 见《中国语文》,1955年第6期。

习的负担;这样,对于简体字的顺利推行是有好处的。相反,如果采取系统整理的原则,势必要造许多新字,而每个新字都得从头学习,不能说不是已经掌握汉字的人们的一个负担。从表象上来看,好像是前一原则对已识字的人是有利的,后一原则对他们是不利的,实际上却不完全是这样。因为约定俗成的简体字不完全符合汉字原有的系统,往往同一个声符有几种不同的简化法,……因此,哪个的简体字怎样,哪个的简体又怎样,都得一个一个地死记,反而不及系统整理出来的新的简体字可以举一反三,以简驭繁的节省记忆力。……上面是就已经识字的人来比较的。如果就不识字的人来比较一下,那么我们可以看到:采取约定俗成的原则,对于不识字的人是一点好处也没有的,因为他们横竖得一个一个地从头学起;而采取系统整理的原则,由于可以衔接汉字原来的系统,他们将来直接从过去的著作去继承前人的文化遗产时就会得到很大的便利。这就是说,只认识简体字的人记住了某种简体是代替某个声符,某种简体是代替某个偏旁,在读古书的时候,碰到这样的声符或偏旁,他就可以类推出来,而不必一个一个地去翻字典。""从上面看来,采取系统整理的原则在学习上并不见得会比采取约定俗成的原则增加多少困难,而采取前一原则却大大地有利于文化遗产的继承,因此我觉得还是采取系统整理的原则比较好。"

郑英汉在《对"从俗"和"类推"的意见》[①]里也认为,在从俗和类推发生矛盾时,应该尽量照顾类推。文章发表后,引起了一场有关从俗和类推的大讨论。大多数人反对这个主张,认为应该以从俗原则为主,类推只能起辅助作用。

祝菊仙《我对"从俗"和"类推"的看法》[②]中说:"我觉得简化汉字的原则基本上应该'从俗',因为俗字有着广大的群众基础,'从俗'既能为群众接受又易于推行","我们实在不应该因为简化而惋惜汉字在系统上所受到的一点点破坏。"

R. Ms 的《略谈简化汉字的"规律"和"习惯"》[③]和凯鸣的《关于"从俗"和"类推"的意见》[④]也都同意这个观点。

---

① 见 1955 年 4 月 27 日《光明日报·文字改革》。
② 见 1955 年 6 月 22 日《光明日报·文字改革》。
③ 同②。
④ 同②。

第二章 汉字简化的原则

杜定友《"又"的问题》①中也说:"如果'从俗'而不能'类推',怎么办呢?以'从俗'为先决条件,否则,这一矛盾无法统一。""'类推'是简化汉字的一个重要原则,但是有限制的。能类推的要尽量类推,但只能'尽量',而不能完全,否则是有困难的,因为汉字本身的组织存在着很严重的缺陷。"

邱常恕《"系统整理"和"约定俗成"》②中也认为"系统整理必须在约定俗成的基础上,符合人们大众的习惯和心理,才能获得成功。""总之,简体字的'系统整理'一不顾'约定俗成'的客观现实,便不免要变成主观的,唯心的产物,因而在人民大众中也就行不通。"

曹伯韩《关于修正〈汉字简化方案〉的问题》③中谈道:"还有一个偏旁系统化的问题。主张偏旁系统化的就是特别强调要用同样的形式来简化同一繁体偏旁。但强调'约定俗成'原则的人又坚决主张维持,他们是不会理会偏旁系统化的。偏旁系统化对于学习文字是有好处的。"但是"过分强调系统化也不利于简体字的推行,因为有不少历史悠久的简体字是没有系统的。我们不能不把'约定俗成'作为第一个原则。只有在基本上不破坏这个原则的条件下才可以适当地实行系统类推。《方案》是依照这个原则制定的,我以为,关于偏旁类推的个别简化字我们用不着作大的修改,至多把个别字稍加调整就行了。"

中山大学中文系的学者们则认为从俗和类推的矛盾的解决,应该"力求合理,原则上凡是同样的偏旁,应尽量做到类推简化"。④

《汉字简化方案》公布以后,简化字迅速进入了人们的日常生活并得到好评,人们急切地希望再简化一批汉字。但有人认为,继续简化汉字的工作不能再以约定俗成作为主要原则。

陈越在《试论汉字简化的规律性》⑤中说:"在拟定第一个汉字简化方案的当时,为使群众易于接受,有利于推行,基本上采取约定俗成、述而不作的原则,

---

① 见《语文知识》1955 年第 8 期。
② 见《中国语文》1955 年第 9 期。
③ 见《文字改革》1957 年第 6 期。
④ 中山大学中国语言文学系:《关于简化汉字几个原则问题的商讨》,见 1955 年 7 月 20 日《光明日报·文字改革》。
⑤ 见《新建设》1962 年第 2 期。

首先尽可能选用社会上早已流行的简体字,这当然是最切实可行的正确的办法。经过几年来方案的推广,广大群众对简化汉字的意义已经普遍了解,对推广的简体字也已经相当熟悉,特别是新的简体字大量出现和迅速传播,标志着人民群众对简化汉字的热烈拥护和迫切要求。在当前形势下,'约定俗成'再不应该是唯一的原则,因为它难以满足群众的要求。""应该指出另一方面'约定俗成要和大胆创造相结合。今后简化汉字工作将不仅是对现成资料单纯整理的技术性工作,而是一项富有革新精神的创造性工作。"

语言和文字,作为人类的交际工具,产生之初即是约定俗成的,大量地创造新字来达到改革的目的显然是不合适的。20世纪70年代以后,学者们开始辩证地看待这个问题。

徐仲华《读〈第二次汉字简化方案(草案)〉》①中提倡:"要做到一简到底,首先得统筹兼顾。所谓统筹,就是要把汉字有关的字族做全面的安排,而不是头痛医头,脚痛医脚;所谓兼顾,就是既要考虑旧方块汉字的体系,也要考虑简化汉字的体系,还要兼顾约定俗成与系统类推。""约定俗成和系统类推是辩证的关系,应该辩证地处理。可此可彼时,要权衡利害,合理抉择。我认为系统类推应尽可能照顾。群众所创造的简化字,有地域性,在此地为约定俗成,在彼地未必通用;有行业性,在这一行业内部已约定俗成,在其他行业未必通用;有时间性,原来是约定俗成的也可能被淘汰,原来不是约定俗成的也可能变为约定俗成。我并不是唯类推论者,我的意思是希望能做到统筹兼顾,一简到底。"

陈重瑜说:"约定俗成既是缺乏合理性和系统性,在'从俗'的时候就应该有所取舍,只选择那些有合理性和系统性的俗写。"②

1989年,新加坡学者谢世涯著《新中日简体字研究》,书中专节讨论了约定俗成与类推简化的矛盾。作者认为,虽然在约定俗成的原则下,"部分字的笔画大大减少了,可说已达到简化汉字的目的,但就整体而言,汉字的结构却由此而繁化了,简体字的利弊得失,由此可见。③"系统类推可以使大量的汉字得到简

---

① 见《中国语文》1978年第1期。
② 陈重瑜:《试评汉字简化的一些论说》,见《文字改革》1985年第4期。
③ 谢世涯:《新中日简体字研究》,语文出版社1989年版,第242页。

化,但是《简化字总表》并没有将类推简化贯彻到底,而是常有变例,这就更增加了记忆的困难。作者还列出众多可以类推但却没有得到简化的字。他说:"约定俗成字,大部分来自民间,好处在容易推行,坏处在杂乱无章,无规则可循,今后如非继续简化不可,约定俗成字的利弊得失,如何衡量,应慎重将事,即使不能做到事半功倍,也必须做到利多于弊,才不致因小失大或乖离推行简体字的目的。"①

1991年,费锦昌发表《简化汉字面面观:正确处理汉字简化工作中的10种关系》②其中就提到约定俗成和系统类推,他说:"'俗成'则意味着自发地、孤立地简化汉字,表明它原本就不是一个系统工程,缺乏通盘的考虑、全面地安排,系统地推衍和严密的规律。要扩大汉字简化工作的效益,使更多的现行汉字得到简化,并尽量简化带来的新矛盾,就一定要采用'系统类推'的办法。这就给大陆的汉字简化工作出了一个很大的难题。其必然的结果就是在《简化字总表》中出现了不少表面看来无法容忍,但实际上又是不可避免的矛盾现象。"他认为:"我们在讨论这类问题的时候,既要实事求是地指出存在的不少矛盾现象,又要承认这样一个事实——汉字经过长期演变(包括大量的混同、分化),发展到今天,在总体上具有规律性的同时,它自身早就包含着种种不合规律、自相矛盾的现象。我们不能把这笔账统统记在五六十年代汉字简化工作的头上。""那么,能不能在系统类推的时候,步子更稳一些,考虑得更周密一点,使现行汉字多保存一些系统性和合理性,少增加一些矛盾现象呢?……比如说,凡是保存了原字轮廓的简化字,可以大胆地类推开去。……这样的系统类推至多只会保留原有的矛盾现象,而不会增加很多新的矛盾。……在顺应汉字形体简化趋势的发展过程中,有些自相矛盾的现象几乎是不可避免的。"

王凤阳从汉字发展史的角度,赞成采用约定俗成的原则简化汉字,他认为这个原则"总结了社会上流传千百年的群众手头字的成果,具有天然的合理性"。③

---

① 谢世涯:《新中日简体字研究》,语文出版社1989年版,第249页。
② 见《语文建设》3期
③ 王凤阳:《汉字的演进与规范》,《语文建设》1992年第4期。

韩敬体在《谈我国的汉字简化问题》中提出三条原则:"要确定简化字,至少需要考虑以下三条原则:(一)约定俗成;(二)效率原则;(三)规律性"。① 要坚持规律性就要运用系统类推,看来,约定俗成和系统类推的矛盾在一定时期内还将继续存在。

二、笔画简单原则

20世纪汉字简化运动初期,简体字的提倡者可以分为两派,一派以钱玄同为代表,主张采选宋元以来的俗字,择其可用者,由教育部颁行;另一派则以陈光尧为代表,主张在采选民间流行的简体字的基础上,再创造一套新字,这种创造完全以笔画简单为原则。陈氏的《简体字论集》里创造的简体字,平均每字只有七画,常用的字都在六画左右,最多也不超过十二画。而《常用简字普》②的说明中则更进一步:"希望每字不超过五画,如能再简的那更好。""本书内的各种简体,约有百分之八十都在五画以下,百分之十九在八画以下,只有百分之一是九画或十画。"

当时,赞成为汉字简化作硬性的笔画数限定的人不在少数,只是具体的限定笔画数不同而已。周起鹏认为:"在十画以上的汉字,总要设法使他减省,这是我的主张。"③

正厂也提出:"要把旧有汉字,十笔以上的减到十笔以下。并且减笔的字也要使大家容易认识。就是力避相似。……新造的字,隶守'不出十画'戒条。"④

早在1930年,钱玄同先生就对这种极端的做法表示反对,他在《章草考》的序言中说:"我以为汉字笔画的改简,至章草而达于极点,不能再简了,因为再简就不适用了。""文字求简固是一要义,而求别亦是一要义。若一味往简里走而

---

① 韩敬体:《谈我国的汉字简化问题》,见《简化字研究》,商务印书馆2004年版,第257页。
② 陈光尧:《常用简字普》,中华书局1955年版。
③ 周起鹏:《汉字改革问题之研究》,见《国语周刊·汉字改革号》1922年第7期。
④ 正厂:《过渡时期中的汉字》,见《国语周刊·汉字改革号》1922年第7期。

第二章 汉字简化的原则

不顾其他,结果把每字都改成三四笔,而诘诎钩联之笔又甚多,势必至于极难书写,极难辨认,闹到全不适用。"①

王力先生也说:"简体字因为笔画太少,往往甲字与乙字的形式相差甚微。假定普通各字均在六画左右,我们试想,若以横竖撇捺点钩种种可能的变化与六画相乘,其可能的不同结构是有限的,于是势必弄得许多字的差别仅在一点半画之间,岂不是比繁体更难辨认吗?""无论是谁,如果他抱定至多不过十画或六七画的主张去改造汉字,一定会走上这一条死胡同里去的"。②

新中国成立以后,这样的观点依然时有出现。1954年徐化文发表《对于汉字简化的初步意见》③,他认为:"简化汉字是一件复杂的工作,所以必须先规定几条原则,来做简化方法的依据。这几条原则就是:(1)把一切笔画复杂的单字,简化到十画左右。(2)废除一个字的多种写法,只留一种写法。"

直到1960年以前,这个观点并没有得到大多数人的赞同。1956年《汉字简化方案》公布以后,受到广大群众的欢迎。加之周恩来总理的《当前文字改革的任务》发表,全国掀起了汉字简化运动的高潮。1960年4月22日,中共中央发出《关于推广注音识字的指示》,明确规定:"为了加速扫盲和减轻儿童学习负担,现有的汉字还必须再简化一批,使每一字尽可能不到十笔或不超过十笔,尽可能有简单明了的规律,使难写难认难记,容易写错、认错、记错的字逐渐淘汰。"④

在中央的这一指示精神下,各地群众都开始创造新简化字,有些专家甚至提出了具体的简化方法。唐兰先生在汉字简化座谈会上说:"我非常同意采用新形声字的办法来简化汉字。蝌蚪这样一类两个音节以上的专名我看不加偏旁也可以。……新形声字的形旁最好不超过四笔,声旁不超过五笔,这样合起来就可能不超过九笔或十笔。"茅于燕也认为,简化汉字要考虑到儿童的书写能力,笔画愈少愈好。⑤

---

① 《章草考》序,见卓定谋《章草考》,北平自青榭,1930
② 王力:《汉字改革》,见《王力文集》第七卷,山东教育出版社1992年版,第342页。
③ 见《中国语文》9期
④ 《当代中国的文字改革》当代中国出版社1995年版,第82页。
⑤ 《汉字简化座谈会纪要》,见1960年7月28日《光明日报·文字改革》。

在《论汉字简化的方法问题》①中,唐兰也谈道:"为了要达到每个字不到十笔,或不超过十笔,我认为应该充分利用偏旁简化的方法,把汉字分为两部分,如何使它们合起来不超过十笔。如果能使义符限制在不超过四笔,声符限制在不超过五笔,作为一个基本原则,那就很合理想。"

中央的这一指示产生于当时大冒进的背景之下,尽早地完成扫盲工作,普及教育,迅速提高人民的文化水平,这个愿望是良好的。但是这里提出的简化汉字的进度和笔画数的要求却缺乏客观基础和理论依据。

当时群众创造的大量简化字,一部分收入了后来的《第二次汉字简化方案(草案)》中,后来,比方案在运用中出现了众多的问题,实践的检验让大家不得不对笔画简单这一原则进行重新考虑。

吕叔湘在《汉字改革问题》②中说:"有些同志对汉字简化有一种片面的想法,认为简化的字越多越好,笔画越少越好,不但是十笔以上的字全得简成十笔以下,就是原来已在十笔以下的字也要减它一笔两笔。这种想法之所以是片面的,因为只看到文字需要简易,忘了文字也需要清晰,还需要稳定。如果把所有的字都简成十笔以下,势必多数字集中在五笔到十笔,很多字的形象都差不多,辨认起来就费劲了,错认的机会就增多了。"

陈明远也说:"曾经有人提出'十笔以上的汉字都要简化到十笔以下',甚至把这作为简化汉字的一个'原则',在'二简草案'的说明中也提到要求'急需简化'那些'在4500个较常用字中超过十笔的字',然而,根据分析,我们认为这是行不通的。""在六千通用汉字里面,超过十笔的字占37%,也就是三分之一以上,共有二千多字。即使'二简草案'的新简化字全部采用以后,'4500个较常用的字中,超过十笔的还有1300字'(引自'二简草案'的说明),也就是仍占将近三分之一。因此,简化汉字只能实事求是地按照'约定俗成、稳步前进'的方针。"③

---

① 见1960年8月11日《光明日报·文字改革》。
② 见《文字改革》1982年第2期。
③ 陈明远:《汉字简化刍议——从汉字笔画的统计和分析看汉字简化》,见《自然杂志》1981年第12期。

第二章　汉字简化的原则

在《现代汉字笔画的统计分析》①中,他用现代统计学的方法也证明了笔画简单原则"在理论上是根据不足的,在实践上是行不通的"。这样做"势必大大降低汉字的区别性,增多了形体相近的字,难以辨认"。

但是,也有学者依然认为限定具体的笔画数是一种好方法,如张贵生在《谈形声简字》②中说:"一般以10画为汉字繁简的临界点,故简化的具体含义应该是,把10画以上的繁体字按一定原则简省为10画以内的简体字。"

2002年,胡吉成在《关于简化字问题的思考》③中具体论述了这个问题:"关于汉字简化,有人提出一种主张,即把所有复杂的汉字都简化到十画以下甚至五画以下,理由不外乎这样一些:第一,字体结构的简化是汉字发展的方向,是汉字几千年发展的主流;第二,简化字笔画少,结构简单,同时还提高了阅读的清晰度,优势明显;第三,现代汉字还有很多字结构复杂,笔画多,应该简化到十画以下,便于运用。"作者也归纳了对这一问题的反面意见:"第一,现代汉字经过第一次简化后,结构相对已经比较简单,具有相当的清晰度和区别性,不必简化到十画以下;第二,文字简化要循序渐进,保持稳定性,如果不停地简化,反而不利于应用;第三,把汉字都简化到十画以下,势必降低汉字字形的区别,使形近字增多,难以辨认,容易造成使用上的混乱,因此汉字不宜简化到十画以下。"

胡吉成认为:"无论是支持也好,反对也好,都有其合理性的一面。虽然看起来是矛盾的,但只是看问题的角度不同罢了。至于汉字是不是要简化到十画以下,哪些字需要简化到十画以下,既不能简单地一概而论,也不是几个文字学家关起门来研究一下就可以,还要看汉字自身发展的情况而定,只能顺应潮流,因势利导,相机行事,不可能一蹴而就,文字毕竟是现代信息社会须臾也离不开的工具。"

---

① 见《语文建设》1981年第6期。
② 见《语文建设通讯》(香港)1994年第44期。
③ 见《北京广播电视大学学报》2002年第2期。

三、系统优化原则

20世纪30年代,已经有学者提出兼顾系统的原则。闻惕生在《简笔字的商榷》①中提出,汉字简化应该注意文字的系统。"近来他们主张简笔字的理论,有许多是对的。他们所说的简笔字的方法,实在不十分周到。因为他们对于中国文字,没有整个的认识,所以不能作一个整个的打算,好像没有学过机械,偏要减少汽车轮船的机件一样,结果是不行的。"

"中国文字是极有统系的,他的变迁也极有条理,所以秦汉的字,到现在几千年还能够认识。唐朝的武则天所造的字,虽然只有十几个,但是一个没有流传,因为他不懂文字的统系,硬来创作,自然是得不到结果的。日本拿中国文字的偏旁,做他的声音的符号,造成了假名,到现在渐渐的完备了。他虽然没有形的统系,但是他有声的统系,所以才能成功。""只要能够整个的整理一下,不独笔画简省,文字也自然可以减少许多,就是除了这应当简省的以外,把笔画多了的字,再来简省,也是可以的。……但必须使人有统系之可寻。……如果乱简一阵,你简成这样,我简成那样,完全不顾中国文字的形象和组织,恐怕中国的文字就此难认了。"

1962年,陈越发表《试论汉字简化的规律性》②从汉字整理的角度来谈汉字的系统性:"在考虑每个字的简化的时候,首先不应该孤立地在它身上硬抠,斤斤计较一点一画的减省;而应该同有关的字联系起来,考察它们之间的关系,选定其中的一个,然后再进一步考虑它本身结构和笔画的简化。""换个角度说,对每个汉字首先不是考虑它的图形如何简化的问题,而是考虑它应否存在——享有通用汉字资格的问题。如果答案是否定的,它就被别个字所代替,作为古董保存在字典里。相反的,答案是肯定,第一步考虑它可以代替哪些字,第二步考虑它的图形如何简化和规格化。"

---

① 见《正中半月刊》1935年第3期。
② 见《新建设》(哲学社会科学)1962年第2期。

第二章 汉字简化的原则

徐仲华在读《〈第二次汉字简化方案(草案)〉》①中,也提出了兼顾系统的思想:"要做到一简到底,首先得统筹兼顾。所谓统筹,就是要把汉字有关的字族做全面的安排,而不是头痛医头,脚痛医脚;所谓兼顾,就是既要考虑旧方块汉字的体系,也要考虑简化汉字的体系,还要兼顾约定俗成与系统类推。"

1988年,赵诚在《汉字探索》②中,将这个原则较为明确地提了出来:"过去,我们在考虑简化汉字时,基本上或者是过重地把汉字作为一个一个的个体来看待,常常是注意一个一个汉字的笔画多少,而在一定程度上忽略了或没有把汉字作为一个体系来对待,没有从体系的角度适当地研究汉字之间的关系及其发展变化中的内部规律,所以作了一些不适当的简化。为了使汉字能够充分发挥其应有的功能,把可能因不适当的简化所引起的不妥帖减少到最低限度,也为了促进文化和教育事业的蓬勃发展,有必要深入地研究汉字这一体系的方方面面和各种关系,探索汉字古往今来发展演化的内部规律。"

他认为:"从现有的材料来看,汉字的发展、变化是多线性的,也可以说是多样性的;并不是单线性的,也可以说并不是只有一种模式。根据多年来的研究,汉字的发展、变化大体可以分为八类:类变、类化、定型、统一、泛化、简化、转化、分化。不管是哪一类,都是作为一个体系之间的发展、变化,其目的是易于识别、便于记忆,以便更好地作为汉语的书写符号。"

1988年,盛玉麟在兼顾系统的基础上提出了初步的优化思想。他说:"我们只能从系统出发进行系统的最优化,时刻也不应割裂系统,孤立地进行某一个方面的优化。那样做的结果,从局部看也许十分理想地达到了'最优化',但从系统看,却未必尽如人意。"③

王宁对汉字的优化原则进行了具体的论述,认为汉字的发展是一个逐渐优化的过程,也就是说,汉字在发展过程中,由于受到书写和认读两大职能的制约,不断地寻求别异基础上的最大限度地简化。这就是汉字的优化。

"应当说,汉字在自发的演变中,总是不断地、自然地进行着符形的调整,使

---

① 见《中国语文》1978年第1期。
② 见《汉字问题学术讨论会论文集》,语文出版社1988年版,第286页。
③ 盛玉麟:《现代汉字系统工程刍议》,见《汉字问题学术讨论会论文集》,语文出版社1988年版,第164页。

一部分符形提高优化的程度;而从多数的事实看,简化是一个总体的发展趋势。顺应这个趋势,自觉地对汉字进行规范时,更需要把优化基础上的简化,作为一个重要的追求目标。""汉字的简化,首先是构形系统的简化,个体字符的简化,应当纳入这一系统。所以,个体字符优化的条件,"除了"表意效果好,辩词功能强,构形最大限度简化"以外,"还要把较好地适应汉字的整体系统,列为首要"。随之,文章还提出衡量汉字优化的五个标准:"(一)有利于形成和保持严密的文字系统;(二)尽量保持和维护汉字的表意示源功能;(三)最大限度地减少笔画;(四)字符之间有足够的区别度;(五)尽可能顾及字符的社会流通程度。""简化只是优化的条件之一,不能把笔画的多少,当成优选汉字的唯一标准。优选汉字是一个技术性很强的工作,需要在树立汉字构形系统的观念下,用整体的眼光来审视个体。"①

王宁关于汉字优化方面的文章还有《汉字的优化与简化》②《论汉字简化的必然趋势及其优化的原则》③《再论汉字简化的优化原则》④等。这些文章对汉字的优化进行了深的地研究,是汉字简化理论的重要参考资料。

正如裘锡圭所说:"今后的汉字整理工作,究竟应该把重点放在简化上,还是放在文字结构的合理化上,这恐怕是一个需要认真考虑的问题。"⑤

---

① 王宁:《汉字的优化与繁简字》,见《简化字研究》,商务印书馆2004年版,第41页。
② 见《中国社会科学》1991年第1期。
③ 见《语文建设》1991年第2期。
④ 见《语文建设》1992年第2期。
⑤ 裘锡圭:《谈谈汉字整理工作中可以参考的某些历史经验》,见《语文建设》1987年第2期。

第三章 简化方法研究

一、简化方法的类别

1922年,钱玄同在《减省现行汉字的笔画案》①里归纳了简体字的八种构成方式,它们分别是:①将多笔画的字就它的全体删减,粗具匡廓,略得形似者;②采用固有的草书者;③将多笔画的字仅写它的一部分者;④将全字中多笔画的一部分用很简单的几笔替代者;⑤采用古体者;⑥将音符改用少笔画的字者;⑦别造一个简体者;⑧假借他字者。

当时的汉字简化工作遵从的原则是"述而不作",因此学者们多提倡从已经通行的俗体字、草书字中进行采选公布,没有大面积地运用某种经过分析得出的简化方法来新造简体字。钱玄同也指出:"我主张现在添造简体字,应该多用②⑤⑧诸法,少用①③④⑥⑦诸法。务使常用的数千字,除那笔画本来很少的以外,个个字都把它减省一下子。"

钱玄同先生的八条方法,是20世纪对汉字简化方式的最早归纳。这一时期,对汉字简化方法的认识并不是很清晰,这八条方法,实际上并不在一个层面上。②⑤⑧谈的是简体字的来源,①③④⑥⑦谈的才是从形体方面来归纳简化方法。这类混淆现象在当时较为常见。

1928年,陈登皞在《中国文字改革的具体方针》②中,也对汉字简化的方法

---

① 见《国语周刊》1922年第7期。
② 陈其一:《中国新文字问题讨论集》第一辑,河南教育厅编辑处印行1929年版,第98页。

进行了简单地分析:"我发现它们变化实有原则,如今且把那些原则详叙如次:(一)繁字中的简单笔画,有代表全字的资格都保留了,例如……声代聲……。(二)繁字中的最简单的笔画,都保留起来,而变动其复杂的部分。例如办代辦……权代權……(三)繁字中一部分最复杂繁难的笔画,(甲)如系独立的字,就把这字同音而笔画简单的字来替代,例如犹代猶,因尤与猶同音而笔画简单故采用之……(乙)如这一部不是独立的字而非常繁复,则另寻一个和原字同音而简单的字来替代;例如窃代竊,担代擔……(四)成双的繁难的字,多把它们俩的共同部分的笔画削去了;例如科斗代蝌蚪……"

1946年,曹伯韩在《简体字的检讨》①中具体评述了钱玄同的八种简化方法,他认为:"前述八种方法,第一、四、七各种,除不得已而用之外,最好不用。因为它们没有一定的规律可循,究竟什么形式的楷书就简写成什么样子,那是毫无一定的,假使这类的简体字加多起来,人们便不容易记忆。第二种也不好,因为草书本身就没有定型,而且多半不容易辨认。第三、五、六、八各种,我认为是发展简体字可以遵循的途径。但第三种的发展有限度。第五种'采用古体',对于普通一般人不见得有特别的好处,但对于看重国粹的先生们也许可以启发其对简体字的正确认识,对于一般读古书的人当也有些学习使用上的便利。第六种'简化音符'及第八种'假借他字'则是发展简体字的两条大路。凡笔画太多的形声字可以简化音符,非形声字则不妨假借笔画较少的同音字来代替。"

1952年易熙吾在《新建设》第2期发表《简体字的几个问题》,公布了国立北平研究院字体研究会出版的《第一次简体字表》所用的四种简化方法:①借用字——采取笔简音同之字替代,如交代教,汗代汉。②省去偏旁——留一部偏旁以代全字,如声代聲,杀代殺。③改易偏旁——笔繁偏旁改为笔简有意义的,如镕可去金用火,筆去聿用毛。④同音替代——省去繁笔代以同韵简笔,如戰去单换占,拟去疑换以。

蒋希文、邵荣芬统计了明末"兵科抄出"档案中的简字将其分为四类:①碑刻体;②草体;③减笔;④古或体。他们认为,只有第三类能称得上严格意义的简体字,通过对这一类字的分析,他们得出了会意、形声、假借、局部省略、半体、

---

① 见《桂林师范学院丛刊》创刊号,1946年。

部分变形、并笔、类推等八种简化方法。并总结出一些字简化后不流行的原因：①与其他的字相混；②原字的笔画本来就很少；③同原字相去太远；④流行不广（即未被大家公认）。①这对汉字简化方法的研究具有一定的参考意义。

1954年，徐化文在《对于汉字简化的初步意见》②中拟定了六种简化方法，它们是："1.再度象形。2.重作形声。3.同类相推。4.部分代替。5.部首合并。6.统一写法。"但是，由于他的拟定是在"把一切笔画复杂的单字简化到十画左右"这个原则下进行的，因此，部分简化方法没有从汉字的整个体系考虑，缺乏实用性。

随后，金鸣盛分析了《798个汉字简化表草案》中所有的简化字得出九种简化规律："第一种是整个形体简化字。在这类字中，有采用古字的，如'尔、万'等。有按照草书楷化办法简化的。如'为、卖'等。总之，简化后的字和原字比较，形体上已经完全或大部分改变了。第二种是用特征部分作代表的简化字。如'与、丰、习'等。第三种是省减部分笔画留轮廓的简化字。如'风、区、齿'等。第四种是重文简化字。如'累、虫、涩'等。第五种是部首偏旁简化字。'报、龄'等。第六种是非部首偏旁简化字。如'练、陆、坚'等。第七种是会意简化字。如'坐、阳、灶'等。第八种是形声简化字。如'响、惊'。第九种是假借简化字。如'谷、付、丑'等。另外还有只是写法不同而并没有什么简化的字。"③

同时，作者还针对某些简化方法提出了自己的意见："关于形声简化字，我以为最好能用与原字声符读音相同的字来替换原有声符。"这个问题稍后也引起了其他学者们的关注。

1955年，王显发表了《略谈汉字的简化方法和简化历史》④，将《汉字简化方案（草案）》所用的简化方法归纳为九种："1.部分代替整体的简化法……2.省并重复的简化法……3.符号代替法……4.草书楷化法……5.改换声符法……

---

① 蒋希文、邵荣芬：《明末"兵科抄出"档案中的简字》，见《中国语文》1952年第10期。
② 见《中国语文》1954年第27期。
③ 金鸣盛：《我对〈798个汉字简化表草案〉的分析和意见》，1955年3月30日《光明日报》。
④ 见《中国语文》1955年第34期。

6.改换形符法……7.形声改成非形声的简化法……8.非形声改成形声的简化法……9.同音代替法",并将这九种方法概括为两大类,即不造字的简化方法和造字的简化方法,后者又分为有规则的造字简化法和不规则的造字简化方法。作者认为前八种是造字的简化方法。1—4种是不规则的造字简化法,5—6是有规则的造字简化法。他还指出,并不是每个简体都是只用一种方法简化出来的,它们多是几种简化方法综合运用的结果。

接着,王显具体追溯了每种简化方法的历史源头,证明以上简化方法都是有历史依据的,从而证明《汉字简化方案(草案)》是切实可行的。

1957年,赵太侔发表《关于汉字简化问题》①,提出:"现成可用的简体字已全用完,继续制造大量的新简体字是行不通的,现在应该是全盘考虑,系统研究进一步简化方法的时候了。"作者认为简体字本身有很多问题,它"字数太少,根本不够用",而且"不成系统,漫无规律"。只有草体字才能解决目前汉字简化工作的问题,"任何大量造新字的办法,无论是简体字或新形声字,全是不切实际的。只要利用草体字,就可以整理出一个简化系统"。

1960年,曹伯韩《汉字简化问题提纲》②中把宋元以来简化字的简化规律分为三类,分别是"(1)削减原字;(2)改换偏旁;(3)改换全字(包括采用古字、同音代替、另造形声字等)",并将钱玄同早期的分类依次纳入了以上三个类别中。

同年,唐兰先生在《光明日报·文字改革》双周刊上发表《论汉字简化的方法问题》③将简化汉字的方法分成九种:

(1)笔画的简化。例如门(門)、鱼(魚)等,这种简体字大都取之于行书或楷草书体,像为(為)、东(東)、书(書)等字。

(2)形体的简化,包括部分字与轮廓字,像开(開)、关(關)、亏(虧)等都是摘取字的一部分来代替全字的。有些部分字实际上是恢复古体,如从(從)、众(衆)等。另外一种是截取一个字的头尾,显出一个字的轮廓,如夺(奪)、奋(奮)等字。

---

① 见《文字改革》1958年第5期。
② 见《文字改革》1960年第12期。
③ 见1960年8月11日《光明日报·文字改革》。

(3)偏旁的简化。利用已经简化的偏旁,在复合字里面尽量地简化,有只简化一旁的,如闪(閃)、栋(棟)等,也有两旁都经过简化的,如转(轉)、钢(鋼)等字。

(4)新形声字,旧形声字的声符太繁了,选择一些笔画简单的同音声符来代替的方法是自古有之的。像担(擔)、苹(蘋)、惧(懼)等。近年来,群众造的优(優)、认(認)、肤(膚)等字都很好,都可以用类推方法,把别的同声符的字都简化。新形声字还可以充分利用偏旁简化。

(5)新象形字。如凹凸两字。由于造象形字比较困难,在简化过程里是不大见到的。

(6)新会意字。如笔(筆)、尘(塵)、灶(竈)等字,这种字的发展,也是比较困难的。

(7)符号代替。这种简化方法,也是很早就有的……尽管是有来历的,但对群众来说总是不很方便的。

(8)同音字代替。……认字的人,碰到这种替代字,常常要停留下来想一下,是并不太方便的。……对学习者来说,也并不方便。汉字总是随着社会的发展不断增加的,即使有很多古字被这种代替字代掉了,而文字的数目并不会减少;另一方面,即使文字在急剧发展后暂时稳定下来,大部分文字有比较固定的写法,在写文字的人也依然会不断地采用这种方法的。

(9)拼音字代替。清代劳乃宣把王照的官话拼音字母拼出来的字称为简字。过去有许多作品里是常常用拼音字母来代替文字的。好处是让懂得拼法的人,一见就读得出来,缺点是由于同音字多的关系,尽管读得出音来,却不能一目了然就知道它是什么意义,而必需想一下。

时值《中共中央关于推广注音识字的指示》刚刚发布,指示中要求将所有汉字简化到十画以下。本着这个指导思想,唐兰认为:"为了要达到每个字不到十笔,或不超过十笔,应该充分利用偏旁简化的方法,把汉字分为两部分,如果能使义符限制在不超过四笔,声符限制在不超过五笔,作为一个基本原则,那就很合理想。"从这个角度出发,唐兰极力提倡偏旁简化法和新形声字。

1962年陈越在《试论汉字简化的规律性》①中,归纳了十条汉字简化规律,

---

① 见《新建设》(哲学社会科学)1962年第2期。

20世纪的汉字简化运动与中小学语文教学

它们是异体淘汰法、同源归并法、别体假借法、多义分化法、偏旁类推法、草书楷化法、部分省略法、符化代替法、另造新字法和字形整理法。他认为:"从实际运用的效果看,这十条简体字的造字原则当中,异体淘汰法、同源归并法、别体假借法和多义分化法可以统称'归并法',即从一般若干个汉字中选用一个,淘汰其他,一般不必另起炉灶,是最多快好省的简化方法;其次是偏旁类推法和草书楷化法,可以统称'类推法',只要选定若干偏旁的简化形式,即可比较系统地使多量的字得到简化;再其次是部分省略法和符化代替法,可以统称'省略法';还有另造新字法是不能适用以上各条所采取的综合性的方法;字形整理法是属于正字法范畴的技术加工性质的方法。"

陈越提出的这十条规律,是广义的汉字简化的规律,它包括汉字字形的整理方法和汉字笔画的简化方法,简单地将二者归为同一类,这样的归并还有待商榷。

1978年王凤阳发表《汉字字形发展的辩证法》[①]将汉字简化方法归纳为三大类九小类。一,简化旧字。可分两小类:①手写体的整齐化,简化后的字也叫轮廓字。②破体简化,简化后的字也叫特征字。二,另造新字。可分六小类:①更换声符;②更换形符;③符号代替;④造新形声字;⑤造新会意字;⑥采用异体或无关的简字;三,同音代替。这种办法有两种作用,一是简化常用字;二是归并汉字,减少汉字字数。

20世纪80年代初陈明远在《汉字的简化字和繁体字》[②]中,又将简化字的构形方式归纳为四大类:①省略原形;②局部改动;③用简化偏旁系统类推;④整字变换。

1987年蒋善国的《汉字学》则将笔画的简化方法归纳为以下七类:①另造新字;②采用轮廓或部分代替整体;③改变偏旁;④同音代替;⑤恢复古体;⑥楷化草书;⑦简化偏旁。

之后,王有卫在《现行汉字声旁表音性能及其简化趋势》[③]中,具体研究了

---

① 见《社会科学战线》1978年第4期。
② 见《语言教学与研究》1981年第4期。
③ 王有卫:《现行汉字声旁表音性能及其简化趋势》,见《江淮论坛》1988年第5期。

声旁的简化,将其再分为五种:一,用简单的声旁代替复杂的声旁,如"让"的繁体是"讓",即以"上"代替"襄";二,局部删除,如"雖"简化为'虽';三,声旁完全省略,如"廣"简化为"广";四,声旁形体简化;五,用简单的符号代替复杂声旁。他对这五种简化方法的得失利弊进行了认真的分析,得出第一、四种简化方法比较科学,"既有形体的简化又仍保留声旁的表音功能。但在具体实施时,有的规则性较强,有的规则性较弱。一般说来,第四种规则性较强……第一种简化的规则性较弱。……再说第五种。这种用纯符号代替复杂的声旁……有时用同一个符号代替了几个不同的声旁,这种简化,从形体上说,不仅笔画减少,结构也简单多了是好事。但从语音上看,杂乱无章,无规可循,简化却又成了坏事"。

作者还对比分析了繁体字的表音声旁和简体字的表音声旁,发现"新的简化声旁应该是表音性能强的,但结果却不是这样"。因此作者提出,应该加强对声旁的表音性能的重视和研究,特别是同一声旁表音的负担,更值得研究。作者认为,声旁简化的科学原则应该是:"视觉符号与听觉符号相统一的原则,即形体简化和表音性能简化相统一的原则。"表音性能的简化应包含三方面:一是提高声旁的表音强度;二是减轻声旁的表音负担;三是减少声旁的总数。但是,以往很少考虑到这种视觉符号与听觉符号的对应关系的科学性原则。因此,提高声旁表音的强度,加强形声字的科学性应该是今后的声旁简化研究应该重视的问题。

刘绍中的《保全优点 克服缺点 以汉字为基础改革汉字》[①]中,将简化方法分为突变型全异式简化和渐变型继承式简化两种,"全异式简化是与原字面目全非的简化,如'萬'简作'万','醜'简作'丑'……渐变式的简化是通过形体的演变笔划日趋精简……这种简化,前后贯通,字形相似"。另外,作者还提出了目前的汉字简化方法存在的问题:"主要是简化方法缺乏科学性和规律性,笔画的精简未能很好兼顾认读的方便。有些字简化后降低或失去了原有的表音效果,在认读上倒不如简化前的繁体容易;用一个简单部件代替另一个或几个

---

① 刘绍中:《保全优点 克服缺点 以汉字为基础改革汉字》,见中国社会科学院语言文字应用研究所编《汉字问题学术讨论会论文集》语文出版社1988年版,第150页。

较复杂不见的简化方法,虽然能在一定范围内和一定程度上解决难书写的问题,却难以同时解决难认读的问题。其次是已有的简化方法,不能用来简化所有急需简化的繁难字。"作者提出,"八种传统的简化方法,已经不能完全适应和满足今后汉字简化任务的需要,而汉字简化的任务又远远没有完成。……因此,研究和探讨汉字简化的新方法,是摆在语言文字工作者面前的一项迫切任务"。

20世纪90年代初许长安的《实事求是地评价简化字》[①]又把简化方法归纳为六种,分别是形声简化、会意简化、同音代替、符号代替、部件省略和草书楷化。"这六种方法可以说是简化字的六种'造字法',也就是简化字的'新六书'。"作者认为:"形声简化字是最受欢迎的一种简化字,究其原因一是形声字本来就是汉字的主体,形声简化符合人们的心理习惯;二是简化后的偏旁大都是汉字原有的部件,没有增加新的结构单位,易于学习,便于称说。""用会意方法简化的字在《总表》里是最少的,这说明纯粹表意不是汉字发展的趋向。"作者还把同音代替字进一步分为三类,第一类是同音代替,就是写别字;第二类是古通用字,现又给予归并;第三类是删去形旁。"符号代替字大都是元明以来的简化字,历史很长,说明它是有生命力的。""部件省略字纯粹是从形体方面简化的,简化后的字形是汉字的原有部件,好学好用。"

综观20世纪的汉字简化方法分类,虽然各家结果不同,但其主要内容基本是一致的。整个100年的汉字简化方法分类,经历了从来源与形体相混淆到自觉地以字形简化方法为主体进行类别划分,反映了汉字简化运动从起步到逐渐走向成熟的过程。对于简化方法的研究,也由粗到细,从大类的研究具体到大类中的小类研究,并能为汉字简化工作提出一些有参考价值和指导意义的、具体可行的意见和建议。这都显示出汉字简化理论趋于成熟和完善的良好状态。

在这些汉字简化方法中,有一些方法,由于各种历史的、现实的原因,为汉字简化工作带来了便利,也造成了这样那样的问题。各家对其的评价不一。如何利用这些方法继续为汉字简化和规范化服务,至今依然没有好的解决方案。因此,我们在这里具体梳理这几类简化方法的发展历史,希望能对现实工作提

---

① 见《语文研究》1991年第1期。

供一些借鉴。

二、草书楷化法

草书楷化作为一种简化方法,从诞生之日起就一直有赞成和反对两种声音伴随其发展。

20世纪汉字简化运动的主将钱玄同受先师章炳麟先生的影响,在采选简体字方面非常推崇草书,尤其是章草和行草。他在《与黎锦熙汪怡论采选简体字书》①里所列采选简体字之材料,草书排在第一位。他说:"故鄙意拟仍用最初之计划,分列'草、别、俗、古'四栏,而注意者为草栏。既名曰'草',自可'草'些。许多草体可以放胆增加,笔势从章草,字体参历代行书草书。干脆说,就是写一部'新的草字帖'。""因为目的在谋书写中之便利,故行草之笔势不但不必故意避免,且应相当采用;因就客观之事实言之,无论书法家,学者,商人……普通应用皆作行草,可以证明行草之笔势实为写汉字最方便最适用之笔势也。"他还谈道:"虽采用行草之笔势,但为儿童、民众、及无书法天才之人易于学习计,务于行草笔势中取其点画分明与结体平正者。"这其中已经有了草书楷化的基本思想。

杨端六也同意采选部分草书来简化汉字,但是他提出:"采用草书应该有一个限制,就是混杂不清的笔画不宜采用。"②

1935年,潘新藻在《推行简体字的商榷》③中提出了章草的众多问题:"章草之结构,宛转相似之处过多(至少亦较俗用楷体字多);章草之宛转处,决不是东洋文与西洋字母那样简单,即令抛开中国文字在书法上之条件,亦不能谓便于一般民众之书写;章草所无之字,势不能不仿章草之体而创造之。即令创造为可能,在推行上,能胜过俗用楷体字乎! 以是三端,余觉章草美观之条件有之,

---

① 见《国语周刊》1935年第176期。
② 杨端六:《改革汉字的一个提议》,见《现代评论》1928年第194期。
③ 见《正中半月刊》1935年第2期。

简易之条件,则殊未必也。"他认为采用草书不如采用俗体来得便利。

但是,由于草书可以大大减少笔画,而曲线笔势也是便利速写的重要条件,用这种字体来书写,的确是快便得多。因此,当时赞成用草书的学者还是占绝大多数。陈光尧的《常用简字表》多半采取草书。"过去一般谈简体字的人,都只注意了笔画的减省,完全忽略了笔顺的连接,这是一个重大的错误。我们今后必须在简体之外,再加强连笔,减少起笔,才能适合现代文化工作上的需要。……为了笔顺的连接,就不能不斟酌采用一部分笔画简易的草书。"[①]

1949年,叶恭绰发表《整理通用字及规定其简写法的一套办法》[②],主张简写法"应尽量以向日草书为基础"。不过,他也认为草书原形不如楷书的笔画分明,因此提倡"凡笔画缭绕过多者可省并之,粗细不匀者可齐一之,字形太欹侧长短者可修补之,以笔画分明,易于辨别记忆及写出印出为准"。

陈光尧在《常用简字表》编选说明中也提出:"草字大半都是用连绵不断的曲线组成。这种曲线之轻者较俗字还要便利,也很可以制模铸字,以便印刷,但过甚过繁的曲线,不仅印刷上不方便,并且学习上也不容易。所以本书只采轻度曲线的草字,必要时或将原字的连绵处略为划分,外此不取。"

新中国成立后,简体字的研究和选定工作于1950年7月开始。其选定的原则中有一条:"所选定、补充的简体字,以楷书为主,间或采取行书、草书,但必须注意书写和便利于印刷。"之后,各有关方面和语文工作者对于《常用汉字登记表》及其选定原则的反馈意见是:"草书楷化的简体字确有它的优点,即弧形的笔势和笔画的连结,能使书写速度加快。但是,弧形交叉和笔画的勾连,却使得汉字的字形差别减少,不仅增加初识字人认读和书写的困难,而且草书楷化的形体远不及正楷体那样结构匀称、美观。因此草书楷化字体不适于印刷,只有少数楷化的草书简体可以采用。"[③]这个意见应该说是合理的、中肯的。根据征集的意见,中央教育部社会教育司重新考虑了选定简体字的原则,决定完全根据"述而不作"的精神选定简体字。

---

① 陈光尧:《常用简字表》,上海北新书局印行1936年版,说明。
② 叶恭绰:《整理通用字及规定其简写法的一套办法》,见1950年10月1日《天津日报》。
③ 转引自王均:《当代中国的文字改革》,当代中国出版社1995年版,第141页。

然而,1953年,《常用汉字简化表草案》第一稿送毛泽东主席审阅时,毛主席指出,过去拟出的700个简化字还不够简。作简字要多利用草书,作成基本形体,有规律地进行简化。本着这个精神,文改会开始大量搜集草书简体字的资料,拟订草化简体字。

《常用汉字简化表草案》第二稿经中共中央文字问题委员会讨论,仍认为简化的字数太少,要求根据行草书和简体字的偏旁及其他部分,采取类推方法简化。因此,文改会汉字整理组又在中央教育部公布的2000常用字范围内,采用了简化偏旁类推简化同偏旁常用字的方法。简化过程中,对于那些除用行草笔画外没有其他十分简便写法的字,就根据行草写法收入到简体字表,以扩大简体字的数量。

《常用汉字简化表草案》第三稿送出版、教育、新闻部门征求意见,草书楷化字还是问题的焦点,大家认为:"草书笔画增加了汉字的结构单位,打乱了原来的部首系统。宋体字夹杂草体,甚至一个汉字的一半是宋体,一半是草体,形式上很不协调。"①

在这一段时期,由于受国家领导人的意见的影响,赞成草书楷化字的人越来越多。1952年,易熙吾在《新建设》第2期上发表《简体字的几个问题》,其中重点探讨了采用草书的问题。他说"钱的原稿,多采章草","大略说来,草书本是正楷的简体字,用草书作简体字,是可以的。不过草书尽量向简向快发展,更加以要求美观,不知不觉脱离了正楷的外形了"。他认为草书有以下几个毛病:①太求简,则以符号代表了许多正楷偏旁,使人辨不清楚,不能使用。②太求美,则一正楷可以多形。

因此,他说:"……草书的混乱性,大大可以见到,一般人如何能够使用?简体字确是不能采用草书的。但草书的一部分可以楷化。用印刷宋体字的笔画来写草书,……可解决一字两学双重负担的困难,而于工农教育和识字的人都照顾到了。"

1953年,易熙吾又在《语文知识》第3期上发表《草书楷化的简体字》,再次呼吁用草书楷化的简体字,认为这样可以统一书写体和手写体及其草书和简

---

① 转引自王均:《当代中国的文字改革》,当代中国出版社1995年版,第143页。

体字。

1957年,赵太侔发表《关于汉字简化问题》①。他认为:"现成可用的简体字已全用完,继续制造大量的新简体字是行不通的,现在应该是全盘考虑,系统研究进一步简化方法的时候了。"接着作者分析了简体字的缺点,认为它"字数太少,根本不够用",而且"不成系统,漫无规律"。最后,作者提出,只有草体字才能解决目前汉字简化工作的问题,"任何大量造新字的办法,无论是简体字或新形声字,全是不切实际的。只要利用草体字,就可以整理出一个简化系统"。他引用了毛泽东关于多利用草书字的意见,提倡要运用偏旁的同化来进行简化。因为他认为"草体基本形体的大量缩减,主要是通过同化作用而达到的"。

1960年,蒋善国在《继续简化汉字的原则和方法》②中也提倡:"在便于书写的条件下,要充分利用行书和草书的因素,楷化行书草书,来继续简化汉字,主要是又简化又连写。"

1965年,陈越在《中国语文》第4期上发表《偏旁简化、草书楷化综论》,详细地论述了草书楷化法的相关问题。他给草书楷化下了定义:"草书楷化法是把手写草书体整理成为印刷楷书体的一种简化汉字方法。亦即把笔画连接、形体圆浑的行书、草书,按楷书的要求,改变为笔画分离、形体方正的字体,达到简化汉字结构目的的方法。"通过整理《光明日报·文字改革》双周刊以及其他相关文章上发表的各类意见,他总结出有关草书楷化方法的赞成与反对的两种意见:"反对方面的意见,除认为这一简化法不能合理解决汉字的表音问题,不如改换声旁,另造新形声字外;还认为,汉字的形旁和声旁,经过形体的草化、数量的简化(归并)以后,特别是千把个常用的单体结构字,从字形上再不容易看出它们的造字原理,对汉字的学习不利。草书楷化后,字形难看,把圆浑优美的形体丑化了。不少字,写起来不顺当,特别不利于初学文化的人书写,等等。"赞成方面的意见,又分为两种:"第一种论点,极端赞美草书,主张用草书代替楷书,用草书来全盘简化汉字,任何其他简化方法都远不及草书优越。草书笔画最简,最便于书写;又能适应横写的要求。偏旁的同化作用是简化汉字的重要手

---

① 见《文字改革》1958年第5期。
② 见1960年10月6日《光明日报·文字改革》双周刊。

段。通用字草书的偏旁,经过归纳,还可以得出最基本的形体一百来个。只要利用这一二百个基本形体就可以全面地、系统地简化汉字。这实质上是主张'楷书草化',排除'草书楷化'。第二种论点,主张普遍地采用楷化后的草书偏旁,简省汉字笔画。因为汉字偏旁多数超过四五画,在形声字大量存在,不改变造字原则这一条件下,只有这样才能把全字的画数压缩在十画之内。这种主张是草书应该楷化,同时尽量利用楷化后的偏旁扩大简化面。"

作者认为应该肯定草书的特点和作用以及草书楷化法在简化汉字中的地位,但过分夸大草书的优越性,尽量扩大草书楷化法的简化面,是不切实际的。"第二种意见肯定草书楷化的必要,而且主张扩大简化面;但代价太大,技术上也存在不少难以克服的困难。如果按草书的'连笔'规律,普遍改造汉字的基本偏旁结构,为了简省一两笔而大量改换印刷和打字用的字模,牵涉面太广,实在不值得。"

最后作者认为,草书楷化法的优点是比较系统地、顺理成章地使大量的字得到简化。简化形体同原字保持一定联系,一般都已约定俗成,看起来不致太生疏。有对应的规律可循,可以利用逻辑、推理,不必逐字记认。因而比较容易为一般人所接受,同时也照顾了儿童、文盲将来阅读的便利。缺点是没能克服现代汉字表音不准的缺点,初学文化者不便认记。笔画结构有时比不上省略字、特征字简单。不能机械类推,一部分字须作例外处理。

20 世纪 90 年代初许长安的《实事求是地评价简化字——纪念〈汉字简化方案〉公布 35 周年》[①]中,基本肯定了草书楷化的方法,认为"草书楷化字多数是简化得比较好,所以不能笼统地否定草书楷化字"。

1991 年,王宁站在汉字优化的角度对草书楷化做了简单的评析:"在运用草书楷化方法时,由于草书笔画过简,连笔又较多,有时会使相似符形的区别度太小,容易使初学者难以掌握。……在简化时,也应当适当留意。"[②]

---

① 见《语文研究》1991 年第 1 期。
② 王宁:《汉字的优化与简化》,见《中国社会科学》1991 年第 1 期。

三、同音代替法

利用原有笔画简单的字,代替一个或者几个同音或音近的繁体字,这种简化方法叫作同音代替,也就是古代的通假或假借。20 世纪初,钱玄同提出的八种简化方式中,"假借他字者"指的就是同音代替的简化方法。它的发展,经历了一个不断尝试错误、修正理论的过程。

早在 20 世纪 40 年代,王力在《汉字改革》①中就批评过同音代替法,他说:"钱先生所举的第六、第八两种构成方法,流弊更多,因为中国方言复杂,在甲地为同音的字,在乙地未必同音。"

但是汉字简化初期,由于人们对于汉字简化的功利目的,即迅速扫除文盲以达到教育普及,快速地减少汉字的笔画成为汉字简化的中心工作。1920 年,钱玄同在《减省汉字笔画有提议》②中提出:"总而言之,抱定唯一的主张曰'减省笔画'。所以无论古字、俗字、本字、借字、楷书、草书,只要合于这个主张的,都可以采取。"

同音代替作为一种汉字简化方法,既能减少笔画,又能精简字数,因此受到众人的青睐。新中国成立以后,我国的文字政策依然是走世界统一的拼音方向,一部分学者认为,同音代替是从汉字过渡到拼音文字的一条多快好省的途径。基于这些原因,20 世纪 50 年代以前,大家对于同音代替,多关注其优点,持赞同的态度。

赞同的意见分为两种:第一种是全盘肯定,极力赞美,认为同音代替是走向拼音化的基础,应该大力提倡。

如尹斌庸在《同音代用字还可以适当增加一些》③中认为:"同音代用是简化汉字中最彻底的一种方法,也是比较靠近'拼音化'的一种方法。我们应该摆

---

① 王力:《汉字改革》,见《王力文集》第七卷,山东教育出版社 1992 年版,第 342 页。
② 见《新青年》1920 年第 3 期。
③ 见《语文知识》1955 年第 9 期。

脱形意文字的拘束,找出规律,尽量利用。我认为只要基本上符合下面三条原则的同音代用字,都可以试一试。1. 以现代书面语为标准,不会造成同音词语的混淆。2. 有历史根据,有群众基础。3. 最好照顾到声调,尽可能照顾到各地区的读音。"

张远提也认为以后的文字要走拼音化,所以现在要多从音方面简化,以便衔接过渡。因此同音代替法应该多多提倡。①

仁氏在《对"汉字简化方案草案"的四点建议》②中也提出:非常同意采用同音代替字。地名中的专用字没有其他用途的,也可用同音字来代替。

杜定友的《精简汉字为拼音化铺平道路》③中也认为,汉字可以通过同音代替的方法简化,增加标音功能,走向拼音化。"在精简过程中,尽量采用字根字干,规定通用字,逐步推行同音假借,目的在打破汉字重形的保守思想,脱离形声字的羁绊,导向标音的途径,为拼音化文字铺平道路!"

刘泽先在《谈谈科学用字的同音代替》④中说:"通过同音代替,人们才会更清楚地认识到文字只要表音就够了;也就会逐渐改变'望文生义'的习惯。人们有了这种认识和改变,文字拼音化才能比较顺利地进行。""因为文字拼音化基本上就是同音代替的最高发展。"

另有中国人民大学语文教研室的《应该扩大同音代替的范围》⑤、任铭善《从"词"的角度来看"同音代替"问题》⑥等文章,都大力提倡用同音代替方法来简化汉字。

第二种态度比较理性,认为应该具体问题具体分析,同音代替总的来说是一种比较可行的简化方法,但不能滥用。

如林曦的《汉字同音代用规律的初步研究》⑦通过对一些常用的同音代替

---

① 张远提:《文字简化应多从"音"的方面着手》,见1955年4月27日《光明日报》。
② 见1955年4月27日《光明日报》。
③ 见《中国语文》1955年第32期。
④ 见《中国语文》1955年第37期。
⑤ 见1955年9月14日《光明日报》。
⑥ 同⑤。
⑦ 见《中国语文》,1953年第18期。

字的分析,总结出同音代替法的使用范围:①用声旁(时常就是原有的写法)代替繁难而又没有绝对的分化必要的加了形旁的字。例如:巴蕉 = 芭蕉,报道 = 報導。②历史上曾经用来记写同一个词语,还没有十分定型;往往又是多音节词,写来不至于发生语义混乱的,可以代用。例如:于 = 於,元 = 原、圆。③用笔画简单好写的字代替笔画繁难不好写的字,有时是按照方音来代用的。例如:并干 = 餅幹,丰富 = 豐富。④意义接近,可以解释得通,常常用较常用的字代替不常用的字。例如害怕 = 骇怕,师父 = 師傅。作者还归纳出一些规律:"(一)汉字的形体和语词的声音和意义之间并没有绝对不可改换的关系。(二)汉字中任意加形旁制造新形声字因而也就是不断增加字数的倾向,经过适当的整理,是可以停止下来的。(三)就字义来说,同音代替可以从两极来进行:意义比较接近的可以代用,意义距离很远,代用不至于发生误会的也可以代用。只有那些各自构成一个常用的单音词或词根,代用了意义会发生混乱的字,不可以随便代用。"

作者认为:"对于减少汉字字数最有用的,是汉字中某些字可以由其他同音字代替的规律。"但是,用这种方法精简汉字也可能带来一些困难,如"(一)由于各地方音还有差别,对于汉字的读音不尽相同,这个地方认为同音可以代替的,另一地方也许会觉得莫名其妙。(二)汉字不少纯粹的音标,容易望文生义,发生误会。(三)知识分子等在生活、专门知识上用惯的字,可能不大愿意被随便代用。(四)特别的词汇用代用字写出来,词形可能不够清楚,需要更多地依靠上下文"。

张世禄在《光明日报》上发表的《汉字的改革和简化》[①]一文,认为:"同音假借的方法,如果运用得好,可以减少我们对于繁多字数的记忆的负担,而且可以用笔画比较简单的字体来代替笔画繁多的同音字,这样也同时简化了字体的笔画了。总之,同音代替的方法,可以用来限制字体的滥造,节省过多的字数,又同时简化字体的笔画,更使得文字和语言密切地相结合,加强文字内部的音符性,因而使得文字发展更符合于大众化的方向。"

---

① 见1955年7月20日《光明日报》。

第三章 简化方法研究

曹伯韩的《关于汉字简化中的同音代替问题》[①]中认为同音代替法是有理论根据的,但是这种方法不能广泛应用,除了由于社会习惯的限制以外,还由于有几个实际问题必须照顾到:①同音词问题;②方言区不同音的字如何处理的问题。因此,作者认为,对于同音代替,只能是有条件有限度地采用。

恭士在《汉字简化中的同音代替问题》[②]中,具体分析了同音代替字的三种情况:"(1)跟被代替的字除过音相同外,没有任何形体上或者字源上的关联。(2)代替的字是被代替的字的形体的一部分,但是二者没有字源上的关联。(3)代替的字是本字,它的意义在实用过程中扩大了,有了派生借喻的意义了;因此加了一定的偏旁来限制它的意义。现在取消了这些后来加上去的偏旁,仍然用原来的样子。也就是说,不管是本义或者派生借喻的意义,都用一个形式(本来的形式)。"他认为,同音代替是汉字发展的规律之一,是汉字发展的趋向,"同音代替的好处是很明显的。多代替一个字就少认一个字,这一点是比简化字形优越的。……其次是同音代替对印刷上的方便。形体简化了的汉字,给印刷上造成一定的困难,这就是制新字模。同音代替不仅不发生这种问题,而且减少了字盘上现有字的数目,这无疑是一种不小的节约。对于打字机也应该这样说"。

但是,作者也认为,同音代替也并不是没有问题的。比如说容易引起理解上的混乱。另一个就是方音上的差异问题。因此,作者的结论是不赞成大量使用同音代替法来简化汉字。

也有反对使用同音代替法的,如洪明认为:"同音代替,固然减少了字形,但却增加了字义。"因此"同音代替最好不用,至少应加严格规定,即代替的简字和被代替的繁字都不大通用,且意义不多。既然承认习惯可以培养,那就不必过分顾虑'约定俗成',而且为了使习惯易于培养,那就宁可创立新字,省得和旧字牵扯不清,不能一新耳目,易于记忆"[③]。

1955年,在中央国家机关讨论《汉字简化方案草案》时,刘少奇也指出,汉

---

① 见1955年9月14日《光明日报》。
② 见《中国语文》1955年第4期。
③ 恭士:《我对同音代替的意见》,见1957年6月13日《光明日报》。

字简化应少用同音代替,而应着重分期分批简化汉字偏旁。

《汉字简化方案(草案)》公布以后,受到广大群众的热烈欢迎,但是在实际使用中也发现了一些问题,各方面提出了一些意见。关于简化方案本身,有些意见认为:一部分同音代替不适当。如以借代替藉,以余代替餘,以象代替像,虽然历史上早有通用,但不是完全相等,有时可能引起意义混淆。根据上述群众意见,中国文字改革委员会又本着"尽量减少不适当的同音代替"原则,对陆续公布的简化字进行了整理和修订。

吴玉章在《关于当前文字改革工作和汉语拼音方案的报告》[1]中也承认同音代替上出了一些问题。"两年来的事实证明:汉字简化方案中的确有少数汉字的简化办法,特别在同音代替方面,考虑得不够周到,因此在使用上还不够妥善,或者可能发生误解。"

曹伯韩在《关于修正〈汉字简化方案〉的问题》[2]中认为:"《方案》中九十多个同音代替字,绝大部分应该取消或改换其他的简化字。但是同音代替字也不是每一个都不好,有些不牵涉古典文学或不至于引起意义混淆的同音代替字还是可以采用的。"

这一时期,对待同音代替的方法不再像过去那样狂热,实践的检验让大家认识到同音代替存在的诸多问题,对它的态度开始趋于客观。

但是,1960年4月22日,中共中央发出了《中共中央关于推广注音识字的指示》,其中指出:"为了加速扫盲和减轻儿童学习负担,现有的汉字还必须再简化一批,使每一字尽可能不到十笔或不超过十笔……"[3]在这一精神的指引下,同音代替作为一种迅速减少汉字字量、简化汉字字形的方法,又重新被提倡起来。

1960年7月18日,教育部、文改会、中科院语言研究所和心理学研究所邀集了语言、文字、教育、心理、出版等方面人士就如何进一步简化汉字举行了座谈,参加会议的大部分学者都赞同使用同音代替法继续简化汉字。如魏建功认

---

[1] 见《语文知识》1958年第3期。
[2] 见《文字改革》1957年第6期。
[3]《中共中央关于推广注音识字的指示》,文字改革出版社1960年版,第2页。

为,尽量免去形旁的方法是有前途的,这样就可以大大减少常用字的数目,可以大量运用同音代替的方法,例如"知朱""即鱼"。

傅懋勣认为,有的人对同音代替有意见,以为可能引起意义的混淆,从教学的经验来看,这个顾虑是不必要的。……希望大胆采取同音代替的原则简化汉字,把日常应用的汉字减少到三千或三千多,那就会对汉字大有好处。

萧璋认为,同音代替问题值得注意。"舞会"写成"午会",已难纠正,群众已成习惯。这说明同音代替是一个趋势。这个趋势是好的。同一个简化字,有的地方用形声,有的地方用会意,有的地方用同音代替,在这种情况下,如果不引起意义混淆,应当尽可能采取同音代替。这一点可大胆提倡,是一个方向。

也有学者认为同音代替应该少用。如唐兰认为:"至于同音代替办法,可以少用一些。"孙德宣认为:"同音代替要有广泛的群众基础,要从词出发。……整理字形、省并异体,应该尽可能不使一个字担负几个词的任务。"①

8月5日、18日,教育部文改会等单位又分别召开了两次座谈会,邀请了北京市各教育局的教育干部以及解放军文教工作者进行座谈,会上大家一致拥护用新形声字简化和同音代替两种方法,将汉字继续简化到十笔以下。同时,《光明日报·文字改革》双周刊也配合当时的形势,发表了大量提倡、呼吁用同音代替法来简化汉字的相关文章。

也有学者对同音代替法表示了一定程度的担忧。如唐兰认为:"认字的人,碰到这种替代字,常常要停留下来想一下,是并不太方便的。在约定俗成后,大家都知道幹湿可以写为干湿,能幹可以写成能干,是能对某些繁难的文字起简化作用的。但这样就造成了一个字有很多意义,如干戈、干犯、干涉、干预、不相干、干湿、干劲等,对学习者说来,也并不方便。汉字总是随着社会的发展不断地增加的,即使有很多古字被这种代替字代替掉了,而文字的数目并不会减少。另一方面,即使文字在急剧发展后暂时稳定下来,大部分文字有比较固定的写法,在写文字的人也依然会不断地采用这种方法的。""单纯地追求减少汉字的数目,尽量采用同音字代替的方法,我认为是不太适宜的。从历史发展看来,同音通假的方法用了几千年,汉字并没有减少,相反地,由于生产的发展,每个时

---

① 《汉字简化座谈会纪要》,见1960年7月28日《光明日报·文字改革》双周刊。

代都会消灭一部分旧字,也都会产生一批新字,它们大都是形声字。形声字是汉字发展的主流。同音通假的方法从来没有遭到禁止,但这是消极的,很难起推动社会生产前进的作用。"①

丁晨也提出:"反对没有任何条件地采纳群众造字,反对过多地利用同音替代来简化汉字。"②但是,由于受到时代大背景的限制,提出反对意见的学者多遭到攻击,被认为是"少数资产阶级知识分子对汉字改革的抵触情绪。"是"无视六亿人民的利益和社会主义建设的需要,否定了人民群众在汉字改革中的重要作用"③。

1977年,《第二次汉字简化方案(草案)》出台以后,同音代替方法的广泛应用,引起了一系列问题。同时,古书的翻印过程中,由同音代替引起的繁简转换问题也日益突出,人们开始理性地思考、分析这一方法的可行性,部分学者要求恢复同音代替的繁体字。

吴甲丰在《光明日报》文字改革双周刊上发表《对新简化字的意见》④要求慎重对待同音代替。于夏龙的《关于第二次汉字简化工作的一些意见》⑤也认为:"有限度地利用同音代替来简化汉字,是一个重要的方法。不过,汉字是表意文字,不可能既保存原有体系又做到音素化。同音代替会引起意义混淆的,不宜采用。有贬义色彩的或一般忌讳的字,不宜多用作代替字。"

1979年,史有为在《略谈汉字改革中的几个问题》⑥中详细谈到了同音代替问题。"我们在简化汉字笔画的同时,可以谨慎地适当地采用同音替代,精简字数,使汉字相对增加一些表音功能。……但是必须认识到,同音替代不可能是大量的,这种表音功能的增加也是相对的,极其有限的。在本质上仍未跳出表意体系的范围。过多地、不适当地同音替代还可能造成使用上的混乱,即减弱

---

① 唐兰:《论汉字简化的方法问题》,见1960年8月11日《光明日报·文字改革》双周刊。
② 丁晨:《也谈简化汉字》,见1960年9月8日《光明日报·文字改革》。
③ 赵永大:《丁晨同志的意见实质是什么?》,见1960年9月22日《光明日报·文字改革》双周刊。
④ 见1978年3月21日《光明日报·文字改革》。
⑤ 见《中国语文》1978年第1—4期。
⑥ 见《中央民族学院学报》(哲学社会科学版)1979年第4期。

文字的表义确定度。如果替代字和被替代字不完全同音,则还将减弱文字的表音义确定度。""应该指出的是,在群众中同音替代的现象大量存在着,但这不能作为大量采用同音替代法精简字数的理由或依据。因为这类同音替代往往仅通行于局部地区、个别部门和行业,或个别词语组合中,略为扩大一步,就会出现对立(混淆)现象。这些同音替代大部分是临时性的、局部性的,缺乏稳定的、普遍的性格。……对于群众中大量临时性、行业性的同音替代,我们应采取引导的态度(其合理者可采纳),而不应提倡。"

林沄却认为:"单字的简化实际上造成整个汉字体系的繁化,简化每个单字,不但不可避免地增加了新的字形,而且还会增加不同形体的构字元件。"从这个角度出发,他认为今后应该提倡的是同音字替代法。其好处是不增加任何新字形。虽然减弱了字形别义性,其实并未引起阅读理解的困惑。①

1989年,新加坡谢世涯的《新中日简体字研究》一书辟专节讨论了同音代替问题,他将同音代替方法分为四类:①音同义不同而兼代的字。②音同义同而兼代的字。③音同义近而兼代的字。④恢复未繁化前的同音字。他认为,同音代替有以下三个缺点:①同音代替的结果,往往造成用语双关,意义混淆,不知所措;②有些同音代替字,当它与别的字组成特定的词汇时,必须恢复繁体,尤其阅读古书,往往不能用现在简体字所代表的那个词义去解释,否则将会发生误解。③有些字原本只有一个读音的,由于用来代替另外一个读音不尽相同的字,实际上是异音代替,形成一字多音,结果笔画是简化了,读音却繁化了,真是得不偿失。

李长仁也主张恢复同音代替字的繁体原貌,认为同音代替字带来了许多无法解决的问题。②

裘锡圭对此持谨慎态度:"所谓'同音代替'的'同音',实际上包括'音近'。因此使用这种方法有时会造成一字多音的现象……增加一字多音现象显然是不合适的。""使用同音代替的方法时,如果被代替的字和代替它的字的意义有

---

① 杜沄:《应该注意防止汉字体系的继续繁化》,见中国社会科学院语言文字应用研究所编《汉字问题学术讨论会论文集》,语文出版社1988年版,第140页。

② 李长仁:《关于汉字规范化问题的探讨——兼谈繁简字和异体字》,见《松辽学刊》(哲学社会科学版)1990年第3期。

可能混淆,也会引起麻烦。"因此,"'同音代替'的简化方法最为人所诟病。但是平心而论,有很多同音代替的例子还是合理的。……台湾省并未实行汉字简化,但是台湾人通常都写'台湾'而不写'臺灣'。这充分说明合理的同音代替是大家所愿意接受的。但是为了照顾文字表音表意的明确性,使用这种方法的时候的确应该十分谨慎。"①

苏培成在《关于简化汉字的几个有争论的问题》②对同音代替方法做了简单的评析:"同音代替字的优点是,既减少了笔画,又减少了字数;缺点是可能造成意义混淆。因此,使用时一定要慎重,要约定俗成。对同音代替方法的优缺点,多数人都是了解的。在20世纪50年代,对它的优点看得多,对缺点注意得少。因为那时简化汉字追求的目标是笔画要少字数也要少,自然就倾向多用同音代替,结果造成某些代替不当。……近年来,人们对同音代替的缺点看得多一些,提醒人们注意使用中可能会遇到的问题,这很有好处。"

詹伯慧认为:"在运用'同音代替'来简化汉字时,不能不考虑这个'同音'的覆盖面如何。……对汉字的简化,不宜过多地使用同音代替的办法,适当运用一点的话,宜乎尽量选择那些在各主要方言区大致都念同音的字,不宜只是普通话中同音就拿来'代替'。汉字简化过多采用'同音代替'还可能形成众多的'通用字',这也会给汉字的应用带来一定的麻烦。"③

王宁也多次撰文表示,应该慎重使用同音代替这种方法。"同音代替这种方式,在汉字发展的早期,由于字形较少,曾大量使用过,但过后便用义符将其区分,改造为形声字了。这已说明,汉字系统对这种纯粹音化的字,难以适应。现在,当汉字使用已有成熟的体系后,仍然采用这种方式实行简化,有些又缺乏社会流通基础,便会产生不利的后果,使一部分简繁体未曾通用过的常用字,在古代文献上甚至现代书面语上引起混淆。"④"汉字对完全音化的符号是有'排

---

① 裘锡圭:《从纯文字学的角度看简化字》,见《语文建设》1991年第2期。
② 见《语文研究》1991年第1期。
③ 詹伯慧:《坚持简化方向坚持规范化原则——纪念〈汉字简化方案〉公布35周年》,见《语文建设》,1991年第1期。
④ 《汉字的优化与简化》,见《中国社会科学》1991年第1期。

异'作用的,设计简化方案时,除非万不得已,同音替代的方法应当慎用"。①

21世纪初,学者们对于同音代替这一方法依然非常关注,詹鄞鑫的《关于简化字整理的几个问题》②将同音替代字分为同源字同音替代和非同源字同音替代,认为"从汉字信息处理的角度说,只要有一个同音替代字存在,计算机的转化工作就不能摆脱人工分辨的尴尬。……所以,非同源字的同音替代和同源字同音替代,都必须无条件取消"。

张振林《同音代替繁简字宜作适当调整》、王楠的《关于简化字的几点想法》、陈燕的《谈"蒙"、"儿"等字的同音代替问题》③都试图为同音代替带来的问题寻求解决的途径,新一轮的讨论正在继续中。

四、类推简化法

类推简化是运用可以作偏旁的简化字和简化偏旁进行类推,使得包含相同偏旁的汉字成批简化的一种汉字简化方法。用类推简化的方法造成的简化字称为类推简化字。

1934年钱玄同在《搜采固有而较适用的"简体字"案》④里说:"要规定简体字的写法,先要搜采固有而较适用的简体字做材料。有了这种材料,便可就其中选取最适用之一体定为标准的简体字;有了标准体,便可用其偏旁而为新的配合。这一配合,简体字便多多的增加了。"虽然1935年公布的《第一批简体字表》最终并没有采用类推简化的方法,但从钱玄同的论述来看,类推简化的思想已经初具雏形。

新中国成立后,简体字的研究和选定工作是从1950年7月开始的。中国文字改革研究委员会汉字整理组于1953年11月拟出《常用汉字简化表草案》

---

① 王宁:《论汉字简化的必然趋势及其优化的原则》,见《语文建设》1991年2期。
② 史定国主编:《简化字研究》,商务印书馆2004年版,第280页。
③ 以上三篇分别见史定国主编:《简化字研究》,商务印书馆2004年版,第112、322、175页。
④ 见《国语周刊》1933年第105－130期。

第二稿(即《汉字简化方案》的前身),经中共中央文字问题委员会讨论,认为简化字数量太少,要求根据行草书和简体字的偏旁及其他部分,采取类推方法简化。

1955年发表的《汉字简化方案(草案)》里有《汉字偏旁手写简化表草案》,规定"本表所列简化写法原则上可以类推"。但叶恭绰在《关于汉字简化工作的报告》[①]中提道:"我们的偏旁类推是有条件的,有限制的,不是系统类推,而是适当类推,或者说类推的适当运用。"

1956年1月28日公布的《汉字简化方案》包括三部分,第一表列简化汉字230个,第二表列简化汉字285个,第三表列简化偏旁54个。这54个简化偏旁是用来做类推简化的。但是,《方案》对字表中所受的简化字在做其他字的偏旁时是否要类推简化,简化偏旁的适用范围如何,都没有明确规定。因此,《汉字简化方案》公布以后,这个问题引起了各界人士的关注,群众的反馈意见认为:关于偏旁的简化规定得不够合理。分列简化字表和简化偏旁表,没有表明哪些简化字不做简化偏旁,哪些简化字兼做简化偏旁,哪些简化字偏旁可以独立成字,哪些简化偏旁不能独立成字,界限很不明了,在使用中引起很多不可避免的分歧。例如"華"作"华","嘩""樺"自应同样简化;"攝""鑷"作"摄""镊","聶"自应同样简化,方案对于这些都没有作出应有的明确规定,使教学遇到很多难题,也造成社会用字的混乱。另外,有些字简化时,没有在可能的条件下保持与繁体字的对应关系,也就是说,类推简化有变例,如"徵"作"征","癥"却作"症";"節"作"节","癤"却作"疖"等。此外,"言、車、貝、頁、見"等偏旁已在偏旁表中简化,但简化字表中的有关偏旁却没有简化,显得杂乱无章。

这段时期,各界人士也纷纷撰文,表示对这个问题的关注。王国柱在《光明日报》文字改革双周刊上发表了《对汉字简化工作的一些意见》[②]提倡,"简化汉字要尽可能采用类推的方法,《汉字简化方案》偏重于逐字简化,对如何系统地简化汉字似乎没有给予必要的重视。虽然,方案中除了汉字简化第一表和汉字简化第二表外还有汉字偏旁简化表。但是,实际上汉字偏旁简化表中规定的简

---

① 见《第一次全国文字改革会议文件汇编》,文字改革出版社1957年版,第25页。
② 见1958年4月7日《光明日报·文字改革》。

化偏旁大部分没有在报刊上试用"。

温应时也认为:"汉字简化方案的最大缺点是有些可以类推的没有类推。"①因此,他建议尽可能增加简化偏旁。蒋善国在《继续简化汉字的原则和方法》②中认为:"要充分发挥类推的作用,类推到同偏旁部首的字。"

根据上述意见,中国文字改革委员会对陆续公布的简化字进行了整理和修订,修订工作之一就是"对原方案中的简化偏旁作一次有系统的整理,尽量找出规律,应合并者合并,应类推者类推,应分别处理者分别处理。"③

1963年2月9日,文改会以叶籁士的名义向周恩来总理呈报《关于汉字简化方案修订工作的报告》,汇报了修订工作的三条原则,其中之一就是对于哪些简化字可作偏旁类推,哪些不能类推,作出明确规定,以防止混乱。④

1963年12月25日,文改会向国务院呈报《关于类推简化原则的请示》。《请示》中说:类推简化的原则问题需要及早解决,也可以提前解决。拟请国务院批准《请示》中提出的类推简化原则,以便据此做出可以类推简化的字表,分发新闻出版部门遵照执行,以统一简字规范。⑤ 1964年1月7日,文改会向国务院提出《中国文字改革委员会关于简化汉字问题的请示》,其中主要提出了类推简化问题:"简化汉字中的类推部分,由于原方案交代不够明确,目前出版物上存在分歧混乱现象。……在去年简化字修订过程中,我们确定了类推简化的原则:凡原方案已简化的汉字,用作偏旁时应同样简化;原方案偏旁简化表中所列偏旁,独立成字时也同样简化。因为只有这样,才能尽量保持汉字的原有系统,便于繁简两体互相对照,因而也便于教学。"⑥

1964年2月4日,国务院发出《国务院关于同意中国文字改革委员会简化字问题的请示的通知》,指出:"同意你会在报告中提出的意见:'汉字简化方

---

① 温应时:《少删改,多类推,收新字——关于修正〈汉字简化方案〉的意见》,见1958年7月28日《光明日报·文字改革》双周刊。
② 见1960年10月6日《光明日报·文字改革》双周刊。
③ 转引自王均:《当代中国的文字改革》,当代中国出版社1995年版,第150页。
④ 费锦昌:《中国语文现代化百年记事》,语文出版社1997年版,第289页。
⑤ 费锦昌:《中国语文现代化百年记事》,语文出版社1997年版,第299页。
⑥ 转引自王均:《当代中国的文字改革》,当代中国出版社1995年版,第152页。

案'中所列简化字,用作偏旁时,应同样简化;'汉字简化方案'的偏旁简化表中所列的偏旁,除了4个偏旁(纟、讠、仝、钅)外,其余偏旁独立成字时,也应同样简化。你会应将上述可以用作偏旁的简化字和可以独立成字的偏旁,分别作成字表,会同有关部门下达执行。"①

同年3月7日,中国文字改革委员会、文化部、教育部联合发出《中国文学改革委员会、文化部、教育部关于简化字的联合通知》,并规定:"一、下列92个字已经简化,作偏旁时应该同样简化……二、下更40个偏旁已经简化,独立成字时应该同样简化……三、在一般通用字范围内,根据上述一、二两项规定类推出来的简化字,将收入中国文字改革委员会编印的《简化字总表》中。"

然而,1964年5月公布的《简化字总表》对类推简化的规定却是开放性的,《〈简化字总表〉说明》中指出:"第三表所收的是应用第二表的简化字和简化偏旁作为偏旁得出来的简化字。汉字总数很多,这个表不必尽列。例如有'车'旁的字,如果尽量地列,就可以列出一二百个,其中有许多是很生僻的字,不大用得到。现在为了适应一般的需要,第三表所列的简化字的范围,基本上以《新华字典》(1962年第三版,只收汉字八千左右)为标准。未收入第三表的字,凡用第二表的简化字或简化偏旁作为偏旁的,一般应该同样简化。"1986年重新发布的《简化字总表》,只对原表做了个别调整,主要内容一直沿用至今,成为汉字规范的主要标准。

1965年,陈越在《偏旁简化、草书楷化综论》②中对偏旁简化及其类推进行了详细梳理。他认为:"偏旁简化法是用结构简单的新偏旁替换结构繁复的旧偏旁的汉字简化方法。就是用若干特定的偏旁简化形式使大量汉字比较系统地获得简化效果的方法。……偏旁简化法所指的偏旁,不限于形旁和声旁,而是单纯从字形结构分析,指一个字的可以分出来的组成部分而言。这个组成部分在一个字里,可以是笔笔较少的,也可以是笔画较多的。"他归纳了偏旁简化字的三个特点:①只要选定一百多个偏旁的简化形式,就可以比较系统地使一

---

① 《中华人民共和国法律法规全书》编委会:《中华人民共和国法律法规全书》(第10卷),中国民主法制出版社1994年版,第500页。

② 见《中国语文》1965年第4期。

千多个通用字得到简化。②虽然原来的偏旁被另一偏旁替换了,但造字原则(主要是形声结构)一般没有改变。……因而偏旁简化字一般都还保留原字的轮廓,看起来依稀认得,面貌不太陌生,对于已经认识原字的人们,不致产生"面目全非"之感,容易接受。③同上项特点的作用相反,对于通过偏旁简化字开始掌握汉字的人们,将来看到繁体原字,同样可以运用逻辑、推理的作用,通过对应规律,不难判定简、繁两体的关系。……这就为现在开始学习文化的人们今后阅读过去的出版物,提供不少方便。

陈越认为,对于偏旁简化法,社会上存在两种正相反的意见。反对方面的意见,主要论点是:这一简化法不能合理解决汉字的表音问题,还是不便学习,不便记忆,结构也不够简单,还是不便书写。为广大文盲群众和少年儿童的利益设想,不如改换声旁,另造新形声字。……简化偏旁一般只做到字形的系统化、规律化,不能同时做到字音的系统化、规律化;二者难以得兼。"同反对意见正相反的是极端主张偏旁简化:凡是同一偏旁的字都无条件地用另一简化结构替换,没有例外,便于群众掌握。"对于这一观点,作者认为,从这一极端走向那一极端,同样不是一分为二的态度。机械类推的做法,表面看来很干脆,实际上却行不通,也没必要。它把本身复杂的问题简单化了。

他对各类简化法简化的偏旁类推提出了自己的处理意见:"凡是从草书楷化而成、新创形式的简化偏旁,机械类推,不致同另一个未经简化的字偶合。……凡是借用常用字作为简化偏旁,机械类推,个别的字可能同另一个未经简化的字偶合。对于这一难以完全避免的偶合现象,大体上可以按下列两项原则分别处理:如果结果得出的是个同音的、字义不发生混淆的字,不妨赋予它新的含义,实行兼职。……如果结果得出的是个不同音的、字义发生混淆的、常用的字,一般需要作为例外,不类推。""凡是用发音完全不同、形体距离较远的常用字作为简化偏旁,机械类推,结果由于新换声旁发音的影响,字形上又缺乏联系,人们就会不认得它,而且会错读它。因而不应用作简化偏旁。""凡是从部分省略法而成的特征字,作为简化偏旁,机械类推,新产生的字形,往往结构生硬别扭,看起来不顺眼。……也不宜用作简化偏旁。"

作者认为,偏旁类推简化法比较系统地、顺理成章地使大量的字得到简化。简化形体同原字保持一定联系,一般都已约定俗成,看起来不致太生疏。有对应的规律可循,可以利用逻辑、推理,不必逐字记认。因而比较容易为一般人所接受,同时也照顾了儿童、文盲将来阅读的便利。但它的缺点是没能克服现代汉字表音不准的缺点,初学文化者不便认记。笔画结构有时比不上省略字、特征字简单。不能机械类推,一部分字须作例外处理。

类推简化"采用偏旁简化的办法,将原有的形旁、声旁笔划减少若干笔,类推一大片,就可以使简便程度大大提高。……简化前后的偏旁仍保持了同一性,因此原汉字系列同简化汉字系列的表音义确定度是一致的,便于人们从繁到简的学习或由简返繁的对照"①。实践证明,这是一种兼顾质与量的好办法。因此,20世纪70年代以后,学术界对这一简化方法多持肯定态度,只是在类推的范围方面,意见还未统一。主要有无限类推和有限类推两种观点。

主张无限类推的学者认为:"今后在简化汉字时,要更多地考虑汉字的系统性,争取做到全部类推;并根据这个原则,在适当时候对《简化字总表》进行调整。"②

冷玉龙也认为:"人为限定简化字类推范围是不切实际的。只要简化字运动的需要存在,类推简化字就会存在。……该类推的字都已类推,现在再来作限制已无必要。"③

大多数学者赞成有限类推。但是对类推的范围依然未达成一致。

程祥徽在《运用规律适当类推——谈简化汉字的方法》④中说:"根据现行方块汉字的特点,类推不是到处都能适用的。""我们主张扩大类推范围,但不主张全盘类推。类推方法只能应用于字形不至于误解、社会交际不至于发生混乱的范围之内。……错误的类推只会造成汉字形体的混同,造成文字系统的混乱,影响文字的社会交际功能的发挥。"

张书岩等也认为,无限类推会造成"字量大量增多""破坏原字的结构,影响字形的美观"和"产生同形字"等问题,赞成有限类推,但是没有提出类推简化的

---

① 史有为:《略谈汉字改革中的几个问题》,见《中央民族学院学报》1979年第4期。
② 苏培成:《简体字和繁体字的对应》,见《语文现代化论丛》第2辑,1996。
③ 冷玉龙:《对规范汉字几个问题的思考》,见《简化字研究》,商务印书馆2004年版,第337页。
④ 见1973年8月25日《光明日报·文字改革》双周刊。

具体范围。①

无限类推的方法似乎并不可行,因此苏培成在2004年发表《重新审视简化字》②,转变观念,也主张有限类推:"现实可行的办法是:类推要有范围,也就是要有个圈,不过可以把这个圈画得大一些。"他认为:"如果把正在研制的《规范汉字表》作为类推简化的圈比较合适"。

章琼的《汉字类推简化的考察和分析》③以《简化字总表》第二表作为标准,对《汉语大字典》54678字范围内所有可类推简化的繁体字做了穷尽性的类推简化的试验,共得出新的类推简化字形12818个,增幅达23.5%,而这些新增加的字形在今天没有任何使用价值,只会导致无用的同形字的大量增多和汉字平衡结构的破坏,因此他得出"对全部繁体字进行类推简化,既无必要,也无可能"的结论,赞成限定类推简化的范围。

李先耕则"建议以GBK字库的简化字为类推的范围"④,反对无限类推。金辉在《字词典中简化字述评》⑤中则提出了六条不扩大类推简化范围的理由,也反对无限类推。

2004年,李国英发表《简论类推简化》⑥一文,详细回顾了类推简化产生的背景,分析了类推简化的优缺点,并在此基础上提出了一些建设性的建议。他认为:"类推简化最大的优点在于它的简易性、能产性和系统性。"但是这种方法的缺点也是很明显的:"首先,是类推简化的范围问题。类推简化的范围是有限的,还是无限的,《简化字总表》的做法给人的印象模糊,容易造成歧解。……其次,类推简化缺乏明确的原则。……再次,类推简化的主体不明确。"

因此,李国英提出了四条建议:①要明确类推简化的范围。"即把类推简化的范围限制在当代实用的范围之内,即在今天的语文生活中仍然通用的那些楷书汉字。"②要明确类推简化的对象。"即简化要在异体整理的基础上进行,

---

① 张书岩:《研制〈规范汉字表〉的设想》,见《语言文字应用》2002年第2期。
② 见《简化字研究》,商务印书馆2004年版,第63页。
③ 见《简化字研究》,商务印书馆2004年版,第82页。
④ 李先耕:《简化字类推的范围问题》,《简化字研究》,商务印书馆2004年版,第106页。
⑤ 见《安庆师范学院学报》(社会科学版)2004年第2期。
⑥ 见《语言文字应用》2004年第4期。

对整理过的异体关系的字,只有选用字进行简化,除个别姓氏用字中法定可以保留的异体字外,一般淘汰的异体字不作类推简化。"③要明确类推简化的标准。"不能采用开放式的原则,而应该是封闭的,即以字表的方式给出全部类推简化字的规范形体。这样才能确保社会用字的统一。"④要明确类推简化的主体。"作为规范汉字一部分的类推简化工作,只能在政府有关部门的领导下统一进行,相应的规范标准只能由国家按照一定的法定程序颁布,不能由社会用字的任何个人或机构分散地进行。"

近年来,有些学者认为应该取消类推简化法。

詹鄞鑫认为"偏旁无限制类推利小而害大,甚至可说是后患无穷","《汉字简化方案》本来就不是深思熟虑的产物,已造成进退维谷的两难地步。如果偏旁不再继续类推,错误就不会继续扩大。将来怎么办,那是后人的事(错误越早纠正,代价就越小),但我们不能给后人增添新的麻烦和错误。从这点而言,我们对偏旁继续类推表示坚决的反对"。①

苏培成在《重新审视简化字》②中说:"取消了类推简化,类推简化和个体简化的矛盾也就没有了,类推的封闭性或开放性的矛盾也就不存在了。从学术上说,这不失为一种选择。"但这只是学术上的一种理想状态,作者也承认,取消类推简化会遇到很大的困难,"语言社会缺乏足够的承受力。因为简化字推行了几十年,类推简化已经成为习惯。一旦取消,恢复繁体,震动太大,可能会造成认为简化字取消了的误解,所以这件事需要三思"。

---

① 詹鄞鑫:《关于简化字整理的几个问题》,见史定国主编《简化字研究》,商务印书馆2004年版,第292页。

② 史定国:《简化字研究》,商务印书馆2004年版,第77—78页。

第四章 简化汉字字源研究

作为20世纪初中国语文现代化运动之一的汉字简化运动,倡议之初常伴有反对意见。人们不了解简化汉字的来历,部分群众对简化汉字产生抵触情绪,香港、台湾等地的学者更是提出大陆的简化字缺乏理据。1920年,钱玄同在《减省汉字笔画的提议》①中也提道:"假如有自命为懂得'国故'的人来攻击,我们本不可理,因为我们本不是主张保守'国故'的,我们认定文字是要合用的,不是一成不变的。但是如要对付他们,却很容易,只消把'古已有之'四个字抬出来,就可以堵住他们的嘴。"

随着简化汉字的推行,对简化汉字字源的研究也逐步深入。学者们研究的角度主要有两方面:一是关于楷书简体字的溯源问题。学者们对此意见不一。

魏凉认为:"楷书的简体字最早出现在宋元时的刻本上。""如果主要是为了刻字省便而产生的,那末创造楷书简体字的,应该是印刷工人了。"②

童振华的《中国文字的演变》③和曹伯韩所著《中国文字的演变》④都认为,简体字产生的时代在唐朝。

叶丁易说:"简体字的出现,也就在楷书出现的时期,民间草书受了楷书的影响,把原来带有隶意的笔法改换成楷意,这样就变成了简体字。"⑤

魏建功也认为:"简体字是由行、草书楷化而来。"⑥1952年,《语文知识》第7期发表鲁丁的《简体字产生的时代》,文章认为:"楷书盛行的时代,同时也是

---

① 见《新青年》1920年第3期。
② 魏凉:《关于简体字》,见《语文知识》1952年第5期。
③ 上海生活书店1937年版。
④ 生活·读书·新知三联书店1952年版。
⑤ 叶丁易:《中国文字与中国社会》,中国出版社1950年版,第84页。
⑥ 魏建功:《汉字发展史上简体字的地位》,见《中国语文》1952年第1期。

简体字孕育的时代。……简体字产生的时代可断定是在南北朝。南北朝以后，简体字随着社会的发展也一天天发展着，隋朝的碑碣墓志，唐朝人写的经卷，宋元人刻的评话和戏曲，都大量地采用了旧的简体字并创造了新的简体字。"因此，作者认为简体字的创造者是镌刻工人。

1954年，赖震川在《光明日报》副刊发表《谈谈简体字》（12月8日），他也认为："简体字何止始于唐朝，南北朝就已经有了。"①

1955年，《光明日报·文字改革》发表曹茹萍的《从一个"造象记"研究简体字的产生时代》②，文章赞成赖震川对简体字源头的追溯，并进一步举出例证，证明："楷书简体字产生的时代一定是更早于南北朝的。"他认为，楷书简体字产生的时代应该在汉魏之间。

无独有偶，蒋善国在《简体字的产生和简化汉字运动》③中也有相关论述："汉字在殷周两代，已经有繁简两体并行。""我们现在所用的简字，都是汉代以来从隶书和楷书的使用过程中逐渐创造出来的。"但他强调："现在所传简体字，多是从历代的俗字积累下来的，在演进的过程中，它吸收了行草结构的简化部分，因此在行草书通行以后，特别给俗简字逐渐创造了具体条件。"随后，在1987年出版的《汉字学》中，作者又详细论证了楷书俗体的发展过程。

余行达也认为，简体字产生的时代在前汉，并同意"草体字是汉字最简化的一种形式，草字楷化是简体字最重要的一个来源"④，以此说明简体字的悠久历史和使用的广泛性。

20世纪90年代以后，学者们对这个问题的看法则趋于客观，吴孙权在《也谈简化字出现的年代》中谈道："我国的文字从其产生之日起就开始简化。为了文字的流通，历代政府不断进行规范化。简化和规范化是文字发展的两个轮子。在历代规范文字之外，存在着大量的各时代的简体字。它们是简化字取之不尽的源泉。……当今的简化字取之于各个时代，我们不能把简化字看成是某

---

① 赖震川：《谈谈简体字》，见1954年12月8日《光明日报·文字改革》双周刊。
② 见1955年2月16日《光明日报·文字改革》双周刊。
③ 见1955年6月8日《光明日报·文字改革》双周刊。
④ 余行达：《谈简体字产生的时代在前汉》，见《语文知识》1955年第9期。

一朝代的产物。"①

为了让群众更多地了解汉字简化工作,促进简化字的推行,学者们在追溯个体简化字字源方面也作了大量的工作,相关论著不少。

早期有陈光尧的《798个简化汉字的来源》②。20世纪50年代,易熙吾所著《简体字原》③辑录了作者在中国文字改革委员会工作的资料,收录广泛流行的700多个简体字,分别说明了每个字的源流。陈光尧的《简化汉字字体说明》④对《汉字简化方案》中的515个简化字的字源逐一进行了说明。

1996年,李乐毅在《语文建设》第8期上发表《80%的简化字是古已有之的》一文,他说"把《简化字总表》中'不作简化偏旁用的简化字'(350字)、'可作简化偏旁用的简化字'(132字)和'附录'中的'习惯被看作简化字'的选用异体字(39字)三者共521个字头的'始见'时代列为一表,统计结果,发现80%以上的现行简化字都是在本世纪50年代以前就已经流行或存在的,其中源自先秦、两汉的竟占了30%左右,而建国以后新拟的简化字(包括建国以前在解放区通行的少量的'解放字'在内)还不足20%!""通过以上粗略的论述,已经可以充分的证明:现行简化字是具有深远的历史基础和深厚的群众基础的,而且已成为法定的规范字体,是具有长久的生命力的。"作者所列字表则收入其同年出版的《简化字源》⑤一书中。《简化字源》对《简化字总表》中的535个字进行了考察与溯源,整理出《简化字来源时代一览表》,表中数据表明现行的简化字有30%左右来自先秦两汉,15%来自宋元,而新中国成立后的新简化字所占比例不到20%。这有力驳斥了一些人反对简化字的论说。

1997年,张书岩、王铁昆、李青梅、安宁编著的《简化字溯源》⑥出版,全书简述了清末以来汉字简化运动的历史,并对《简化字总表》第一、第二表中482个简化字和14个简化偏旁进行考求,将相关资料做成图录,一目了然。为汉字简化理论提供了强有力的学术依据。

---

① 见1997年9月16日《光明日报》。
② 见1955年2月2日《光明日报·文字改革》双周刊。
③ 中华书局出版,1955。
④ 中华书局1956年版。
⑤ 华语教学出版社1996年版。
⑥ 语文出版社1997年版。

第五章 繁体字和简化字

繁简之争,即汉字简化以后,是以简代繁还是繁简并用,在20世纪初就有学者提出过自己的观点。

汉字简化运动初期,大多数学者都主张以简代繁。钱玄同说:"这种简体字如其通行,则我以为印刷用底铅字应该完全改铸。铅字笔画的多少,在印刷方面,固然不生时间快慢的问题。但是如其书写用新字印刷用旧字,则学习的人非认两种字不可;那便闹到求简反繁了。"①

20世纪30年代,王力针对当时政府推行简体字中采取繁简并用的问题,在《汉字改革》一文中指出:"最令人百索不得其解的,乃是教育部一度公布简体字,却教小学生同时认识繁体。这些全国认识的简体字我们天天看见它们,天天写它们,何烦教育部公布?学生之喜欢简体字,如水之就下,今天国文教员在字旁画了一个大叉,明天的卷子上它又来了,又何烦教育部的提倡?如果说是正式批准,让学生放胆去写,国文教员也不必再打叉,这话有些道理了,却又何苦叫他们同时认识繁体呢?本为避繁就简,却弄成了简上加繁,这不是所谓治丝益棼吗?我以为教育部如果要公布简体字,必须同时废止繁体字,否则所谓公布者,对于汉字之改革,毫无用处,徒然增加书写上的纠纷而已。"②许多学者也发表过类似的意见。

新中国成立后,我国政府采取的也是以简代繁的政策。1956年国务院《关于公布汉字简化方案的决议》中指出:"汉字简化第一表所列简化汉字共230个,已经由大部分报纸杂志试用,应该从1956年2月1日起在全国印刷的和书写的文件上一律通用;除翻印古籍和有其他特殊原因以外,原来的繁体字应该

---

① 钱玄同:《减省汉字笔画的提议》,见《新青年》1920年第3期。
② 谢世涯:《新中日简体字研究》,语文出版社1989年版,第177-178页。

在印刷物上停止使用。"

相关文件还有周恩来总理 1958 年 1 月 10 日所作报告《当前文字改革的任务》中说:"书法是一种艺术,当然可以不受汉字简化的限制。简字本来主要是用在印刷上的,我们不可能强制大家必须按照《汉字简化方案》写字。因此汉字简化不会对我国书法艺术有什么不利影响。同时我们也应当欢迎书法家按照简化汉字书写,以提高简字的艺术水平。"

在这之后的 20 多年中,以简代繁的政策得到了较好贯彻。改革开放以后,中国大陆对外的交流逐渐增多,国内开始出现繁体字回潮现象,这种现象立即引起了一些学者的关注。郑林曦在《人民日报》上发表《滥用繁体字的倒车千万开不得》[1],提出繁体字问题应该重视。赵朴初立刻发表文章回应,认为繁体字的出现属于正常现象,不应该大惊小怪。国家关于翻印古籍和书法艺术方面的规定,正说明政府对繁体字的使用是留有伸缩的余地的。"我们在推行简化汉字的同时应该顾及到还会有一个较长的时期,繁体字不可能完全不用,应该注意效果,灵活掌握。"[2]

在繁体字回潮的基础上,1988 年袁晓园提出"识繁写简",主张"把繁体正字作为印刷体,把简化字作为手写体。"[3]这个主张提出后,引起了一场有关繁简的大讨论。相关意见主要有三种:一种是完全同意识繁写简,如赵诚在 1988 年汉字问题学术讨论会上提出:"我们说识字要普及,普及要达到什么程度?……有一段时间里,在进行汉字简化时,有一个问题是产生了误解的。我们原来说汉字的简化,是手写体的简化,繁体字是弄不掉的。"[4]

他在《汉字探索》中也说:"有些繁复的字学的时候难,但忘记也难;学的时候慢,忘起来也慢。……经过文字改革大量使用简体字之后,初学者学习起来的确方便了许多,尤其是写起来简单。但是,由于使用的简化字与汉字固有的

---

[1] 1982 年 2 月 2 日。
[2] 赵朴初:《关于汉字简化问题的一些看法》,见 1982 年 2 月 12 日《人民日报》。
[3] 袁晓园:《识繁写简书同文字共识互信促进祖国和平统一》,见《汉字文化》1989 年第 1 期。
[4] 中国社会科学院语言文字应用研究所:《汉字问题学术讨论会论文集》,语文出版社 1988 年版,第 340-341 页。

体系不完全吻合,所以初学者学习了一定数量的汉字之后并不能从感性上大体掌握汉字的体系,再进一步学习,比较起来就不那么顺利。"①

黄典诚也说:"简体行也不能法定繁体废。……我想简体可以行用于手写,繁体可实践于印刷。印刷仍用繁体,读书可以不要补课。""大陆和台湾,现在被人为地隔开为两地,可统一于其间的还是语言(普通话和闽南方言)和文字(必须是繁体的),可统一的东西不加以利用而硬要简体,这就真的又多了一层人为地隔绝了。何苦呢?何必呢?"②

彭小明认为:"在大陆上推行汉字简化30年以后,重新提出重视繁体字问题并非倒退,而是高层次的回瞻。通观发达国家的教育体系都把古代语文的成分纳入到普通教育的内容中去。欧洲的高级中学里都于必修的外语课之外设置拉丁语或古希腊语课程,日本和南朝鲜的中学里也都有古汉语课程。……实践证明,这对于提高民族文化水平是有利的,而且是民族文化素质较高的标志之一。"③

李长仁的意见:"不论从阅读古籍的需要出发,还是从扩大同海外的交流考虑,认识繁体字都是有益的。坚持推进汉字规范化工作,要求人们毫不动摇地写简化字是无可非议的,但继续学习和认识繁体字,仍然是提高民族文化素质的重要内容。"④

另一种态度是坚决反对识繁写简以及繁体字回潮。程荣在《汉字繁简问题琐议》⑤中说:"我们认为,'识繁写简'的愿望是好的,但在事实上却是行不通的。如若作为语文政策推行,只能事与愿违,不仅会增加汉字教学时间,而且有可能引起混乱。……如果在小学字词教学阶段要求识繁写简,印刷出版物上用繁体字而又要求学生写简化字,那么,必然造成学生的学字量加倍,学习负担加

---

① 见《汉字问题学术讨论会论文集》,1988年版,第292页。
② 黄典诚:《汉字前途的我见》,《汉字问题学术讨论会论文集》,1988年版,第121—122页。
③ 彭小明:《海峡两岸语言文字异同初析》,见《语文建设》1989年第2期。
④ 李长仁:《关于汉字规范化问题的探讨——兼谈繁简字和异体字》,见《松辽学刊》(哲学社会科学版)1990年第3期。
⑤ 见《语文建设》1989年第3期。

重。……很可能会造成这样一种后果:识繁既不会写繁,也不会写简,书写时简繁夹杂,或自造新简化字。因此,要求识繁,不应该是全社会的,而应是有范围的。至于从事古文献等专业的少部分人,不仅需要能识、能写繁体字,甚至还需要能识古文字,但这些都不是对社会用字来说的。"

郑林曦在《语文建设》1990年第1期上发表《汉字简化错了吗——兼论:识繁写简》认为"识繁写简不必要也不可能。""'识繁写简'只能导致汉字使用上更大的混乱!"

刘乃崇也说:"如果每个人都需要识繁写简,那就要在学校里加上繁体字课程。本来是为了让人们识字、写字容易些,才推行简化字;若识了简化字,又要学繁体字,岂不反要多识字了?"①

潘自由从交际的角度也反对识繁写简:"交际不可能纯属个人的事,在交际的过程中,识的对象就是写的结果,识的对象和写的结果必须是同一的。'识繁写简'违背了这种同一性,因而交际是不可能进行的。""'识繁写简'是一个含糊不清的矛盾的概念。在实践中,它只能给社会用字增加混乱,不宜提倡。"②

梁东汉认为:"'识繁写简'实质上是'正俗通'之争的延续,是《干禄字书》《五经文字》《复古编》一派的阴魂未散。在《汉字简化方案》推行了35年的今天,国内大多数人已经人人认识简化字,个个会写简化字,现在要回过头来'识繁',再去认那么多异体字和笔数多的字,岂不是倒退走回头路!如果倒过来'识繁',那么,不但35年的成果尽付东流,而且还害了我们的下一代和子子孙孙。他们既要'识繁',又要'识简'(不'识简'就无法'写简'),这双重负担将压得他们喘不过气来。"③

戴昭铭认为,识繁写简"首先,这会在全国造成巨大的心理困惑和阅读障碍","结果势必将大批已过扫盲关的群众重新抛入半文盲的行列,所造成的混乱和损失将是无法估计的"。"其次,繁简并行,将会使文字规范失去准绳","其结果将是在所有用字场合都出现字形大混乱"。"小学生既要学简体,又要

---

① 刘乃崇:《也谈简体字繁化》,见1990年9月10日《人民日报》。
② 潘自由:《小议"识繁写简"》,见《语文学习》1991年第2期。
③ 梁东汉:《汉字简化好》,见《语文建设》1991年第3期。

学繁体,学习负担将比未推行简化字时的'识繁写繁'还要重得多。"①

尹斌庸、罗圣豪:通过测查台湾学生认读大陆规范简化字的情况,得出结论:"1.台湾的一般知识分子能够比较顺利地阅读大陆用规范简化字印刷的各种出版物(太专门的出版物当然例外)。除开知识背景和用词差异等非文字的因素外,简化字并不会成为台湾与大陆文化交流的障碍。2.通过短期的学习,特别是有教师指点的情况下,台湾一般知识分子很容易掌握大陆使用的规范简化字。甚至不用专门学习,只要多阅读这方面的出版物,也能在短期内自然掌握大部分的简化字。"因此,"有人以简化字妨碍台湾与大陆的文化交流为理由,主张在大陆全面恢复繁体字,或实行所谓'识繁写简',其根据并不充分"。②

第三种意见是对于繁简问题,不能一概而论,应该具体问题具体分析,经过深入分析研究以后再做出判断。倪镇封在《关于当前繁体字使用问题》③中详细分析了繁体字回潮的原因:"党的十一届三中全会以后,书法艺术出现了蓬勃发展的趋势;由于陈云同志的提倡古籍整理,古籍出版工作也有了新的转机,繁体字使用的场合大大增加了。从而使得繁体字扩大了影响,从视觉上使人们产生错觉,认为又要提倡繁体字了。又加上近几年来受到港台文化的冲击,以及人们对语言文字政策的淡化和写繁体字为时髦的特殊社会心理的产生,繁体字正常范围使用的界线被冲破了,社会上滥用繁体字的现象日趋严重,一些不该用繁体字的场合都出现了繁体字。另一方面,由于繁体字的重新抬头,对年青人来说已不很熟悉,因此,在繁体字使用过程中错别字大量出现。"

他认为:"语言文字的运用,是否合乎规范、标准,往往反映一个国家、一个民族的文明程度。因此,必须把繁体字滥用错用现象进行有效的治理和整顿,进一步促进汉字的规范化和标准化。"为达到这个目标,作者提出必须把繁体字的正常使用和滥用现象的界线分清楚。主要有以下几个方面:"1.要分清翻印古籍与出版现代人评介、论述古人著作的界线。……2.要分清面向港台的出版物与面向全世界发行的出版物之间的界线。……3.要分清书法艺术作品中供

---

① 戴昭铭:《繁体风、"识繁写简"和语文立法问题》,见《语言文字应用》1992年第1期。
② 尹斌庸、罗圣豪:《台湾学生认读大陆规范简化字的测查报告》,见《语文建设》1991年第8期。
③ 见《杭州大学学报》(哲学社会科学版)1990年第1期。

欣赏用的与作交际工具用的界线。……4. 要分清名胜古迹中的匾额与名人纪念馆、展览馆、陈列馆等牌匾的界线。5. 要分清书法家的书法作品与小学生写毛笔字的界线。……6. 大学生要学点繁体字,并不是提倡大学生写繁体字。……7. 一些姓氏中需要保留繁体字和异体字,并不是姓名用字都允许用繁体字和异体字。"

储朝晖认为,对待繁简问题,不能一概而论,应该根据具体情况,做进一步分析。通过调查,他发现:"对写繁还是写简,大陆的青年人与老年人在看法上明显不同,以1950年为界,在此以后出生的人95%认为只需要写简识简,在此之前出生的人有70%持此看法,30%认为最好能识繁写简,一般则不必要求。与这一结果相关最大的因素是繁简体在被调查者脑中表象的熟悉程度。""各不同行业的人对写繁写简的态度也不一样,专职从事语言文字工作的人要求严格,且大多主张写简体,恰恰是他们又能识繁,并能写繁;从事其他工作的人则感到无所谓,愿繁就繁,愿简则简。""不同地区的人看法也不尽同,与港台交往多的人主张识繁写繁或识繁写简者多,而与港台交往少的人有此看法者少,大多认为只需写简识简。各种不同的看法,都有其依据和客观原因。根本之点在'用'上,用得多者认为需要大,用得少的则认为需要少,不用者自认为不需要。"①

因此,作者提出"'识繁写简'应以用为根据"。"我的主张是'识繁'不宜做一般要求,但字典、教科书后可列繁简字对照表,各人根据各自的需要学习、查阅。尤其不宜把'识繁'这码加给小学生。"

事实上,作者基本是不赞成识繁写简的,他说:"这种模棱两可的作法一旦在整个社会实施,则只可能导致'繁简混用'、'繁简并用',由于一些字词的繁简意义略有不同,就会产生许多误会。……所以我认为应以最终用简为基点,来考虑对繁简字的'识'和'写'问题。为此,我们有必要对'识繁写简'进行价值评估。"

蒋仲仁在《汉字简化与汉字教学》②中也说:"'识繁写简'是一个含混的说

---

① 储朝晖:《也谈汉字的"识繁写简"》,见《汉字文化》1990年第2期。
② 见《课程·教材·教法》1991年第1期。

法。'识繁'要不要'识简'呢?既要'写简',不识又怎么写呢?'写简'要不要'写繁'呢?那些笔画繁多没有简化的常用字要不要写呢?对繁体字只识不写,'识'的时候要不要也像'写'那样作笔画、部件、位置、笔顺的分析呢?这样一来'识繁写简'成了'识繁识简,写简写繁'。这样办行不行,还应该从汉字使用和汉字教学的实际,进行认真的全面的研究。

张育泉在《谈谈对"识繁写简"的看法》[①]中具体分析了"繁体风"兴起的原因,认为"识繁写简"的主张也不是一无可取,"如果限制在一定的范围之内则是必需的、可行的"。

史有为也认为,"繁体字的回潮,一是开放导致,一是'反弹效应',都在情理之中。在某些情况下,适当的倒退,可以成为更好前进的条件。因而绝不能一概而论,简单地扣以'复古''倒退'。"[②]

他主张:"要在不同层次进行繁简对比教育,同时要将繁体字纳入一定阶段(中学以上)的教学中。如果我们对简化字有信心,就应该相信在简体与繁体的比较中群众会认识简体字优于繁体之处,会自觉自愿选用简体。如果我们不将繁体字纳入一定阶段的教学中,那么群众自发地书写繁体字,不但禁而不止……而且可能导致更大的混乱。"

"对于繁体字的回潮,一不要怕,不要大惊小怪;二要重视,要研究;三要采取具体措施,具体地说就是疏导与法治相结合。……用了两千年的繁体字,希望能在几年几十年之内全部退出历史舞台,这本是不现实的。没有长期的思想准备,那是要吃大亏的。"

最后,作者提出要"用简识繁",即以用简为主,识繁为辅。

1992年,袁晓园对识繁写简重新做了解释:"以繁体字为正体的地方,允许印刷一些繁体字读物。用繁用简,主要应由印刷读物的性质决定,不必完全统一。""这就叫各行其便,各得其所。"[③]

[①] 见《汉语学习》(延边大学)1991年第1期。
[②] 史有为:《汉字辩证四题》,见《语文建设》1992年第8期。
[③] 袁晓园:《论"识繁就简"与"文字改革":答吕叔湘等先生》,见《汉字文化》1992年第2期。

第五章 繁体字和简化字

此解释依然遭到众多学者的反对,陈一、詹人凤在《评对"识繁写简"的新解释》①中说:"这种'认识'却严重地破坏了汉字的规范化、标准化。……她提出要出版单位自行决定,'各行其便,各得其所'。这其实已不是'识繁写简',而是'繁简皆用''繁简任之''繁简由之'。从规范化、标准化的角度来看,这不是'发展',而是倒退。"

孙剑艺也说:"'写简'先要识简。这一代人识简不成问题,因为他们学的就是简化字;下一代呢?书刊上已见不到简化字,他们到哪儿去识?不识就不能写,结果就只能是——废!可见,'识繁写简'实质上是'返繁废简'。"②他赞成另一种意义上的"识繁写简",即一部分人根据工作和学习的需要去阅读繁体字印刷的书籍,而书写还是用规范的简化字。

1992年12月14日,江泽民总书记就语言文字问题谈了几点意见:"一、继续贯彻国家现行的语言文字工作方针政策,汉字简化的方向不能改变。各种印刷品、宣传品尤应坚持使用简化字。二、海峡两岸的汉字,当前可各自维持现状,一些不同的看法可以留待将来去讨论。三、书法是一种艺术创作。写繁体字,还是写简化字,应尊重作者的风格和习惯,可以悉听尊便。"这个指示给我们确定了正确对待简化汉字的根本原则。

20世纪90年代中期,更多学者开始进行繁体字方面的社会调查,力求通过科学的调查和数据分析,挖掘繁体字回潮的深层原因。

1996年,张振江、梁捷航通过调查广州市繁体字的使用情况发现,繁体字再使用的原因中身份占39%,庄重占19%,美观17%,工作17%,学习4%,其他2%。由此可知,使用繁体字最主要的动机是反映身份,这就是为什么近乎100%的三资企业都用繁体字来写其名称。

"为什么人们倾向于用繁体字来显示身份呢?这与人们趋富的心理有关。社会语言学告诉我们,语言、文字同时又是人们身份的标志。大陆简化汉字之后,依然使用繁体的是港、台以及境外其他华人地区,繁体字成了这些地区人民的符号。国门打开,大陆人民发现上述地区的人们远比自己富裕,这个认识转

---

① 见《语文建设》1993年第1期。
② 孙剑艺:《评"识繁写简"》,见《语文建设》1992年第2期。

移到了语文上来,形成了繁体字的高声望。"①

作者还发现,由于电脑的普及,大多数人使用繁体字是通过电脑,手写繁体字的人只有15%,这说明,高科技手段在繁简问题上也起了一定的作用。"既然主要不是手写了,对电脑打印或印刷而言,用繁、简体并没有多少难易的区别。我们实际看到的语料中,私人信件繁体比例极低,而采用印制而成的媒体中繁体比例偏高,正说明这一点。"

最后作者得出结论:在以后的一段时期内,简繁体会并存并用。

陈松岑、谢俊英则调查了北京市城区公共场合的繁体字使用情况,他们得出的结论:"繁化字的出现有外来和内在两个方面的因素。从外来的因素看,主要是港澳台及海外华人使用繁体汉字带来的影响以及'文革'后拨乱反正,重新肯定,重视传统文化,恢复书法艺术的研究,允许老字号招牌恢复原貌等的影响。内在的因素则是汉民族传统的审美标准要求文字不但写起来省事,而且看起来要匀称协调,而现在通用的简化字中有一些与群众的要求还有距离。从使用繁化字者的年龄结构看,青年人的高比例很令人担忧,因为它预示着繁化现象有日益发展的趋势。这是对汉语汉字的健康发展极为不利的。"②

另外,值得注意的是:"为了追求文字书写上通篇的匀称和谐,同时又不太费事,写繁化字的人往往并不把简化字全部繁化,而只繁化那写起来不太费事的部分。这些字比规范字繁,又比繁体字简。"这极大地破坏了汉字的规范性,是当前应该加强治理的一大问题。

20世纪90年代以后,繁简并存实际上已经成为现实,随着大陆经济的突飞猛进,大陆和台湾的文化交流也日益频繁,"书同文"成为众望所归。那么,是以繁体字统一"一国两字"还是以简化字统一"一国两字",两岸的学者意见不一,海外及台湾学者认为大陆的简化字存在众多问题,赞成用繁体字;而大陆的学者则认为不能走回头路,赞成用简化字。在此基础之上,第三种意见显得更为合理,即使用优化汉字。

---

① 张振江、梁捷航:《广州市繁体字使用的社会语言学考察》,见《广州社会》1996年第2期。

② 陈松岑、谢俊英:《北京市城区公共场合繁体字出现原因分析》,见《语言文字应用》1996年第2期。

第五章 繁体字和简化字

孙剑艺在《论海峡两岸汉字的现状与前景》[①]中说:"我们觉得首先要弄清,我们的书同文应该是前进的统一还是后退的统一。说到这里大家可能会毫不犹豫地说应是'前进的统一'。""前进并不是以简体为准。所以接着还应明确,在消除差异的时候,不要仅仅局限在从简还是从繁的问题上,而要掌握一个优化的原则,即:从优。""总起来说,两岸汉字的统一,应该本着前进和优化的原则,是前进和优化的结合。也就是说,两岸汉字的统一,应该是前进的统一而不能是后退的统一,应该是优化的统一而不能是'劣化'的统一。这,应该成为我们书同文的主导思想和总体认识。"

汪家堂认为:"让港澳台地区的人民全盘接受简体字并不可取,让大陆人全都使用繁体字亦不现实。唯一合理的选择是,通过深入的研究将部分过繁的字简化,将所有被草率简化的字恢复原状。不管文字统一工作如何进行,我个人认为我们必须遵循三条原则:第一,尽量不破坏文字的审美功能;第二,有利于中国古代文化的传承;第三,必须考虑计算机视觉技术和语言输入技术的突破给汉字输入带来的影响。"[②]

对于繁简问题,王宁在《汉字的优化与繁简字》[③]主张:"在港澳地区没有推行简化字的地方,则可以繁简并存,使繁体字存在的问题逐步解决,吸收简化字中的合理部分。不习惯用简化字的,也不要勉强,仍可使用繁体字,一边逐渐取得共识。这样做,也不会影响文化的交流。这是因为,简化字与繁体字并不是两种文化体系。大陆已公布的简化字,单个简化的只有 482 个,另有 14 个偏旁可以类推,前面已经说过,偏旁成系统地简化不会影响汉字的构形系统,而 482 个字只约占 7000 个通用汉字的 7%。就其字源说来,又都是不同历史时期曾通行过的异体字,使用繁体字的人,认识简化字并不困难;正如从小学习简化汉字的人,当阅读古籍或读港、澳、台地区的书需要繁体字时,也并不要像再学另一种文字一样去学繁体字。……不过,在社会交往如此频繁,汉字的应用如此广泛的情况下,由于信息处理的需要和国际交流的需要,每个人早晚都要习惯于

[①] 见《山东大学学报》(社会科学版)1995 年第 1 期。
[②] 汪家堂:《优化文化的传承与文字的断裂》,见《探索与争鸣》1995 年第 6 期。
[③] 《简化字研究》,商务印书馆 2004 年版,第 41 页。

一种规范字,只要这种规范是符合汉字科学的,大家总会取得共识,把它接受下来。这将是今后一段时期内大家需要共同研究的问题,也是不急于马上作出一个统一结论的问题。"

21世纪初,有关繁体字和简化字的争论仍在继续。2009年8月12日,国家语委副主任、教育部语言文字信息管理司司长李宇明在公布《通用规范汉字表》(征求意见稿)新闻发布会上表示,根据学术界反复研讨,"注重与原有规范的衔接,维护汉字系统的基本稳定。接受大多数群众的意见,以不恢复繁体字为基本原则"。这一表态终结了长时间以来汉字的繁简之争。

第六章 汉字简化与中小学语文教学

进入21世纪,国家对汉字简化的态度更为理性和慎重。汉字简化更多以汉字规范化的形式出现。汉字规范化包括对汉字进行定量、定序、定级、定音和定形等内容,涉及异体字、简化字、繁体字等多方面问题的整理和规范。"汉字规范化是推广和规范使用国家通用语言文字的重要前提,更是教育文化事业和信息化建设的基础性工作"。[①] 2000年10月,《国家通用语言文字法》修订通过,规定"国家推广普通话,推行规范汉字","学校及其他教育机构以普通话和规范汉字为基本的教育教学用语用字。……使用的汉语文教材,应当符合国家通用语言文字的规范和标准"。2013年8月,国务院公布《通用规范汉字表》,作为与《国家通用语言文字法》配套的汉字规范,之前的相关字表停止使用。

一、《通用规范汉字表》

2001年4月,教育部、国家语委启动《规范汉字表》的研制工作,2009年8月,《通用规范汉字表》(征求意见稿)发布,向全社会公开征求意见,掀起关于汉字规范问题的大讨论。在充分听取意见并反复研讨的基础上,国务院于2013年8月公布《通用规范汉字表》。

根据《通用规范汉字表》说明,全表共收字8105个,分为三级:一级字表收常用字3500个,主要满足基础教育和文化普及的基本用字需要。二级字表收次常用字3000个。一、二级字表的6500字,主要满足出版印刷、辞书编纂和信息处理等方面的一般用字需要。考虑到人名、地名以及科技语、语文教材中

[①]《教育部等十二部门关于贯彻实施〈通用规范汉字表〉的通知》[教语信〔2013〕2号]。

文言文用字需求,三级字表收录以上方面的通用字,以满足信息化时代大众生活及专门领域的用字需求。①

《通用规范汉字表》公布后,原有《第一批异体字整理表》《印刷通用汉字字形表》《简化字总表》《现代汉语常用字表》《现代汉语通用字表》等均停止使用。

《通用规范汉字表》坚持汉字简化的方向,同时对汉字简化持谨慎态度,不恢复繁体字;遵循国务院1986年"使汉字的形体在一个时期内保持相对稳定"的指示精神,《通用规范汉字表》对类推简化采取严格限制,除表内的类推简化字,表外字不再类推。对于《第一批异体字整理表》的遗留问题,《通用规范汉字表》在严格界定异体字的基础上,本着科学、稳定和求实的原则,对非严格异体字重新进行分析确认,恢复了部分异体字为规范字,调整了部分正字和异体字的地位,并进行了少量的合并和删除。

2009年8月,《通用规范汉字表》(征求意见稿)面向社会征求意见时,曾打算对44个汉字字形进行调整,但由于各界舆论反对声音较高,本着学术民主的精神,及对民间的用字习惯的尊重,2013年字表正式公布时,取消了对44个字形的调整。

《通用规范汉字表》产生于21世纪之初,时代发展赋予其新的亮点。

首先,新世纪高科技的迅猛发展,让《通用规范汉字表》能在充分占有语料库资源和计算机技术的基础上对汉字进行海量甄选、统计和整理,测查工具和统计方法都更为先进和科学,这是以往规范所不能及的。

其次,20世纪百年来的汉字简化和规范史,为《通用规范汉字表》的研制提供了诸多经验和参考。汉字发展的客观规律与社会的应用需求,在百年中相互制约并达到相对的动态平衡,"另一方面,经过半个世纪的汉字规范,社会对汉字使用的自流现象得到了克服,用字更为集中"②。这些都让《通用规范汉字表》能在全面继承以往成果的基础上,更为客观理性地对待21世纪的汉字规范化工作。

---

① 《通用规范汉字表》,语文出版社2013年版。
② 王宁:《〈通用规范汉字表〉的制定与应用》,http://www.moe.edu.cn/publicfiles/business/htmlfiles/moe/s7569/201308/156351.html。

最后,信息传媒技术的飞速发展,给予普通老百姓更多发声的机会。国家在充分发扬学术民主的基础上,得以广泛听取社会各领域各阶层的意见,这为《通用规范汉字表》的研制和公布实施提供了扎实的社会基础。

二、《通用规范汉字表》对中小学语文教学的指导意义

汉字教育是基础教育的奠基之石,是各学科教学的基础,是中小学语文教学中最重要的内容。在新课标颁布之前,教育部的义务教育语文教学大纲中,关于"识字、写字"的要求,即"认识3500个常用汉字",以1988年公布的《现代汉语常用字表》3500字为依据。没有设立与之相应的教育教学字表。

《现代汉语常用字表》中的3500字,主要是针对社会用字、成人用字设立的,但基础教育的识字、写字教学和社会用字有很多不同。

首先,汉字教学涉及一个识字顺序问题,先教哪个,后教哪个？以怎样的顺序进行教学更为有效？是不是依据字频和覆盖率来选字排序就能多快好省地解决识字的有效度问题？这些都是需要我们深入探讨的。"这是因为,在一些专业领域里,会有一些其他规律在起作用。特别是,在确定基础教育识字教学的分级字表或对外汉语分级字表时,如果简单地采用按照字频来分级的做法,将会造成应用上的诸多问题。教学要遵循循序渐进的原则,由易到难,而社会普遍应用层面的字频,与汉字的难易度和构形相互依存的系统是不一致的。"[①]

其次是识字量问题,各学段应该掌握多少字量为宜？随着信息技术的发展和计算机的普及,人们在现实生活中看得多写得少已成为普遍现象,因此,识字量和写字量是否要同步又是一个我们需要面对的新问题。如果不同步,哪些先识,哪些先写,怎样相互协调促进,也是需要研究的。"正确的办法应当根据教学实际与儿童不同年龄段的心理特点,采用汉字必要的属性作参数,经过认真

---

① 王宁:《〈通用规范汉字表〉的制定与应用》,http://www.moe.cn/publicfiles/business/htmlfiles/moe/s7569/201308/156351.html。

地科学研究,才能生成适用的应用字表。也就是说,在基础教育确定选字范围时,既要遵循《通用规范汉字表》的常用字表,又要在此范围内,根据应用的特点慎重选字和排序。"[1]

"6—8岁儿童的心理词典,与成人用词有较大的差距"。[2] 儿童的汉字习得需要遵循其认知发展的规律和特点,例如,在儿童口语习得中已经会说,会听,理解意义的字词,学习字形的效率会提高很多;又如,构型相对简单、部件少的字,习得难度会低一些;再比如,作为偏旁不断出现的字,如"女",不断出现在"妈、奶、姐、姑、娘"等字中,儿童习得的速度更快。但是,我们需要综合考虑以上种种习得特点,仅以其中任何一个维度为依据来排列汉字的教学顺序,都是片面的、不科学的。

另外,随着时代的变迁,《现代汉语常用字表》中的一些生僻字已很少在社会生活中使用,这些字是否也要编入教学大纲中? 不少义务教育语文教师在教学中也遇到以上问题的挑战,提出了教学中的困惑和批评改进意见。但由于教学字表的编写"专业性很强""工作量大",语文课程标准研制组迟迟未进行此项工作。

"《义务教育语文课程标准》开始修订之时,适逢《通用规范汉字表》研制工作初步完成,里面的'一级字表'正好可以用到课程标准中去。并且,课程标准修订工作组还请研制字表的有关专家再做进一步的工作,将用作语文课程标准附录的《义务教育语文课程常用字表》的 3500 个字再分成两个部分,给小学和初中阶段的汉字教育提供参考。另外,在这《义务教育语文课程常用字表》的基础上,再提炼出一个含有 300 个常用汉字的《识字、写字教学基本字表》"[3],"这些字构形简单,重现率高,其中大多数能成为其他字的结构成分。先学这些字,

---

[1] 引自王宁,《〈通用规范汉字表〉的制定与应用》,2013,8. http://www.moe.edu.cn/publicfiles/business/htmlfiles/moe/s7569/201308/156351.html。

[2] 引自王宁,《〈通用规范汉字表〉的制定与应用》,2013,8. http://www.moe.edu.cn/publicfiles/business/htmlfiles/moe/s7569/201308/156351.html。

[3] 巢宗祺:《〈通用规范汉字表〉对基础教育的重要作用》,《中国教育报》2013,9.2 第 8 版。

有利于打好识字、写字的基础,有利于发展识字、写字能力,提高学习效率。"①

因此,今天我们看到的新版《义务教育语文课程标准》附有三个字表,字表一收常用字2500个,作为小学5—6年级识字、写字教学评价的依据。字表二收常用字1000个,是义务教育初中阶段识字、写字教学评价的依据。以上两个字表共3500字,对应《通用规范汉字表》中的第一级3500字。另设《识字、写字教学基本字表》,共收录300个基本字,是"汉字教学从零开始时需要优先选择的字"。选取时主要考虑以下几方面条件:第一,识字初期汉字的应用效率和对以后识字的推动作用;第二,字频与覆盖率;第三,根据儿童的心理词典来选择,即在儿童实际口语中会说并能够理解使用的高频词的字;第四,汉字的构字频度。②

综上,《通用规范汉字表》的研制,推动和促进了《义务教育语文课程标准》教学字表的出台,对义务教育有着非常重大的意义。

第一,《义务教育语文课程标准》的教学字表,是通过儿童语料库及成人语料库的对比筛选,再利用科学的测查工具和统计方法选出来的,选字具备"多快好省"的特点,即学习起来耗时短,效率高。

第二,基本字表中的300字,笔画简单,构字频率高,掌握这些字,有利于带动以基本字为偏旁的合体字的学习,还能够"培养学生在符号不断重复的情况下的归纳概括能力",为建立汉字系统概念打下基础。帮助学生认识汉字作为表意文字的基本特点,及其现代汉字发展为以形声字为主的系统特点。

第三,《义务教育语文课程标准》字表一、字表二的分级,与《通用规范汉字表》的排序有很大不同,这是因为,儿童与成人阅读语料还是有很大差距,通过分级,为各学段确定更为具体的学习内容和学习目标,遵循了儿童的认知发展特点,也为各学段明确了具体的教学方向和教学任务,同时也增强了教学评价的易操作性。

第四,《通用规范汉字表》是遵循《GB13000.1字符集汉字字序(笔画序)规

---

① 《义务教育语文课程标准(2011年版)》,中华人民共和国教育部制定,2012
② 王宁,《儿童与成人阅读语料的差距催生了字表》,《基础教育课程》义务教育课程标准修订特刊,2012

范》排序的。但《义务教育语文课程标准》的教学字表则按照音序排序，充分照顾到学生、教师、家长在使用时的便利，与学生学习查字典的主要方法保持一致。

当然，《义务教育语文课程标准》的教学字表也有一些小问题，如少量多音字的排序还值得商榷、部分汉字的音序排列顺序还需斟酌等。但这些都是瑕不掩瑜的小问题，随着《义务教育语文课程标准》的更新，可以逐步得到完善。

三、正确看待《通用规范汉字表》涉及的汉字规范化问题

那么，有了《义务教育语文课程标准》教学字表后，《通用规范汉字表》对语文教育工作者是否就意义不大了呢？当然不是。

首先，《通用规范汉字表》是中小学识字写字教学的主要依据。"《通用规范汉字表》是《国家通用语言文字法》的配套规范，是现代记录汉语的通用规范字集，体现着现代通用汉字在字量、字级和字形等方面的规范。"①《通用规范汉字表》说明中已明确，"一级字表主要满足基础教育和文化普及的基本用字需要"。

其次，《通用规范汉字表》是在继承以往规范成果的基础上，根据时代特点研制得更为贴近当代信息化及语文生活的汉字规范，它代表了国家对汉字规范化领域各类问题的基本态度。如，汉字的繁简问题，要不要恢复繁体字；类推简化问题，以什么范围进行类推更合适；网络用字要不要进入规范字的行列，等等。作为语文教育工作者，深入学习这些问题的成因和解决方案，以及依据和标准，有利于完善自身的专业知识储备，为正确进行汉字教学，更好地为学生答疑解惑提供基本条件。下面，我们简要梳理汉字规范化的主要问题，以及《通用规范汉字表》对这些问题的处理办法，以期为义务教育语文工作者提供参考。

---

① 李宇明：《关于〈通用规范汉字表〉的研制及公开征求意见的相关问题》，见《长江学术》2009 年第 4 期。

第六章　汉字简化与中小学语文教学

（一）繁简之争

汉字繁简的并行是自古以来就存在的。民间老百姓为方便书写，常有对经学用字的简省，被称为俗字或异文。异文和正字相对立，流行于民间，难以获得正式的身份。隶书在没有成为社会规范字之前，也是经由小篆的简省而来，并在同一历史时期与小篆并行的。"早在战国时期的秦系文字里，隶书就已经出现。当时的秦国的正统文字是小篆，笔道圆转回环，某些笔顺不符合手写的自然习惯，严重影响了书写的速度。而社会事务的日益繁杂，对快速书写的需求越来越迫切。于是书写人为了简便快捷，往往将篆文的圆转笔道改为方折笔画，有时还略加省改，已略具隶书的风味，在当时形成了一种俗书体。"①

楷书萌芽于东汉，流行于魏晋南北朝，在隶书为社会规范用字的同一历史时期，楷书也已在民间悄悄流行。因此，繁简的更替是汉字的科学性与应用性相互制衡发展所表现出来的鲜明特点。

20世纪汉字的"繁简之争"一直是一个热点问题，前文已做相关梳理。21世纪《通用规范汉字表》研制之初，社会上关于恢复繁体字的呼声不断，罗宁的《关于恢复使用繁体字的一点思考》在网络上广为流传，主要认为"简化字破坏汉字结构，割裂传统文化……给两岸三地交流以及国际交流带来不便，更加破坏了汉字文化圈的统一性"。②

关于这个问题，北京师范大学王立军教授在《〈通用规范汉字表〉与"简繁之争"》一文对"汉字理据表现方式的变化"③做了深入的分析。"从古文字到今文字，汉字一直坚持理据性的特点没有改变，但汉字理据的表现方式却发生了重大的变化。在早期古文字阶段，汉字的理据性主要是靠物象或物象的组合来表现的。……早期汉字体系的理据性虽然非常直观，但却处在明显的无序状态。"后来，汉字在历史发展中"参构其他字的象形部件逐渐义化，意义相近者逐渐合并，这样，在部分汉字之间便形成了一定的类聚关系。特别是形声字的

---

① 潘玠洁：《汉字通论》，沈阳出版社2004年版，第262页。
② 罗宁：《关于恢复使用繁体字的一点思考》，https://wenku.baidu.com/view/a98c804b2b160b4e767fcfdc.html。
③ 王立军：《〈通用规范汉字表〉与"简繁之争"》，见《寻根》2009年第5期。

出现,使汉字不仅可以从意义的角度加以类聚,而且可以从声音的角度加以类聚,字际关系更趋紧密。随着这种类聚关系的逐步调整和优化,到了小篆时期,汉字便形成了具有一定基础部件和有限构形模式的构形系统,字际关系具有明显的有序性,这个时期汉字的理据已不再是个体字符的直观理据,而是通过部件的类化、义化和整个汉字系统的形声化,使个体理据上升为更高层次的系统理据。系统的理据是建立在形符的意义系统和声符的声音系统的基础之上的,与汉字所表达的物象不再有直接的关系,所以汉字形体是否象形对汉字的理据已没有太大的影响"。即便是繁体字,各部件的象形意味也早已弱化和消失,成为一些音义符号。理据的表现方式发生了很大的变化。因此,"将这些字加以改造,不仅没有降低汉字的理据性,如果改得得当的话,反而会提高汉字的理据清晰度"。①

"汉字的理据性由个体理据上升到系统理据,是汉字简化的一个重要方面。"也是汉字五千年来得以流传至今,成为世界四大表意文字体系中唯一仍在通行和使用的文字体系的重要原因。因此,作为中小学语文教育工作者,我们应该充分认识到,汉字是中华民族最宝贵的文化遗产,是中华民族集体智慧的结晶。在汉字简化已经推行半个多世纪的今天,简化字已经成为几代人的习惯,重新恢复繁体字不现实也无必要,引导学生正确认识这个问题,才能更好地坚持汉字规范的方向,传承中华民族优秀传统文化。

(二)类推简化

类推简化是汉字简化中的一项重要内容,它能够帮助汉字在保持现有构形理据的系统性基础上,简省笔画,方便书写。有争议的地方,主要集中在类推简化的范围。如果无限类推,显然会给汉字系统增加成倍的新字形,与汉字规范化的目标相背。如果限制类推范围,怎样的范围才是合适的,这又值得商榷。

《通用规范汉字表》问世后,王宁主编的《〈通用规范汉字表〉解读》中明确指出:根据国务院1986年"今后,对汉字简化应持谨慎态度,使汉字的形体在一个时期内保持相对稳定"的指示精神,对类推简化采取严格掌握的原则,一般不

---

① 王立军:《〈通用规范汉字表〉与"简繁之争"》,见《寻根》2009年第5期。

再扩大类推的范围;但是考虑到汉字应用的现实,也收录了少数已经被社会所习用,并符合《简化字总表》规定的类推简化字。今后表外字不再类推。①

部分学者对以上类推简化范围持反对态度。张书岩在《〈通用规范汉字表〉以外的字应准许类推简化》一文中认为,如果表外字不允许类推,很多繁体字就获得了通用的机会,这有悖于国家汉字简化的方针政策,主要在以下几个方面:第一,新产生的科技用字在表外,如不类推简化,则有恢复繁体字的可能。第二,中小学语文教材中的文言文中有个别生僻字,而且教材还将进行更新,如果文言文选文中出现表外字,都不类推,会造成学生学习上的繁难。第三,字表未收入的当代社会用字还有很多,都不类推简化,会造成用字上的混乱。第四,面向古代的辞书(《辞源》《汉语大字典》)和面向现代的辞书(《现代汉语词典》《新华字典》),字头应该统一。目前是前者字头用繁体,后者字头用简体。造成繁简杂陈。②

苏培成教授也在《表外字不类推简化不可行》一文中,坚持表外字应当允许类推的观点。

《通用规范汉字表》研制组专家委员会副主任,北京师范大学王宁撰文回应了以上质疑。他认为,"辞书中的汉字处于汉字的贮存状态",贮存的是"历史上曾经用过的字","辞书没有必要也不允许自造或自改汉字";而"具有规范作用的现代汉语辞书,具有引导社会用字的作用,严格实行表外字不再类推,才能引导民间和传媒不任意写不规范的简化字才能保持真正的用字稳定,使母语的基础教育与汉语的国际传播用字有据可依"。③

综上所述,在类推简化这个问题上,学术界尚未达成一致。那么,作为新时代义务教育工作者,我们怎样看待这个问题呢?首先,我们的教学内容中可能涉及的与类推简化相关的地方,也就是中小学语文教材中的文言篇章的用字问题。教材中的文言用字,大部分在《通用规范汉字表》的三级字表中已选录,字表上没有却在教材中出现的字极其个别,我们可以采取只识不写的方法来处

---

① 王宁:《〈通用规范汉字表〉解读》,商务出版社2013年版。
② 张书岩:《〈通用规范汉字表〉以外的字应准许类推简化》,见2013年12月14日《中国教育报》。
③ 王宁:《〈通用规范汉字表〉与辞书编纂》,见《辞书研究》2014年第3期。

理,即不作为教学重点内容,学生能认识即可。至于将来语文教材文言文更新后可能出现的《通用规范汉字表》中没有选录的字,可等出现后视其数量再具体解决。因为《通用规范汉字表》也不是一成不变的,其《说明》中明确:"本表可根据语言生活的发展变化和实际需要适时进行必要补充和调整。"①

新时代的语文教育工作者,基本都是在简化字的环境中长大的,"识简写简"的能力得到锻炼,"识繁"的能力仍需提高。我们的专业要求我们能够阅读古籍史料,具备查阅辞书的能力,无论是贮存状态的汉字还是使用状态的汉字,都要能够识读和辨别,更好地为我们的教学服务。

(三)《通用规范汉字表》对原有相关字表的继承和发展

1.《第一批异体字整理表》

新中国第一个汉字规范是 1955 年 12 月由文化部和中国文字改革委员会联合发布的《第一批异体字整理表》,目的是整理大量的异体字,为每一组确定一个规范字形,并明确其他字形为"不规范字形",在通用层面不再使用。它的发布在一定程度上遏制了当时汉字使用中的字形混乱现象,精简了汉字的字数。

由于受到历史和时代的局限,《第一批异体字整理表》还存在一些问题。严格来说,只有字形不同,音义、记词职能完全相同的字才能称为异体字。这样的字在任何语境中都能相互替代,不影响意义的表达。这样一组字,选取一个标准字形,废除其他几个,有利于限制汉字的字量,精简字数。但是,《第一批异体字整理表》中的异体字,有些并不是严格的异体字。"特别是在姓氏人名、地名和科学技术术语用字中,一些非严格异体字尚有无法取代的使用价值。把这些字都列入'不规范字'的范围而取消,对意义的精确表达会产生不好的影响"。②

因此,《通用规范汉字表》对《第一批异体字整理表》重新进行了整理,"区分字表中的严格异体字和非严格异体字:一方面将《一异表》中的严格异体字仍按异体关系处理;另一方面,从应用角度出发,对表中仍有应用价值的非严格异

---

① 《通用规范汉字表》,语文出版社 2013 年版,《说明》第 3 页。
② 王宁:《〈通用规范汉字表〉解读》,商务出版社 2013 年版。

体字,调整为规范字,或在特定意义上调整为规范字,并对其应用范围加以限定;同时对于《一异表》中甄别有误的字组,则不再处理为异体关系"。①

2.《印刷通用汉字字形表》

1965年1月,《印刷通用汉字字形表》发布,全表均为简化字,共6196个。这个字表主要目的是整理和规范汉字印刷体的字形,它遵循的主要原则是:"同一个宋体字有不同笔画或不同结构的,选择一个便于辨认、便于书写的形体;同一个字宋体和手写楷体笔画结构不同的,宋体尽可能接近手写楷体;不拘泥于文字学的传统,而是从现代汉字书写和阅读的实际需要出发。"

《印刷通用汉字字形表》发布后,之前的字形统称为"旧字形",许多辞书后面附的"新旧字形对照表",列出的就是《印刷通用汉字字形表》发布前后的不同字形。

1988年《现代汉语通用字表》发布时,删去了《印刷通用汉字字形表》中的50字,增加了854字,但字形标准未做调整。

"《通用规范汉字表》所收的《印刷通用汉字字形表》和《现代汉语通用字表》之内的字,均按两表中字形收录。两表之外的字,依据两表内部的字形规则确定。"

3.《简化字总表》

1964年5月,中国文字改革委员会编印了《简化字总表》,1986年10月,国家语言文字工作委员会重新发布《简化字总表》,在1964年的《简化字总表》基础上进行,共收简化字2235个。

"《简化字总表》中有31字为收入《通用规范汉字表》。其中包括未被普通话吸收没有通行的方言字、可以被正字替代的异体字、已经废除的旧称用字、现代已没有使用价值的文言用字以及不通用的专业领域用字。"②

4.《现代汉语常用字表》

1988年1月,《现代汉语常用字表》发布,共收录常用字和次常用字共3500个。此字表是《通用规范汉字表》之前,基础教育教学大纲所遵循的识字依据,

---

① 王宁:《〈通用规范汉字表〉解读》,商务出版社2013年版。
② 王宁:《〈通用规范汉字表〉解读》,商务出版社2013年版。

基础教育阶段的识字量3500字,即采用《现代汉语常用字表》中的3500字。

《通用规范汉字表》一级字表3500常用字和《现代汉语常用字表》的3500常用字基本一致。由于时代的发展,《现代汉语常用字表》中的部分汉字使用频率下降,其中有103字未进入《通用规范汉字表》的一级字表,但都收入进二、三级字表中;《通用规范汉字表》一级字表有103字是《现代汉语常用字表》未收的,这些字主要通过语料库的分析及科学的统计测查得出。

5.《现代汉语通用字表》

1988年3月,国家语委和新闻出版署联合发布《现代汉语通用字表》。《现代汉语通用字表》共收7000字,其中包括了《现代汉语常用字表》的3500字,字形也主要依据《印刷通用汉字字形表》,并做了一定的增删。

《通用规范汉字表》收入了《现代汉语通用字表》外的56字,《现代汉语通用字表》有38字未收入《通用规范汉字表》。"其中包括未被普通话吸收没有通行的方言字、可以被正字替代的异体字、已经被同音替代的繁体字或其类推简化字、已经废除的旧称用字、现代已没有使用价值的文言用字以及不通用的专业领域用字。"[①]

以上相关字表,由于研制的宗旨、目的和手段不同,占有的语料库不同,表现的不同社会阶段的用字情况也不同,均为解决不同时期的不同问题而设,导致字表间的内部统一性不够。《通用规范汉字表》站在"现代历史高度、利用现代技术手段来考察当代用字的实际,对已有的规范进行梳理,消除其间相互抵牾之处,弥补因各种原因造成的疏漏,将一些隐性的规范显性化,增加现代语言生活的新内容,从而使已有的汉字规范得到整合、优化,为构建和谐的语言生活打下基础"[②]。

(四)字形问题

2009年8月,《通用规范汉字表》(征求意见稿)发布,向全社会各领域公开

[①] 王宁:《〈通用规范汉字表〉解读》,商务出版社2013年版。
[②] 王宁:《〈通用规范汉字表〉的制定与应用》,http://www.moe.edu.cn/publicfiles/business/htmlfiles/moe/s7569/201308/156351.html。

征求意见时,曾打算对汉字的44个印刷体字形做一些微调。但是消息一经发布,社会各界反响热烈,反对的声音较多。后2013年《通用规范汉字表》正式颁布时,取消了对这44个印刷体字形的调整。

作为语文教育工作者,我们首先需要了解这44个字形调整的原因。《印刷通用汉字字形表》和《现代汉语通用字表》是《通用规范汉字表》之前的印刷字形标准,但是两个字表内部有一些字形不统一的情况。如"瞥、弊、憋、鳖、蹩"都是以"敝"为声旁的形声字,但前三个字中的"敝"第四笔是竖钩,后两个字中的"敝"第四笔不带钩;"碧、墅"左上部件末笔的横为提,而"琴、瑟、琵、琶"左上部件末笔却仍为横笔;"亲、杀、条、茶、新"下面的"木"部有竖钩,而"朵、枭、架、柒、染、柴、桌、桀、栾、桨、桑、案、梨"等字同为上下结构"木"部却没有竖钩;以"辰"为部件的字如"辱",单独使用时是上下结构,"辰"字第一笔不拉长,但在"褥、蓐、溽、唇、廊"等字中却成了半包围结构。撇笔被拉长了。诸如以上这一类字形不统一的现象,给汉字的学习和使用造成了很大的困惑。表现在语文教学上,教师教写字的时候,这类字我们必须一个一个强调,却说不出道理;学生在学的时候,也必须一个一个单独记忆,加大了学习的难度和不必要的负担。

因此,《通用规范汉字表》在研制之初,拟在尊重人民群众用字写字习惯的基础上,对这类字形进行微调。需要强调的是,这些微调主要针对印刷体字形,不影响手写体的使用。通过印刷体的纠正,待大家看习惯了,手写的纠正会随之逐步发生,不需要列入错别字行列进行专门的纠正。

然而,"由于字形问题的专业性和技术性太强,以及知识的普及和政策的宣传不够充分"[1],还是造成大家对字形调整的误解和担忧。有人担心字形调整会影响小学生的汉字教学,造成错别字人为增多的现象;有人担忧调整的常态化会破坏汉字文化的发展;有人担忧字形的调整会带来计算机字库处理的繁难以及印刷物重新更改的耗费。显然,民间对于汉字的字形调整具有某种恐惧心理,觉得字形调整一旦走出第一步,接下来就会经常做更改。

义务教育语文工作者应该正确看待字形调整的问题。《规范通用汉字表》所做的字形的微调,是在充分尊重字理的情况下,为解决汉字规范化在历史上

---

[1] 王敏、陈双新:《〈通用规范汉字表〉七十问》,语文出版社2014年版。

的遗留问题而提出的,它遵循汉字科学发展的大方向,提醒我们应该及时关注和研究字形规范问题,有利于教师自身汉字素养的提升。第二,字形的调整为我们更系统更规范地讲解汉字提供依据。虽然《通用规范汉字表》的44个字形调整最后没有推行下去,但是字形整理的方向是正确的,它帮助我们了解汉字在构形上的系统性,有利于我们在教学中对一批汉字字形进行更规范更清晰的讲解,不但要讲清字形,还要讲清字理,帮助学生提高认知的系统性,促进汉字教学。

(五)正确对待网络用字和广告用字

随着计算机技术和互联网的普及,21世纪的小学生基本是在电子产品、互联网的陪伴下成长的,网络信息交流的频密,诞生了一些网络流行字,如"囧、槑"等字,是年轻人的时尚用语,孩子们觉得有趣、很潮。这些生造字的盛行,不利于汉字的传承与发展,是偏离汉字规范化轨道的。

近来社会上还有一些广告用语,利用谐音吸引眼球进行宣传。如"衣衣不舍、咳不容缓"等,甚至有人将名人的病句拿来申请注册商标。中小学生在尚未学会正确使用这些的字之前,就先入为主地吸收了这些错误的用法,人为造成错别字增加的现象,也给汉字教学带来很多不良影响,不利于汉字的传承。作为教师,我们应该充分认识网络用字、广告用字中的不规范现象的严重性,尽可能纠正学生不规范用字现象,加强对学生汉字使用规范化的引导。我们相信,社会流行用字的不规范现象终究只能是昙花一现,在长期的语言和汉字发展过程中,这些用字混乱现象终将被发展规律自然淘汰。

附 录 20世纪汉字简化运动年表

▲1908 年

巴黎中国留学生办的无政府主义刊物《新世纪》第 4 期发表了吴稚晖的《评前行君之"中国新语凡例"》。文中说:"中国现有文字之不适于用,迟早必废。"并提倡使用世界语。与此同时,他受日本文字改革的启发提出了汉字的改良之法。

章太炎先生在《国粹学报》第 41、42 期上发表《驳中国用万国新语说》反驳吴稚晖。他认为,教育的普及在于政府是否重视和认真推行,而不应归咎于文字的优劣。汉字的确"太深密",因此他提出"欲使速于书写,则人人当兼知章草。"但他也表示出对汉字改良的担忧,认为改良汉字会造成"无所取意"。

▲1909 年

1 月

【25 日】陆费逵,《普通教育当采用俗体字》,《教育杂志》1909 年第 1 期。此文后来收入陆氏的《教育文存》里。

2 月

【25 日】沈友卿,《论采用俗体字》,《教育杂志》1909 年第 2 期。

3 月

【25 日】陆费逵,《答沈君友卿论采用俗体字》,《教育杂志》1909 年第 3 期。

▲1918 年

4 月

《新青年》杂志第四卷第四号刊发钱玄同的《中国今后之文字问题》,认为"欲使中国不亡,欲使中国民族为二十世纪文明之民族,必以废孔学、灭道教为根本之解决,而废记载孔门学说及道教妖言之汉文,尤为根本解决之根本解决"。

10月

【13日】吴稚晖,《补救中国文字之方法若何?》。

▲1920年

2月

【1日】钱玄同,《减省汉字笔画底提议》,《新青年》七卷三号,提倡简体字。

[本年]

钱玄同,《汉字改良的第一步——减省笔画》,《平民教育》16期。

▲1921年

8月

陆费逵,《整理汉字的意见》,《教育文存》。主张用俗字。

[本年]

陆费逵,《论日本废弃汉文》,《教育文存》卷三。

▲1922年

8月

【20日】胡适,《汉字改革号卷头言》。胡氏用历史的眼光说明简笔字的价值。

周作人,《汉字改革的我见》。周氏说道减笔字是不可不有的治标方法。

丩'ㄢ,《对于简笔字之我见》。

钱玄同,《汉字革命》。

何仲英,《汉字改革的历史观》。

吴玉章,《论中国文字改革》。

周起鹏,《汉字改革问题之研究》。主张采用简笔字。

正厂,《过渡时期中的汉字》。

正厂,《读了〈过渡时期中的汉字〉以后》。主张从汉字本身上加以改良。

钱玄同,《减省现行汉字的笔画案》。国语统一筹备会第四次大会提案。此案当时决议:通过。即由国语统一筹备会组织汉字省体委员会;但无成绩。

以上各文均见于《国语月刊》汉字改革号。又,此处所列年月是根据该刊所注之出版年月,那时汉字改革号出版误期,实则迟至1923年6月初才出版。

▲1927 年

7 月

【16 日】陈光尧,《简字举例》,《语丝》140 期。

8 月

【20 日】陈光尧,《〈简字举例〉答客难》,《语丝》145 期。

▲1928 年

5 月

【13 日】陈光尧,《发起简字运动临时宣言》,上海《民国日报觉悟》(14 日完)。并见《贡献》3 卷 2 号。后又订正,在 1930 年 12 月出版的《图书馆学季刊》4 卷 3.4 期合刊发表。在《觉悟》发表时,并有吴稚晖、景梅九详为介绍。

8 月

【25 日】杨端六,《改革汉字的一个提议》,《现代评论》194 期。主张改用省笔字。

9 月

【10 日】陈登皞,《中国文字改革的具体方针》,《京报副刊》(11 日完)。

【13 日】薇芬,《中国文字改革的管见》,《京报副刊》(14 日完)。

【21 日】企重,《我亦一谈改革中国文字》,《京报副刊》(22 日完)。主张用简体字。

【30 日】李作人,《改革中国文字问题》,《京报副刊》。认为注音字母及简体字都有提倡之必要。

10 月

【14 日】陈光尧,《简字运动的概况》,《新闻报学海》。

【30 日】超,《论简字》,《新评论》22 期。

[本月]胡怀琛,《简易字说》,商务印书馆。

11 月

【24 日】吴健民,《谈谈文字的改革》,《京报副刊》。主张减省字的笔画和数目。

▲1929 年

4 月

【30 日】陈光尧,《国语罗马字与简字》,《河南教育》1 卷 18 期。

▲1930 年

1 月

【1 日】陈登皞,《中国字应怎样改良》,《时事月报》2 卷 1 号。

2 月

[本月]刘复、李家瑞,《宋元以来俗字谱》,中央研究院历史语言研究所刊印出版。此书是简体字运动中重要著述之一。

3 月

[本月]卓定谋,《章草考》,北平自青榭出版。卓氏认为现行楷书书写费时,当采用章草以求简易,因作此书。前有钱玄同序(并见《师大国语丛刊》1 卷 1 期),叙述对于章草的意见,并详细解说汉字简易化的历史的根据。

[本月]陈光尧,《关系简字书籍举要》,《图书馆学季刊》4 卷 1 期。

9 月

【15 日】张耀祥,《改造汉字刍议》,《暨南大学教育季刊》1 卷 1 期。主张修改一小部分的汉字。

▲1931 年

1 月

【11 日】许惠芬,《简易字概说——俗所谓简笔字》,(北平)《晨报艺圃》(连载于 13、14、17、21、25、26 日完)

6 月

[本月]陈光尧,《简字论集》,商务出版社出版。

7 月

【24 日】陈光尧,《简字运动之回顾》,《华北日报》(25 日完)。

9 月

【11 日】李从之,《简字的研究和推行方法之拟议》,《教育与民众》2 卷 3 号。

[本月]陈光尧,《介绍简易字说》,《教育与民众》3 卷 1 期。

11月

［本月］徐则敏,《常用简字研究》,中央大学出版社出版。

▲1932年

1月

【29日】陈光尧,《简字问题答客难——答杜子劲先生》,《华北日报》(2月4日完)。

［本月］施群,《如此如此的简字论集》,《中国新书月报》2卷1期。

5月

【7日】教育部公布国音常用字汇,由商务印书馆出版。本书内采用简体字很多。

［本月］陈光尧,《简字论集编者为简字问题驳答施群之批评》,《中国新书月报》2卷4、5合期。

7月

【25日】吴鲁星,《从民众错字想到通俗说文》,《山东民众教育月刊》3卷7期。

▲1933年

3月

［本月］闵中一,《汉字变迁之大势及今后应有之改良》,(浙江大学)《文理杂志》4期。

4月

【30日】徐则敏,《民众识字教育中的简字问题》,(浙江)《民众教育》季刊3卷2号。

7月

［本月］荣庚著,《颂斋吉全图录》,出版。书内序说考释全用简体字。

8月

【5日】陈君若,《别字的分析》,(浙江)《教育行政周刊》4卷49期。此书分条叙述别字的成因,并在书后列别字调查统计表。

10月

【22日】曹聚仁,《谈"别字"》,《申报自由谈》。

【28日】曹聚仁,《再张目一下》(续谈别字),《申报自由谈》。

【30日】高植,《别字与简字》,《申报自由谈》。

[本月]陈光尧,《简字论集续集》,出版。

11月

【1日】樊縯,《识字教育的基本问题》,(河南辉县乡村师范)《乡村改造旬刊》2卷22期。文中说到别字问题。

【3日】胡怀琛,《从别字说到整理中国字》,(上海)《晨报晨曦》(4日完)。

【6日】曹聚仁,《再从"别字"说起》(答高植高明两先生),《申报自由谈》(并见《论语半月刊》30期)。

【7日】何西亚,《整理中国文字的必要》,(上海)《晨报晨曦》(30日完)。此文很长,全篇分为十纲,如①重复字的应加删剔;②简体字的应加提倡;③俗语方言的应加釐订引用;④废的字应裁汰;⑤成语与典故的划分;⑥……

【11日】《救济汉字典提倡俗字》,(北平)《老百姓日报国语专刊》第59次。

【14日】高明,《别字与文字改革》,《时事新报青光》。

【16日】林语堂,《我的话——提倡俗字》,《论语半月刊》29期。文后附有陈光尧简写总理遗嘱及其解释。

12月

【3日】滢,《提倡俗字》,《大公报小公圃》(4日完)。

【16日】曲元,《俗字方案》,《论语半月刊》31期。

【30日】温锡田,《提倡"俗字""别字"?》,(北平)《世界日报》118期。

▲1934年

1月

【7日】国语统一筹备委员会在北平开第29次常务委员会,钱玄同委员所提《搜采固有而较适用的简体字案》,决议:通过;由钱玄同委员搜采编印,再组织委员会选定。案文见《国语周刊》123期。

【13日】浙江省立严州初中附小,《简体字的研究》,《浙江教育行政周刊》5卷20号。

2月

【17日】杜子劲,《奉天承运的俗字》,《国语周刊》125期。

3月

刘德瑞,《讲义上正俗字之商榷》,(山东)《小学问题》1卷7期。

5月

【27日】《大公报》载《改革汉字》新闻一则。大意说:陈光尧等发起汉字改革研究会,制订进行计划,期以十年内完成简字运动。

【30日】《世界日报》载《黎锦熙谈汉字改革问题》新闻一则。大意说:前日报载改革汉字会,本人并未与闻。陈光尧所提倡之简字不得谓之汉字改革,简字改革须拉丁化,即十七年公布之国语罗马字。

6月

【15日】周先庚,《美人判断汉字位置之分析》,《测验》2卷1期。文中谈到繁简字的问题。

【16日】杜子劲,《中国文字问题的由来》,《国语周刊》142期。文中对于简字运动略加批评。

【16日】徐则敏,《550个俗字表》,《论语半月刊》43期(45期完)。

【26日】陈光尧,《简字运动与识字运动》,《时事新报青光》。

9月

【20日】胡愈之,《怎样打倒方块字》,《太白》创刊号。全文以及题目,署名都用简俗字。如"怎样"作"怎羊","实行"作"石行","文穴不死",等等。

【22日】黎锦熙,《大众语文的工具书——简体字》,《国语周刊》156期(并见12月2日、4日《大公报》,《文化与教育》32期)。

11月

【5日】郑淑生,《关于写别字》,《太白》1卷4期。

12月

【1日】吴法军,《由"简笔字"说到农民识字问题》,(辉县乡村师范)《乡村改造》3卷25期。

【8日】陈光尧,《完成简字运动计划提要》,《国语周刊》167期(168期完)。

【15日】陈友琴,《中等以上学生应该写别字吗?》,(上海)《晨报晨曦》。

【25日】徐愚,《中等以上学生不应该写别字吗?——答陈友琴文》,《中华日报》动向。

【25日】钱玄同,《几句老话——注音符号G.B.,简体字》,(北平)《孔德校刊》(并见《国语周刊》174期)。

[本年]

编者,《简体字问题》,《芒种》半月刊9、10期合刊。

童仲赓,《简笔字的自然趋势》,《正中》半月刊1卷2期。

黎锦熙,《国语运动史纲》由商务印书馆出版。这是国语运动史上一部重要著作。

▲1935年

1月

【5日】国语统一筹备委员会,《为审查陈光尧的简字偏旁表复教育部文》,《国语周刊》171期。审查意见:认为陈氏对于简体字之研究,用力颇深,此次所拟简字偏旁表亦较前有进步。唯对于陈氏自拟新体之部,则认为未妥。

【18日】《中央日报》载《教育部编订简体字谱及铸造注音汉字铜模》新闻一则。内容大致为:教育部于本日函聘黎锦熙汪一庵两氏,草拟此项方案。

【26日】教育部召集谈话会,商讨简体字及注音汉字等问题,见26日《中央日报》,27、29日《申报》。

【26日】《世界日报》载《钱玄同关于注音汉字铜模及简字问题的谈话》。又载《陈光尧关于简字的谈话》。

【31日】《世界日报》载《关于推行国语及简字问题,教部会议详情》新闻一则,及钱玄同讨论简字的一封信。(并见31日,2月1日《大公报》)

2月

【5日】研因,《从白话文说到推行简体字》,《儿童教育》6卷7期。

【9日】《大公报》载黎锦熙《关于注音汉字铜模及简体字问题的谈话》。(并见《世界日报》,12日《申报》)

【9日】钱玄同,《与黎锦熙汪怡论采选简体字书》,《国语周刊》176期。(并见上月底各报,及《文化与教育》45期)

【12日】(北平)《晨报》载陈光尧谈话:简字的标准及意义。

【13日】《北平日报》社论载《改造文字之三要点》。论简体字问题。

【15日】(北平)《晨报》社论载《简体字之标准》。文后附陈光尧论简字问

题的信。

【15日】胡朴安,《别字不应该写》,《上海民报》。

【15日】蔡乐生,《为〈汉字的心理研究〉答周先庚先生》,《测验》2卷2期。文中论到繁简字与学习之难易问题。

【24日】佩弦,《论别字》,《独立评论》139期。

【24日】《申报》载《手头字之提倡》新闻一则。内载推行手头字缘起及第一期手头字表。(并见22日《时事新报》,25日《新闻报》)

按,手头字即简体字。发起者共二百人(多是文坛上知名人士),十五团体(各杂志社)。此次所选出者共300字,据他们的《推行手头字缘起》上说,他们"决定把手头字铸成铜模,浇出铅字,拿来排印书本"后来照样附有这缘起及字表的尚有:3月1日出的《文学》(4卷3号),《世界知识》(12号),《现代》(6卷2期),3月2日出的《新生》(2卷2期),3月5日出的《太白》(12期),3月10日出的《读书生活》(1卷9期),3月5日出的《芒种》(创刊号),只载起源,没有载字表。

上海组织手头字推行会,选定第一批手头字300个。二月间,由文化界200人和《太白》《世界知识》《译文》等15家杂志社共同发表《推行手头字缘起》。《缘起》说:"我们日常有许多便当的字,手头上大家都这么写,可是书本上并不那么印。识一个字须得认两种以上的形体,何等不便。现在我们主张把手头字用到印刷上去,省掉读书人记忆几种字体的麻烦,使得文字比较容易识,容易写,更能普及大众。"

与此同时,2月24日的《申报》及其他报纸,都登了"缘起"和第一批手头字表。

【25日】陈子展,《关于手头字》,《读书生活》1卷8期。

3月

【1日】馥泉,《手头字运动》,《现代》6卷2期。

【2日】老谈,《别字之类》,《国语周刊》179期。

【2日】北平《晨报》载《钱玄同病中编制简体字情形》新闻一则。内容大致是:简体字量数2000字至3000字之间,现已编制完成三分之二,预计3月上旬可草拟完毕;脱稿后,由黎锦熙赴南京,交教育部审核公布。第一批公布后,即

赶制第二批。

【10日】吕思勉,《反对推行手头字提倡制定草书》,《光华》3卷6期。

【16日】陈友琴,《活字与死字》,《申报自由谈》(17日停登,19日完)。

【20日】曹聚仁,《说辨字》,《芒种》2期。

【20日】丰子恺,《我与手头字》,《太白》2卷1期。

【24日】自迁氏,《提倡手头字不可废除正字》,《天津益世报》。

【25日】孙伏园,《简笔字的意义和用途》,《民间》22期。

4月

【1日】棱磨,《太活之弊》(关于别字问题),《申报·自由谈》。

【5日】雕菰,《存文会与简笔字》,《文饭小品》3期。

【10日】卞子温,《提倡简字不如直接提倡草字》,《文化与教育》50期。

【18日】李同愈,《手头字运动》,《中央日报·副刊》。

【20日】旅隼,《从别字说开去》,《芒种》4期。

【20日】陈光尧,《简字之采选问题》,《华北日报》(21日完)。

【25日】《从手头字谈到语文改革》(读书问答)《读书生活》1卷12期。

[本月]杜定友,《简字标准表》,中国图书馆服务社出版。

5月

【9日】张文正,《谈俗字》,《华北日报·每日文艺》157号(158号完)。

【17日】马仲殊,《别字问题》,(上海)《晨报·晨曦》。

【25日】史枚,《谈谈手头字》,《读书生活》2卷2期(转载)。

【25日】《国语周刊》191期载关于简体字的重要公文。

【26日】王了一(王力),《论读别字》,《独立评论》152号。

【30日】《北平晨报》载《北平研究院字体研究会编订简体字情形》新闻一则。略云:该会第一步积极搜集各种材料,第二步着手编订章草字典,标准在笔画少,易认,易学,易分,美观。

6月

【2日】曹菊,《语文问题》(批评胡愈之主张与手头字运动),《申报·业余周刊》。

【4日】国民政府行政院开二一五次会议,教育部长王世杰提倡推行简体字

案,议决:通过。推行办法分三项。略见5日上海各报,详见5、6日《中央日报》,6日《时事新报》。

【5日】乔木,《向别字说回来》,《芒种》7期。

【9日】秉,《文字的几种改革》(说到简体字),《申报时评》。

【10日】《天津益世报》社论载《推行简体字问题》。

【12日】《世界日报》社评载《文字通俗化与简体字》。

【12日】《世界日报》载《钱玄同所拟简体字表"清稿"即可全部竣事》新闻一则。说黎锦熙汪怡即将赴京,携该稿供教育部采用。(并见14日《大公报》,《北平晨报》)

【12日】潘广镕,《简笔字与手头字》,《文苑》1期。

【17日】黎锦熙汪怡到京,即赴教育部进谒王部长,详陈常用简体字表编订经过。(并见18日《中央日报》,《北平晨报》)

【18日】陈光尧,《常用简字表序》,《华北日报》(21日完)。

【20日】教育部开会审查简体字表及推行事宜(见20日及21日《申报》、《中央日报》)。

【22日】教育部开简体字表审查会议,自20日起,继续至本日,全部审查完竣,共17类,2200余字(见21、22、23各日《中央日报》《申报》等)。

6月,钱玄同的《第一批简体字表》起草告成,计2300余字(搜集经过,略具于他致王部长及致张司长两函中,见《国语周刊》191期)。黎锦熙和汪怡带着它出席了在南京召开的教育部的简体字会议。这个会议,由社会司司长主席,又科长科员二人,普通司司长科长二人,国语委员会常委二人,中央研究院及国立编译馆各聘专家一人出席,讨论三日,通过1230余字;最后由部长圈定324字,于民国二十四年(1935年)8月21日公布。是为《第一批简体字表》。

又黎锦熙添上《简体字之原则》及推行办法14条,《关于简体字的各方面意见的报告》

【23日】短夫,《由妇女文盲谈到简体字》,《世界日报·妇女界》。

【27日】《申报》载《简体字将推行全国》新闻一则(并见同日《时事新报》)。

[本月]容庚,《金文续编》,商务印书馆出版。内解说及序文全用简体字。

7月

【1日】子美,《识别字》,《芒种》8期。

【1日】林瑛,《对于简笔字的两点意见》,(天津)《北调月刊》2卷1期。反对简体字,提倡拉丁化。

【6日】《世界日报》载《黎锦熙昨谈简体字与注音汉字铜模》新闻一则。说是简体字先公布四五百字。

[本月]章荣,《简字的价值及应用之试验研究》,《中华教育界》23卷1期。试验结果:简字比繁字写得快,写得多,写得错误少,也比较容易认识。

8月

【1日】闵宗益,《汉字变迁之大势及今后应有之改良》,《东方杂志》32卷15号。主张改用简字。1933年3月《文理杂志》曾载有同样题目,作者为"闵中一",前后想系一人,但内容不尽同。

【12日】《申报》载《简体字明年一月实行》新闻一则。说是施行办法现已拟竣。(并见同日《中央日报》《天津益世报》等)

【12日】唐韬,《别字和正字》,《申报自由谈》。

【20日】绥靖,《为手头字运动辩护》,《北平觉今日报文艺地带》。

【21日】教育部公布《简体字表》第一批,共324字(略见22日上海、南京、天津各报,详见22、23日《中央日报》,24日《大公报》《申报》《时事新报》等)。后来《教育杂志》《教育短波》《山东民众教育月刊》《国语周刊》《中华教育界》等都有登载。

【22日】教育部制定简字推行办法九条,通令各省市教育厅局遵照。(略见23日上海、天津各报,详见23日《中央日报》《国语周刊》21期)

【22日】李岑,《关于手头字》,《觉今日报文艺地带》。

【24日】钱玄同,《论简体字致黎锦熙汪怡书》,《国语周刊》204期。

【25日】绥靖,《再说手头字——答李岑先生》,《觉今日报文艺地带》。

【25日】《华北日报》社论载《关于简体字之推行》。

【30日】《中央日报》载《简体字表小册印竣》新闻一则。说是已印就五万本,教育部令发各校应用(并见《上海晨报》)。

【31日】黎锦熙,《简体字之原则及其推行办法》,《关于简体字的各方意见

的报告》,《国语周刊》205 期。

9月

【14日】雷震在中央广播电台讲《简体字在识字运动上的意义》。见15、16日《中央日报》,后来南北各报有转载。

【19日】《申报》载《何健电中央不赞成简字》(长沙18日电)。

【20日】(上海)《晨报》载《简体字表选编经过》。(并见同日《申报》《时事新报》)

【20日】《中央日报》载《教育部积极推行简体字》新闻一则。说是已印就简体字表五万份,分送各机关学校团体。

【24日】《中央日报》载《教育部令发简体字表》新闻一则。说是23日检同简体字表十册,令发各省市教育局遵照(并见同日南北各报)。

【28日】史枚,《关于手头字》,《礼拜六》609 期。

[本月]杨晋豪,《从手头字到世界语》,《青年界》8 卷 2 期。

[本月]廉贞,《从提倡读别字到语文合一运动》,(苏州)《努力》3 卷 2 期。

10月

【2日】《申报》载《学术会宣传简体字》新闻一则。略云:南京学术研究会通知国内全体会员,宣传教育部颁布之简体字(并见同日《中央日报》)。

【2日】《南京朝报》载《教育部颁发简体字后,施行上困难丛生》新闻一则。说是徐宝瑞上书王教长对于简体字提出疑难。(并见3日《华北日报》)

【3日】国民政府通令采用简体字表:以后各种公文一律采用。(原令见6日《中央日报》)

【5日】张经,《讨论简体字(释徐宝瑞对简体字的疑难)》,《南京朝报》(6、7、8日停登,9日完)。

【5日】《简字问题的商榷》,《社会新闻》13 卷 1 期。

【5日】之光,《简体字在文字运动上的地位》,(北平)《新文字》3、4 期。

【7日】陈光尧,《为简体字呼冤》,《华北日报》(8日完)。

【20日】胡绳,《略论"手头字"》,(上海)《新文字》3 期。

【22日】(河南)《民报》载《何键反对简体字》新闻一则。略云:何键电请教育部收回成命,以重中国固有文化(长沙21日电)。

【25日】《中央日报》载《教育部推行简体字》新闻一则。说是1936年7月1日起实行,公文报纸课本均须采用。(并见同日《申报》《朝报》《大公报》)又载教育部社会教育司长张炯谈话,说是何键对于简体字只要求解释,并非绝对反对。

【27日】《南京朝报》小评载《简体字》对怀疑者加以解释。

【29日】太原存文会电请教育部《请勿强制推行简体字》(见11月1日《天津益世报》《北平晨报》)。

【30日】《申报》载南京平仓巷一号小学书法研究社发行《简体字范本》(依照公布之简体字表印制)。

11月

【9日】黎锦熙在北平大学女子文理学院讲《最近公布的简体字及注音汉字》(见11日《北平晨报》)。

【10日】顾良杰,《吾人对于简体字表应有的认识》,《教育杂志》25卷11号。

【16日】《国语周刊》216期载关于简体字公文两件。

【23日】《国语周刊》217期载《国语推行委员会审查欧阳溁简笔字之研究复教育部文》。

【26日】中国教育学会南京分会在南京湘蜀饭店开第二次全体会员大会,讨论注音汉字及简体字问题(见27日《中央日报》)。

【27日】杜荣旂,《关于"手头字"——中国语文改革的又一途径》,《河南民国日报》中原316期。

12月

【4日】蒲叶,《拉丁化才是正确的路——关于手头字的批判》,《河南民国日报》中原324期。

【9日】《中央日报》载《香港存文会对简体字表质疑》:列举理由通电党政机关,请饬教育部取消强迫执行(所举理由略同太原存文会电教育部文)。(并见11日《天津益世报》)

【10日】《中央日报》载教育部社会教育司长张炯谈话:1936年7月1日起采用简体字,课本不用简体字者停售,关于字模已在定铸。

【10日】顾良杰,《简体字在民众教育上的价值》;方天游,《简体字注音符号与民众语文教育》,《教育与民众》7卷3期。

【12日】葛定华,《简体字应否强制推行》,《中央日报》(13日完。并见14—17日《天津益世报》)。

【14日】李朴人,《也谈"手头字"——质之于杜荣旂先生》,《河南民国日报》中原334期。

【14日】《天津益世报》社论载《简体字势在必行》(驳香港存文会对于简体字表的质疑)。

【19日】李家瑞,《简体字与存文会》(驳香港存文会的公电),《中央日报》副刊406期。

[本年]

开封女中代售杜子劲的《简体字》。

▲1936年

1月

周学章,《繁简字体在学习效率上的实验》,《教育杂志》,26卷1期。

3月

杜子劲,《简体字的纵横论述——〈简体字〉自序》,刊登在《山东民众教育月刊》7卷3期,后附作者自编《简体字年谱》。

6月

【20日】黎锦熙,《简体字论》,《世界日报》。

[本月]语文,《简体字的"重量"》,《青年文化》3卷3期,认为简体字的意义不大,是没有太大作用的东西。

王了一(王力)在《独立评论》第205期发表《汉字改革的理论与实践》。文中谈到"一个汉字改革方案成功的条件是什么"时说:"文字是'约定俗成'的东西,是社会的产品,只有社会的大力量才能改造它。它的成功条件就是努力,好坏的程度只是次要的问题。"

胡适在《独立评论》上发表《国语与汉字——复周作人书》,认为文字是最守旧,最难改革的东西。汉字是联络整个民族的感情思想的唯一工具。

7月

【8日】邹韬奋在香港《生活日报》发表《简易文字与大众文化》一文。

［本月］张文正,《由汉字史观论到简体字的推行》,《细流》第7期。

8月

沈有乾,《简体字价值的估计方法》,《教与学》1卷8期。

12月

艾伟,《从汉字心理研究上讨论简体字》,《教与学》1卷12期。

［本年］

容庚,《简体字典》,收4445字。他还在燕京大学开设简体字课。

陈光尧,《常用简字表》出版,收3150字。

黎锦熙,《注音符号与简体字》,《文化与教育》93、94期。

袁伟,《关于简体字》,《中学生》（上海）,63期。

天马书店出版郭挹清的《手头字概论》。

▲1937年

3月

【30日】薛鸿志,《汉字简正写法之比较》,《师大月刊》32期。

5月

周学章、李爱德,《繁简字体在学习效率之再试》,《教育杂志》27卷5月号。

［本年］

字体研究会发表《简体字表》第一表,约收1700字。

▲1938年

陈光尧,《抗敌救国必速推行简字》,《今论衡》1卷10期。

陈光尧,《科学教育与简字》,《今论衡》1卷11期。

周亚卫,《复兴字》,《今论衡》1卷12期。

陈光尧,《简字运动概说》《复兴字商兑》,《今论衡》2卷2期。

▲1939年

1月

【1日】胡怀琛,《论简易字之形成》,《说文月刊》1卷1期。

［本年］

语言学家、文字改革理论家钱玄同(1887—1939)逝世。

▲**1940 年**

王力著《汉字改革》出版。该书分析了现行汉字的优缺点及改革的可能性,并提出改革方案。

▲**1941 年**

出版家陆费逵(1886—1941)逝世。

世界书局出版陈耐烦的《中国文字的过去现在和将来》。

▲**1943 年**

4 月

柏寒,《有根据的简笔字》,《国文杂志》(桂林)1 卷 4、5 期合刊。

▲**1946 年**

曹伯韩,《简体字的检讨》,《桂林师范学院丛刊》创刊号。

▲**1947 年**

5 月

张公辉,《国字整理和发扬的途径》,《说文月刊》5 卷 5、6 期合刊。

[本年]

艾伟,《汉字心理研究之总检讨》,《教育杂志》。

▲**1948 年**

8 月

张世禄,《汉字的简化运动》,《学识》2 卷 8 期。

▲**1949 年**

7 月

【23 日】吴玉章在全国教育工作者代表会议筹备会开幕式的讲话中谈到汉字改革时认为,"中国文字必须改造成为简易的、现代的、进步的文字"。

8 月

【25 日】吴玉章写信给毛泽东主席,请示文字改革问题。信中提出文字改革的三个原则,其中之一就是整理各种汉字的简体字,并提出应着手编新文字、汉字、简体字混合字典。毛泽东接到信后,立即将信转给郭沫若、马叙伦、沈雁冰审议。郭沫若、马叙伦、沈雁冰于同月 28 日复信毛泽东,基本同意吴玉章所

拟的文字改革的三个原则。29日,毛泽东复信吴玉章,并附郭沫若、马叙伦、沈雁冰三人讨论文字改革的信,请吴玉章与范文澜、成仿吾、黎锦熙对郭沫若、马叙伦、沈雁冰的意见座谈讨论一次,并"以集体意见见告"。

10月

【6日】中国文字改革协进会在华北大学举行最后一次发起人会议,会上决定把会名改为中国文字改革协会,并于10月10日在北京举行成立大会。

【20日】中国文字改革协会举行第一次理事会,到会的近40人。理事会认为目前如何使汉字简体化和标音化,也是一个极值得注意的问题。

12月

【4日】中国文字改革协会在华北大学召开第一次常务理事会。会上通过了常务理事会的组织大纲;选举吴玉章为常务理事会主席,黎锦熙、胡乔木为副主席;推定吴玉章、黎锦熙、胡乔木为方案研究委员会正副主任,黎锦熙兼汉字整理委员会主任,罗常培为地方语文研究委员会主任,叶圣陶为编审出版委员会主任,聂真为常务理事会秘书处主任。

[本年]

艾伟著《汉字问题》由上海中华书局出版。

▲1950年

3月

【12日】《新建设》第2卷第2期发表陆志韦的《目前能做些什么》。他指出,新文字还得待一个时期才有出路,目前应该积极地推行简字。

7月

【10日】吴玉章召开中国文字改革协会干部会议,会上传达了毛泽东主席的指示,文字改革应首先办"简体字",不能脱离实际,割断历史。

【31日】中央人民政府教育部根据毛泽东主席要求教育部对常用字、简体字和一般文字改革问题多加研究的指示,邀请在北京的语文研究者30多人座谈文字改革问题。与会者认为应考虑设立研究文字改革的机构,推进文字改革工作,提出了组织中国文字改革研究委员会的建议。

本月

东方书店出版张芷的《论中国文字改革的统一战线》一书。该书主要内容为:①中国文字改革的历史发展;②论拼音文字;③论汉字淘汰;④论简体汉字;⑤文字改革的统一战线。

8月

【9日】中央人民政府教育部社会教育司简体字研究组举行关于简化汉字的第一次座谈会。会议草拟了简体字选定原则草案:①整理选定已经通行的简体字,必要时根据已有简字的简化规律,加以适当的补充。②所选定补充的简体字,以楷体为主,间或采取行书、草书,但必须注意容易书写和便于印刷。③简体字的选定和补充,以最常用的汉字为限,不必为每一繁难的汉字制作简体。④简体字选定后,由教育部报请中央人民政府政务院公布实行。

9月

【17日】《大公报》发表陈榕甫的《从汉字的发展谈到简体字的应用》。文章认为:"文字改革并不是一蹴而就的事。毛主席在《新民主主义论》里面说过:'文字必须在一定条件下加以改革',今天这'一定条件'显然并不具备,或者说,准备还不周全,时机还不成熟。""直到今天,拉丁化新文字还不曾脱离设计和实验的阶段……""既然文字改革在今天还不具备条件,那么我们只得暂时就汉字本身加以改良,使它成为发展大众文化的工具。改良方案之一,便是简体字的广泛推行,而这在今天完全有其可能与必要。"

【20日】中央人民政府教育部和中华全国总工会联合召开第一次全国工农教育会议。会上卢正义、王芝九等21人联合提出《建议设立中国文字改革研究机构和确定汉字注音方案》的提案。提案建议:①整理和简化汉字,选定和公布常用字和简体字;②确定北方话拉丁化方案和注音字母为学习汉字的拼音工具。

【25日】中央人民政府教育部召集出席全国工农教育会议的部分代表举行文字改革座谈会。出席座谈会的有韦悫、张宗麟、吴研因、郑之冬(林曦)、田乃钊、洪深、高元白、杜松寿(拓牧)、卢正义、方语言、倪海曙等。座谈会就汉字改革的方向和领导机构、简体字问题、常用字问题进行了广泛的讨论。

[本月]中央人民政府教育部将《常用汉字登记表》及简体字的选定原则分送各有关方面和语文工作者征求意见。后陆续收到11个团体和52位语文工作者的意见,他们对简体字的选定原则提出的意见,主要有两点:①选定简体字

应该遵循约定俗成的原则。《常用汉字登记表》中的许多简体是各家自创的,缺乏群众基础,这些字不能马上推行。应该把确实已经通行的简体字加以整理、确定,然后予以推行;②草书楷化的简体字有它的优点,但是,弧形交叉和笔画的勾连,使得汉字的字形差别减少,不仅增加初识字人认读和书写的困难,而且草书楷化的形体远不及正楷体那样结构匀称、美观。因此草书楷化字体不适于印刷,只有少数楷化的草书简体可以采用。根据征集的意见,中央教育部社会教育司重新考虑了选定简体字的原则,决定完全根据"述而不作"的精神选定简体字。

中央人民政府教育部编订常用字和简体字登记表及其选定原则。

《光明日报》副刊《新语文》第 19 期发表《苏联朋友关心中国文字改革》。这是苏联《新时代》杂志第 30 期发表的一篇对读者的问题解答。读者的问题是:"有好些人……相信中国字写法的根本改革在最近期内就会实现,将来学习中国语文要容易得多……因此对于学习中国文字有所迟疑。另一方面,也有人相信这种改革是不可能的,或者至少目前办不到。我们希望《新时代》来解答这一问题。"《新时代》的答复是:"中华人民共和国中央人民政府正在采取步骤简化这种字体(指现行汉字——编者按)。一个全国性的'文字改革协会'已经在 1949 年 10 月里成立……它的目的是减少字数,简化字形,最后发展成为一种拼音制度的文字。"

10 月

【1 日】天津《进步日报》发表叶恭绰的《整理通用字(即汉字)及规定其简写法(即简体字)的一套办法》。

【14 日】《新文字周刊》第 42 期发表吴廉铭的《新文字和简化汉字》,提出:"简化汉字是一座桥梁,是方块字过渡到拼音的新文字不可少的工作。这期间还应当在格式方面开始向着拼音文字的方向走。"

[本月]中央人民政府教育部编成第一批简体字表初稿(计 550 字)。

11 月

【29 日】中国文字改革研究委员会筹备会举行第二次会议,原则上通过了常用字研究工作报告和常用字表,讨论了简体字研究工作报告和第一批简体字。

▲1951年

5月

【12日】易熙吾,《采用简体字》,《光明日报》第6版。

［本月］中央人民政府教育部社会教育司编制出《第一批简体字表(初稿)》(计555字)。

6月

【11日】在6月11日至23日召开的"台湾省参议会第十一次大会"上,"省参议员"马由岳向"省参议会"提出:"请政府办制常用简易汉字,限制使用奥僻文字,以利人民辨认。其办法为:一,请专家选定常用而简易的汉字若干,公布为通用文字。二,政府一切公文刊物和学校课本一律采用通用字,不得再用僻字。三,所用奥僻文字留供专家考古研究之用。"这个提议经大会决议通过。据说,这是1949年国民党当局"迁台后,首先提出'简化字问题'于公开场所而做成公文书的"。

8月

【1日】《人民教育》第4卷第2期发表曹伯韩的《新语文运动中的一些思想》。文章认为目前在进行的整理和简化汉字等还"不属于新语文运动的主流,它的主流在于有根本改革意义的拼音文字运动"。

9月

【5日】黄若舟,《对于汉字整简的意见》,《大公报》第5版。

【12日】郭绍虞,《我对简体字和怪字的看法》,《大公报》第5版。

【19日】《大公报》第5版发表郭绍虞的《从字体演变中看简体字》和泰羊的《由方块字谈到简字》。

10月

【24日】齐培墉,《简字的构成方法》,《大公报》第5版。

【31日】祝□□,《论简体字》,《大公报》第5版。

11月

【29日】中国文字改革研究委员会筹备会举行第二次会议,讨论了《简体字研究工作报告》和第一批简体字。

［本月］中央人民政府教育部调整机构,把文字改革研究工作从社会教育司

分出,设立中国文字改革研究委员会秘书处,由林汉达兼任秘书主任,曹伯韩、郑之东为副秘书主任,专门负责进行文字改革问题的研究,并进行中国文字改革研究委员会的筹备工作。

12月

【26日】周恩来总理指示在文化教育委员会下设立一个中国文字改革研究委员会。经马叙伦、郭沫若、吴玉章、胡乔木共同商讨后,把会上情况及拟定的委员会名单上报毛泽东主席、周恩来总理,并得到批准。中央人民政府政务院文化教育委员会第31次委务会议,决议设立中国文字改革研究委员会。主任委员马叙伦,副主任委员吴玉章,委员丁西林、吴晓铃、林汉达、季羡林、胡乔木、韦悫、陆志伟、陈家康、叶恭绰、黎锦熙、魏建功、罗常培。委员会下设拼音方案组、汉字整理组、教学实验组、编辑出版组、秘书组。

【30日】黄绮,《从学生的写作来谈简笔字》,《光明日报》第3版。

▲1952年

1月

【17日】"台湾省议员"林汤盘在临时省议会提出:"请政府在改编小学课本时,尽量采用注音符号、减少笔画太多的字,以利国民教育。""经大会通过,请政府办理。"

2月

【5日】中国文字改革研究委员会召开成立大会。副主任吴玉章在发言中首先对以往在文字改革问题上的错误认识进行了自我批评,这些错误认识是:①认为文字是上层建筑,是有阶级性的。②没有估计到民族特点和习惯,认为汉字可以立即用拼音文字来代替。③没有认真研究怎样才能配合显示,适应历史。接着,他传达了毛泽东主席关于首先进行汉字的简化,搞文字改革不要脱离实际的指示。会议修正并通过了委员会1952年的工作计划纲要,其中包括整理汉字并提出其简化方案(包括印刷体和书写体的简化方案、整理汉字的办法)。

[本月]中国文字改革研究委员会协助新建设杂志社宴请研究委员会和语文研究工作者共10人,分别就文字改革的各个主要问题撰写专文,在《新建设》1952年2月号至6月号上开辟《中国文字改革问题》特辑。第1期发表了魏建

功的《从汉字发展的情况看改革的条件》、曹伯韩的《关于汉字整理和简化的各种意见》(文章汇集了各方面对缩减通用汉字数目、减少汉字笔画、加强汉字音符性的意见)、易熙吾的《简体字的几个问题》等。后来汇编成《中国文字改革问题》一书。

3月

【12日】中央人民政府政务院文化教育委员会主任郭沫若向毛泽东、刘少奇、周恩来等中央领导转呈中国文字改革研究委员会主任马叙伦、副主任吴玉章草拟的关于中国文字改革研究委员会成立的报告和1952年工作计划纲要。3月22日,毛泽东主席看了这份报告,批示"同意这个报告"。

【25日】中国文字改革研究委员会汉字整理组召开第一次会议,会议决定当前工作任务中心为简化汉字,并决定以本会筹备会期间选出的第一批简体字为基础,草拟简化汉字笔画和精简字数的方案。出席会议的有魏建功、黎锦熙、季羡林、林汉达、叶恭绰、曹伯韩、郑之东、易熙吾。叶恭绰主持了会议。林汉达首先传达了马叙伦的意见:汉字整理目前主要是简化汉字,简化最好能有规律。汉字大部分是形声字,简化后最好保留形符,声的部分必须注意和原有符号读音县共同。与会者对此意见有分歧。魏建功、黎锦熙主张有规律;叶恭绰认为汉字本身规律不严,简化后更难寻,应以大众易认易读为主。关于限制汉字数量的问题,多数人认为是以后考虑的事。

5月

【16日】中国文字改革研究委员会汉字整理组召开第二次会议。经过讨论,通过制订第一批简体字表的四条原则:①已有通行简体的字,以述而不作、不另造简体为原则,但无通行简体而笔画较多的较常用字,不妨另找简体;②简体字以印刷体为准,构造宜注意与手写体相近。偏旁简化可以类推;③异体字另行处理,代用字暂不列入本表;④简体字表公布时,以简体字为主,附注繁体字。会议根据以上原则,就秘书处整理的"各委员对第一批简体字表的意见"逐字讨论,初步决定了第一批简体字的草稿。

[本月]《语文知识》第5期发表魏凉的《关于简体字》。

6月

【5日】中央人民政府教育部公布选有1500字的《常用字表》,后又由中国

文字改革研究委员会秘书处突击选出500字作为补充常用字,合计2000字。

【21日】中国文字改革研究委员会汉字整理组召开第三次会议。主任委员马叙伦做了重要指示。会议决定第一批简体字数为500个,暂时先定范围在常用字表及补充常用字的2000字以内。这500字将由小组研究选出,并在取得一致意见以后,提交研究委员会全体委员会议讨论决定。

7月

《语文知识》第7期发表鲁丁的《简体字产生的时代》和倪海曙的《打翻火柴盒》。

《新建设》杂志社出版《中国文字改革问题》特辑的单行本。

8月

【20日】《中国语文》8月号读者来信专栏中发表张琇的《关于简体字》。

【26日】中国文字改革研究委员会召开第二次全体委员会议。马叙伦主持会议。他传达了毛主席指示:要对汉字进行有规律的简化,还要规定草书形式。

9月

【20日】《中国语文》9月号发表丁西林的《现代汉字及其改革的途径》。文章简述了对汉字进行改革的途径,将基本字方案、基本声音字方案、简笔字方案、改良形声字方案和拼音字方案等几种改革汉字的方案加以比较。

[本月]东方书店出版郑林曦著《中国文字为什么必须改革》。这是作者从1949年到1952年间所发表的部分有关文字改革问题的论文汇编。

10月

【14日】中国文字改革研究委员会汉字整理组召开第四次会议。叶恭绰、黎锦熙、魏建功、季羡林、丁西林等出席。会议在原订695个简字基础上又增加5个简字,订出700简字表。会议还提议立即着手进行制订简字手写体、全面整理汉字和整理异体字等几项工作。

【20日】《中国语文》10月号发表了魏建功的《汉字发展史上简体字的地位》,保琦的《谈谈简化汉字的几种方法》和蒋希文、邵荣芬的《明末"兵科抄出"档案中的简字》等文章。

11月

【5日】中国文字改革研究委员会汉字整理组召开第五次会议。出席会议

的有叶恭绰、魏建功、黎锦熙、丁西林、季羡林等。会议通过了编制 700 简体字的具体规定,同时责成丁西林对秘书处收集的异体字进行选择。

[本年]

中国文字改革研究委员会汉字整理组拟出《常用汉字简化表草案》第一稿,收比较通行的简体字 700 个。该稿曾送毛泽东主席批阅。

新建设杂志社出版《中国新文字问题讨论集》。

▲1953 年

2 月

【20 日】中国文字改革研究委员会汉字整理组召开第六次会议。会议传达了毛泽东主席关于简化汉字的有关指示,根据这些指示讨论了汉字整理组 1953 年的工作计划。

3 月

【25 日】中国文字改革研究委员会召开第三次全体委员会会议。主任委员马叙伦向会议做了 1952 年工作总结报告,报告中谈到汉字整理组选拟的第一批简体字送给毛泽东主席审阅,毛泽东主席认为过去拟出的 700 个简体字还不够简。做简体字要多利用草体,找出简化规律,做成基本形体,有规律地进行简化。汉字的数量也必须大大简缩,只有从形体上和数量上同时精简,才算得上简化。会议还讨论了 1953 年工作计划的纲要。

【31 日】"台湾省政府"奉台湾"教育部"令,转令"禁止各校学生写简体字及日化变相汉字"。

[本月]易熙吾,《草书楷化的简体字》,《语文知识》第 3 期。

4 月

【3 日】中国文字改革研究委员会汉字整理组召开第七次会议。会议讨论通过了"汉字整理的工作计划"。要点如下:一,汉字字形简化的工作,今后要和汉字字数精简工作结合起来,成为全部通用汉字的整理。二,开始工作时,一方面进行精简通用汉字数目的研究,一方面搜集草化简体字的资料,研究一般简化规律进行常用字的简化工作。三,精简汉字的几个原则:①精简通用字数,以减少到 3000 个以下为目标。②精简汉字的研究必须以现代汉字为基础。凡现代汉字所不用的字一律删除。③精简汉字采用以下三项办法:A. 删除;B. 同音

代用;C.拼音化。但一部分专用字可以暂存。四,字形简化的办法和进行程序:①研究草书规律,拟制草化简体字的组成部分。②根据以上研究结果,将精简后的通用汉字全部改成草化简体字。该计划将送请主任委员批准。五,会议决定:①汉字整理的结果不应等精简汉字工作全部做好后再公布,一部分研究有了结果,就可以在刊物上用初稿形式发表,征求意见;②在研究精简汉字过程中由秘书处承担的具体工作,每做出一部分后,立即提请委员审核。

［本月］贡树勋,《谈简体字和错别字》,《语文知识》第4期。

台湾地区"教育部"为顺应民意机关的呼吁,邀请对文字学有研究有兴趣的专家,举行简化汉字座谈会。

6月

【22日】《中国语文》6月号发表了曹伯韩的《精简汉字问题》。这一期还刊登了中国文字改革研究委员会第三次全体会议讨论纪要、1953年工作纲要和汉字整理的工作计划。

［本月］李克萍,《在工人中推行简体字的一点体会》,《语文知识》第6期。

台湾地区"教育部"设立"简体字研究委员会",聘请委员15人。

9月

【6日】中国文字改革研究委员会汉字整理组编成供印刷上代替繁体字用的《简体字表稿》,共收编700字。

【10日】台湾"中国国民党中央委员会举行总理纪念周","党史编纂委员会主任委员、考试院副院长"罗家伦就中国文字简化问题发表讲演,认为中国文字必须保存;但如欲保存中国文字,则必须简化中国文字,使广大民众易于学习。罗家伦在讲演中,引用了蒋介石的意见:标语用字的时候,应该尽力避免十画以上的难字。因为十画以上的字,在一般识字不多的高小学生的心目中,就多少要费解。蒋介石还曾说过:为大众写的文字而不能大众化,那如何望其有效!我们须知文字是大众达意表情、取得知识和争取生活的工具……所以简体字的需要,是生活的需要、时代的需要。

10月

【1日】在中国共产党内设立中央文字问题委员会,并在中南海召开第一次会议。设立这个委员会是为了协调党内对文字改革的不同意见,研讨文字改革

工作上的重大原则和实行步骤问题,并向中央提供切实可行的意见。委员34人,都是党内热心文字改革或对语言文字有研究的人士。董必武、徐特立、吴玉章、谢觉哉、成仿吾、胡绳、聂真、胡锡奎、张照、郑之东等都是委员。主任胡乔木,副主任范文澜。

【12日】中国文字改革研究委员会汉字整理组召开第八次会议。会议进行了有关汉字整理问题的讨论。会议认为,对于汉字整理应注意的问题有:①同音代替要从词的方面考虑,不要单从字上来考虑;②要考虑到代替字与被代替字的常用程度;③汉字整理组目前的工作过于急促,应缓一些;④同音代替字不要太多;等等。

【19日】中央人民政府政务院文化教育委员会聘任韦悫为中国文字改革研究委员会副主任委员,负责主持日常会务。聘任董纯才为中国文字改革研究委员会委员。

11月

【7日】中国文字改革研究委员会汉字整理组召开第九次会议。出席会议的有吴玉章、黎锦熙、叶恭绰、董纯才、丁西林、季羡林、魏建功等。

【21日】中国共产党中央文字问题委员会举行第二次会议,研究了整理和简化汉字问题,最后根据中国文字改革研究委员会一年多来研究的材料,向党中央写了请示报告,提出目前较有准备可以首先实行的四项初步改革办法,其中之一便是推行简化字。

[本月]中国文字改革研究委员会提出《精简汉字工作的报告》。报告中提出汉字必须从形体上和数量上同时进行有系统的简化;工作程序是先精简数量,然后简化形体。

中国文字改革研究委员会秘书处编印《7635字分类表》,供精简汉字时参考。

中国文字改革研究委员会汉字整理组拟出《常用汉字简化表草案》第二稿。收广泛流行、笔画较简的简体字338个。

12月

【20日】《中国语文》12月号发表易熙吾的《同音假借是精简汉字的一个方法》、郑林曦的《汉字同音代用规律的初步研究》和陈光尧的《谈精简汉字》以及

读者来信《对整理和简化汉字的意见》等文章。

【26日】中国文字改革研究委员会汉字整理组召开第十次会议。郑之东首先传达了中共中央宣传部队汉字整理工作的四点意见:①实行简体字。采用通行的简体字3400个,另外整理出通行简字的偏旁,依偏旁类推。不必怕改变铜模。②统一异体字,有简字的以简字为正体;③选定一般必学的常用字1500个。④夹用拼音不宜太多。会议根据中央宣传部意见决定:①以1500常用字整理工作为中心工作;②整理异体字;③进行字形简化。

▲1954年

1月

【6日】胡适在台湾《国语日报》欢迎会上答问。有人问:"简字是不是要加以规定?"胡适说:"我很赞成简字。不过简字怎样来的呢？我认为是慢慢承认的……定一个标准,恐怕不容易。"

2月

【22日】中国文字改革研究委员会汉字整理组召开第十一次会议,并于2月26日召开了第十一次会议的第二次会议。两次会议对秘书处新提出的《偏旁简化表》及《常用字分类简化表》进行了讨论。

台湾国民党"立法委员"廖维藩因为不满"党史编纂委员会主任委员、考试院副院长"罗家伦提倡简体字的主张,拟定提案,连署者共106人。案由是"为制止毁灭中国文字,破坏传统文化,危及国家命脉,特提议制定文字制定程序法,以固国本案"。提案中斥责研究简体字的人们是"和共匪隔海和唱,共同为民族文化的罪人",是"不肖的知识分子",诬蔑他们的主张为"类似匪谍行为"。这个提案经"立法院"会议热烈讨论后,决议交教育、内政、法制三个委员会审查。审查时还邀请台湾省"教育部长"程天放和学者专家列席报告和发表意见。台湾中国文字学会于1955年10月将各方意见辑印成《中国文字论集》上下两册。著名甲骨学者董作宾在"立法院"发言时主张推行正体字,在不影响正体字原则下,可以整理简体字,简化一部分字体,并且把简化了的字做成一部标准字典,三四千字,除了这些字以外就不许再写另外的简体字或俗字。

[本月]中国文字改革研究委员会汉字整理组拟出《常用汉字简化表草案》第三稿,收简体字1634个。

3月

【17日】《光明日报·文字改革》双周刊创刊。第一期发表了韦悫的《有计划、有步骤地改革中国文字,使它更有效地为社会主义建设服务》。文章分五点叙述了文字改革工作的近期内容。这一期刊登的文章还有曹伯韩的《要采用简体字来排印书报》。

台湾"党史编纂委员会主任委员、考试院副院长"罗家伦在台湾《中央日报》发表题为《简体字之提倡甚为必要》的长篇文章,此文连载四天才登完,后由"中央文物供应社"印成单行本,书名为《简体字运动》,分送"立法委员"。这是罗家伦从1953年3月在师范学院谈简体字起,一年来讲演座谈等的总结,目的是让大家了解简体字的重要,希望大家支持他的主张,并借以对"立法委员"廖维藩的反对主张加以说服。

5月

【20日】《中国语文》5月号发表刘文英的《汉字的简化问题》和江缘僧的《可以推行简体字》等文章。

【26日】台湾"立法院教育、内政、法制三委员会",在中山堂堡垒厅举行联席会议,报告最近受到的各界人士对简化文字的书面意见,并邀请文字学家林尹、程发轫、宗孝忱等列席发表对简化文字问题的意见。

6月

中国文字改革研究委员会汉字整理组编制了《常用字简化表草案》第四稿。

7月

【10日】中国文字改革研究委员会汉字整理组召开第十二次会议。会议基本通过《常用字简化表案》(第四稿)。

【15日】中国文字改革研究委员会召开第四次全体委员会议。叶恭绰代表汉字整理组报告了汉字整理和简化工作进行的情况。会议对汉字整理工作进行了讨论,并授权韦悫、叶恭绰、丁西林、叶圣陶、魏建功、林汉达委员和曹伯韩组成七人小组,审核秘书处根据各位委员的书面意见整理而成的《印刷体简体字表》和《异体字统一写法表》。

【22日】《中国语文》7月号发表陈光尧的《节约偏旁的规律》。

【21日】中国文字改革研究委员会汉字整理七人小组召开第一次会议,特

邀罗常培、叶籁士参加。会议由韦悫主持。会议就简化汉字问题交换了意见,并议决了工作原则:①以现有简体字和行草书为基础,对印刷、手写二体合并处理。②异体字基本上以同音同义为范围,选定一个简单的。未简化的暂时不搞。③代用字已经约定俗成的可以采取,其余作为疑问征求意见。④标准字可选二三千,多选些,然后分批完成。

8月

【22日】《中国语文》8月号发表陈文彬的《日本的文字改革问题》,还刊登了《中国文字改革研究委员会第四次全体会议纪要》。

［本月］《新建设》8月号发表林传鼎的《方块字的简写》。

9月

【22日】《中国语文》9月号发表徐化文的《对于汉字简化的初步意见》。

［本月］中华书局出版丁西林等著的《汉字的整理和简化》一书。

10月

中国文字改革研究委员会呈报《关于整理汉字的报告》,并将《常用汉字简化表草案》第五稿作为报告的附件上报中央。报告第一部分概述了整理简化工作的过程;第二部分叙述了汉字整理简化的原则;第三部分拟定了汉字简化的步骤。

11月

【22日】《中国语文》11月号发表吴炽堂的《简化汉字不应取消词的形态区分》。

【30日】中国文字改革委员会常务委员会举行第一次会议,讨论由中国文字改革研究委员会经过五次修改拟成的"803个简体字表",决定分为三个表:①《798个汉字简化表草案》;②《拟废除的400个异体字表》;③《汉字偏旁手写简化表》。

［本月］中共中央发出《关于讨论汉字简化方案的指示》,并附中国文字改革委员会主任吴玉章关于整理汉字问题向中央的请示报告。《指示》指出:"我国汉字有很多缺点,必须'在一定条件下加以改革',而最初步的改革就是简化汉字笔画,使初学者容易书写,并使印刷体和通用的书写尽量趋于接近和一致。"

中央对中国文字改革研究委员会的报告作出批示,批示中说"中央同意这个报告……这个汉字简化方案草案将在个别报纸刊物上公布和使用,借以征求读者意见;同时,文改会不久将与教育部联合向各省市教育局发出汉字简化方案草案,广泛征求意见,望告各教育厅局在收到后分发各高等学校、中等学校、城镇中的高级小学、中大城市的完全小学的语文教师以及其他有关社会人士,并可有重点地召集一些座谈会,请他们在阅读后或座谈后对草案提出个人意见或集体意见",由各省市教育局将意见汇总交文改会统一处理。

12月

【23日】中国文字改革委员会举行第一次全体会议,正式宣告成立。原来的中国文字改革研究委员会即日起撤销。会上吴玉章作了报告。他说:"前中国文字改革研究委员会改组成中国文字改革委员会,这不仅仅是名称的改变,而是机构性质的改变。过去基本上是研究机构,现在就不同了,不能仅仅做研究工作,而应该走到人民中间去,走到生活中间去,根据政府的政策,采取切实可行的步骤来推行各项文字改革的具体工作,把文字改革运动向前推进一步。"他在报告中还提出了1955年的工作任务:"要发动全国讨论《汉字简化方案(草案)》,要继续整理汉字,编订汉字标准字表。"会议最后通过了《汉字简化方案(初稿)》和《1955年工作计划大纲(草案)》。

[本年]

东方书店出版曹伯韩的《新语文评论集》。

▲1955年

1月

【3日】中国文字改革委员会召开第五次常务会议。会议讨论修改了中国文字改革委员会组织大纲,讨论了《汉字简化方案草案(初稿)》的修改问题。会议决定:将"初稿"二字删去;三个表不改动;"说明"部分做必要的修改,"说明"中采用古体字、同音代替和声旁简化可补充举例说明。

【4日】中国文字改革委员会召开第六次常务会议。会议讨论修正通过由叶籁士修改的《汉字简化方案草案说明》;讨论修正通过《汉字简化方案草案》的意见表。

【7日】教育部、中国文字改革委员会联合发表《汉字简化方案草案》(包括

三个表:《798个汉字简化表》《拟废除的400个异体字表》《汉字偏旁手写简化表》),并在全国各地组织讨论,征求意见。

【8日】中华人民共和国教育部、中国文字改革委员会发出联合通知,征求对《汉字简化方案草案》的意见。

【20日】中国文字改革委员会主任吴玉章在国务院全体会议上做《关于整理汉字问题的报告》。报告分三部分:整理工作的经过、整理简化的原则和逐步推行的步骤。报告中说,中国文字改革研究委员会在1951年筹备期间开始搜集简体字,曾经初步选出比较通行的简体字500多个。1952年中国文字改革研究委员会正式成立后,把常用字中笔画太繁而没有通行简体的字,依照草书楷化的原则,较有系统地加以简化,拟出了《常用字简化表草案》第一次稿,共700个简体字,包括以前所选的简体字在内。1953年又开始进行整理全部通行汉字的工作,首先就是数量上试行精简。由于精简字数的研究工作,特别是字的选择,一时不容易得到全面的结果,而简体字的推行和异体字的统一又有迫切需要,于是决定在700个简体字中首先选定普遍流行的简体字338个,并在精简字数方面拟定了《异体字统一写法表草稿》,这就是《常用字简化表草案》第二次稿(1953.11)。在这个基础上又根据行草书简化偏旁并加以类推的办法来扩大简化范围。在2000个常用字范围内,共简化了1934个字。这是《常用字简化表草案》第三次稿(1954.2)。1954年4月根据各方意见又把第三次稿加以修改,在原有的简化字表之外,另外增加《书写体简化表》,把根据行草书笔画简化的字列入《书写体简化表》。此外,对某些简化不够的字作了必要的修改,遗漏未简的常用字也做了一些补充。这就是《常用字简化表草案》第四次稿。1954年7月第四次稿经过汉字整理组第十二次会议原则上通过,由叶恭绰、林汉达、曹伯韩加以整理后提交中国文字改革研究委员会第四次全体委员会议讨论并得到原则同意。会议授权韦悫、叶恭绰、丁西林、叶圣陶、魏建功、林汉达、曹伯韩等7人再加整理。整理范围由2000个常用字扩大到4000多字,分列成三个表,这三个表总称为《印刷字体整理表》。此外,还把4000多个字逐字拟订书写体并归纳书写原则,编成《试拟书写字体偏旁类推表》。另外,《异体字统一写法表》也作了改订。这是《汉字简化表草案》第五次稿。1954年11月,中国文字改革委员会常务委员会成立后,又把第五次稿作了一些整理和修改。《印

刷字体整理表》中的第一、第二两表经过整理修改后合并成为《798个汉字简化表草案》。《异体字写法统一表》删去了一部分,改称为《拟废除的400个异体字表草案》。这三个表合成《汉字简化方案草案》。汉字的整理简化工作,主要依据是适当控制简化面,以及约定俗成的原则。

【22日】中国文字改革委员会向中央、国家机关、各民主党派、各高等院校发出通知《征求对〈汉字简化方案草案〉的意见》。

《中国语文》1月号发表韦悫的《略谈汉字简化工作》和吕顿的《对简化汉字的一点认识》。这一期报道了中国文字改革委员会成立的消息,并以"附册"的形式发表了中国文字改革委员会拟定的《汉字简化方案草案》。

2月

【2日】中央一级主要报纸、刊物发表《汉字简方案草案》。

《光明日报·文字改革》双周刊发表了叶恭绰的《文字改革的第一步》、曹伯韩的《为什么要分别规定简化汉字和手写偏旁》、韦悫的《从简化汉字做起,并准备进一步为推行拼音文字而奋斗》、魏建功的《跟一位朋友谈"汉字简化方案草案"》和陈光尧的《798个简化汉字的来源》等文章。

【16日】《光明日报·文字改革》双周刊发表了曹茹萍的《从一个"造象记"研究简体字的产生时代》、翟健雄的《汉字简化和同音代替》、黄健身的《对"汉字简化方案草案"的一些意见》、余学文的《谈谈对于文字改革的几种意见》、颜阳震、梁群金《对用同音代替字和古字的意见》和张戈的《对同音代替的意见》等文章。

【22日】《中国语文》2月号发表叶恭绰的《关于整理汉字工作的一些问题》、魏建功的《汉字简化的历史意义和汉字简化方案的历史基础》、曹伯韩的《关于〈汉字简化方案草案〉的几个问题》。

【25日】中国文字改革委员会就《汉字简化方案草案》在中央机关组织讨论的问题向周恩来总理请示。总理3月4日批示:"同意。"

[本月]《华中师范学院学报》第2期发表张舜徽《从祖国文字发生、发展、变化的史实说明今日实行字形简化的必要与可能》。

《语文学习》第2期发表郑林曦的《简化汉字有利于改进语文教学》。

3月

【2日】《光明日报》的文字改革双周刊发表了刘乃中的《对〈汉字简化方案草案〉中几个问题的商榷》、伯韩的《关于〈汉字简化方案草案〉编制经过的几点说明》和文兵的《我们的和日本的简化汉字的比较》等文章。

【4日】中国文字改革委员会邀请北京各报社、杂志社和出版社就报刊上试用一部分简化字问题举行座谈会。

【7日】中华人民共和国国务院秘书厅、文化部(出版事业管理局并转各主要出版社)、教育部、邮电部、新华社等单位转发周恩来总理指示："中国文字改革委员会所提出的《汉字简化方案(草案)》同你处工作关系密切,为使这个草案能够较为完善,望你处负责组织认真讨论,在3月份内提出修正意见交给该会,并准备推出适当人选参加该会拟成立的简字审定委员会的工作(具体办法将由该会另行通知)。"

【9日】上海市召开专家座谈会,征求对简化汉字工作的意见。座谈会由副市长金仲华主持。市教育局局长陈琳瑚就汉字简化问题作了报告。

【10日】中国文字改革委员会发布第一号工作简报。简报报告了两个多月的工作情况:建立了五个业务部;印制《汉字简化方案(草案)》30万份,分发中央和各地机关、团体、部队和学校。《光明日报》等约10家报刊转载了这个方案草案。中国文字改革委员会与教育部联合发出了组织讨论的通知,军委总政也发了通知。中国文字改革委员会收到个人填写的意见表2000多份。

【15日】吴玉章在中国人民政治协商会议全国委员会上做《关于汉字简化问题》的报告。报告内容与1月20日在国务院全体会议上所作的报告基本相同,另外还谈了社会上对文字改革工作的顾虑和误解,并逐条加以解释。

胡乔木在中国人民政治协商会议全国委员会上做了《关于汉字简化和改革问题》的报告。

【16日】《光明日报·文字改革》双周刊发表了文以战的《汉字简化给儿童识字创造了便利条件》和燕正曜的《对同音代替和废除异体字的意见》等文章。

【22日】《中国语文》3月号发表王羊的《关于汉字简化的性质和规律问题》、杜定友的《精简汉字为拼音化铺平道路》、《"國"字可不可以简化作"国"?》和陈光尧的《我们可不可以造简体字?》,还发表了中国文字改革委员会

汉字整理部整理的《各地人士对〈汉字简化方案草案〉的意见提要》。

【25日】《文史哲》第3期发表殷焕先的《热烈欢迎〈汉字简化方案草案〉》。

【30日】《光明日报·文字改革》双周刊发表了孙风态的《为这一代和下一代造福》、鲁莽的《语文教学中是否可以试用一些简化汉字》、刘由的《简化汉字方便多了》、张国光的《简化汉字"不易学""不顺眼"吗?》、黄复佳《简化汉字应分清"轻重缓急"》和金鸣盛《我对〈798个汉字简化表草案〉的分析和意见》等文章。

[本月]《语文知识》3月号发表了徐传行的《"蘋"字为什么可以改为"平"字》、魏旭东《汉字简化是文字改革的第一步》、韦悫《从简化汉字做起,并准备进一步为推行拼音文字而奋斗》、K.I.的《我赞成"汉字简化方案草案"》、钱遥的《为"汉字简化方案草案"指出的方向努力》和柳音的《简化汉字应该马上试用》等文章。

《人民教育》第3期发表韦悫的《文字改革和汉字简化》。

《语文学习》第3期发表黄伯荣的《简体字的结构》。

4月

【1日】中国文字改革委员会第二号工作简报:呼吁指向国务院秘书长报告《汉字简化方案草案》发表以后各方面的反应。

【13日】《光明日报》的文字改革双周刊发表了吴玉章的《关于汉字简化问题——在政协全国委员会报告会上的报告》、黄贵祥的《关于"汉字简化方案草案"中几个主要问题的商榷》以及贾援的《简化汉字对成人识字的好处》等文章。

【22日】《中国语文》4月号发表了吴玉章的《关于汉字简化问题——在政协全国委员和报告会上的报告》、恭士的《汉字简化中的同音代替问题》、王显的《略谈汉字的简化方法和简化历史》、戴天健的《读"汉字简化方案草案"以后》、杨真的《对〈汉字简化方案草案〉的意见》、石后的《对"汉字简化方案草案"的意见》等文章。并报道了各高等学校对《汉字简化方案草案》的讨论情况。

【25日】中国文字改革委员会召开第十九次常务会议。会议讨论建立《汉字简化方案草案》审定委员会。

【27日】《光明日报·文字改革》双周刊发表了《中国民主促进会总部座谈

文字改革问题的纪录（摘要）》，古三、佩珏的《简化汉字中为什么不用"复合字"！》，张远提《文字简化应多从"音"的方面着手》，金翰海的《文字改革与文化的发展》，郑英汉《对"从俗"和"类推"的意见》和仁的《对"汉字简化方案草案"的四点建议》等文章。

［本月］《语文知识》4月号发表易熙吾《在广西文史馆座谈会上对〈汉字简化方案草案〉的发言》，徐传行的《讨论简化汉字中的几种意见》，蕴辉、俊涛的《我们对"798个汉字简化表"的意见》，王志培的《我对几个字的意见》，孔祥德的《汉字简化是广大青年的希望》，金文《两点小意见》，刘揆民的《我的意见》以及介的《"汉字简化方案草案"公布一个多月来的情况》等文章。

5 月

【1日】毛泽东致信蒋竹如谈文字改革问题。信中指出："拼音文字是较便利的一种文字形式。汉字太繁难，目前只作简化改革，将来总有一天要做根本改革的。"

北京、天津40种报刊首先试用《汉字简化方案（草案）》中的第一批51个简化汉字。

【6日】刘少奇接见吴玉章听取关于文字改革工作的汇报，提出意见：为了减少社会震动，简化字要分期分批进行；原来的繁体字要保留一个时期，不要马上废除。

【11日】《光明日报·文字改革》双周刊发表了田其昌的《简化汉字应该适应群众需要》、吴葆静的《汉字简化的关键在于简化和合并部首》、尹斌庸的《在汉字简化方案草案讨论中的两点体会》、李希仲的《工人一致拥护汉字简化》、孙建民的《简体字有了合法地位》、犁鸣的《应该给学生讲解简化汉字的道理》、刘橷的《识字教学有了标准》、周光贤的《简化汉字和识字问题》等文章。

【22日】《中国语文》发表高元白的《汉字拼音化与汉字简化》和刘泽先的《谈谈科学用字的同音代替》等文章。

【25日】《光明日报·文字改革》双周刊发表了《中国作家协会讨论"汉字简化方案草案"的纪录》、马国藩的《应该简化和合并一部分部首偏旁》、余光清的《对〈中国语文〉〈文字改革〉和简化汉字的意见》、倪康华的《热烈拥护报刊开始试用简化汉字》等文章。

[本月]《语文知识》5月号发表《上海教师赞同汉字简化方针》、起凤的《简化汉字中的同音代替问题》、企仪的《同音代替的一个看法》、余新伯的《我对"某些简化汉字"的意见》《应该朝前看》、刘广润的《简化汉字和统一异体字在目前有一定的作用》、霭区的《汉字简化要不要照顾方音》等文章。

6月

【1日】《人民日报》第2版发表了叶恭绰的《汉字整理和汉字简化》。

【6日】《光明日报·文字改革》双周刊发表蒋善国的《简体字的产生和简化汉字运动》。

【8日】《光明日报》的文字改革双周刊发表了《中国人民解放军对汉字简化问题的讨论意见》、郑芸的《我为什么拥护汉字简化》、林仲易的《统一方言和简化汉字》等文章。

【13日】中国文字改革委员会主任吴玉章给国务院总理《关于成立汉字简化方案审订委员会审订汉字简化方案》的请示报告。6月25日由国务院汇报会审核批准。

【22日】《中国语文》6月号发表温知新的《采取约定俗成原则呢？还是采取系统整理原则？》、康同璧的《我对于汉字简化的看法》、管燮初的《关于汉字简化的意见》、R. Ms.的《略谈简化汉字的"规律"和"习惯"》、凯鸣的《关于"从俗"和"类推"的意见》、祝菊仙的《我对"从俗"和"类推"的看法》、许宝骙的《简化汉字要尽可能照顾系统化》、人民政协广东省委员会秘书处《人民政协广东省委员会座谈汉字简化问题纪要》、袁翰青的《我赞成文字改革》、读者来信《工农学员要求汉字多简化》《译电员谈简化汉字》《誊写员欢迎简化汉字》等文章。

[本月]《语文知识》6月号发表了陈光尧的《汉字简化的简单历史》、松福的《从扫盲工作来看〈汉字简化方案草案〉的意义》、阮社的《体会和建议——说一说我对〈汉字简化方案草案〉的感想》、刘争义的《我们可以写简体字了》、李永祥的《希望简化汉字马上实行》、王同汉的《我有四点意见》、伐天的《简化汉字人人说好》、纪炎生的《关于"凖"字的简化问题》、张德存的《有些简化汉字还可考虑》等文章。

7月

【3日】全国人民代表大会常务委员会委员长刘少奇对中国文字改革委员

会党组关于试用简化字请示(1955.6.24)的批语:拟予同意,改在 8 月 15 日京、津各报采用。全国各地报刊采用第一批简化字后,亦应隔三四个月再采用第二批简化字,以免一次改变太多,或改变太快在人民中引起不便。第二批连同第一批对照表亦应在开始采用简化字的一星期至十天登在报刊上。

【6日】《光明日报·文字改革》双周刊发表曾曙抡的《文字改革和科学用字》、张世禄的《汉字的改革和简化(一)》、陈树兰的《减轻了劳动人民学习上的负担》和赵清的《使我们可以在文化上得到翻身》等文章。

【10日】中华人民共和国文化部、中国文字改革委员会联合发布《关于各省、市报纸、杂志试用第一、二批简化字及铜模的供应问题的通知》。

【14日】国务院成立了汉字简化方案审订委员会,聘请董必武为汉字简化方案审订委员会主任,郭沫若、马叙伦、胡乔木为副主任,张奚若、沈雁冰、朱学范、邵力子、张修竹、项南、许广平、舒舍予、徐昕、曾昭抡、邓拓、傅彬然等 12 人为委员。

【16日】中国文字改革委员会发出《关于京、津及各省、市报纸、杂志试用第一、二批简化汉字问题的补充通知》。通知要求,第二批试用的简化汉字(84个)北京、天津可于 8 月 15 日起采用,其他各省、市报刊从 8 月份起,先行采用第一批简化汉字,以后隔三四个月再采用第二批。

【17日】中国科学院编译局为了使科学用字能够得到合理的简化,召集各有关方面的专家就科学用字如何结合汉字简化问题进行讨论,并对科学用字的简化问题提出了具体意见。

【20日】《光明日报·文字改革》双周刊发表中山大学中文系的《关于简化汉字几个原则问题的商讨》和张世禄的《汉字的改革和简化(二)》等文章。

【22日】中国文字改革委员会召开报刊和出版界座谈会,出席会议的有北京各主要报纸、杂志、出版社、印刷厂、新化字模制造所、出版事业管理局等 20个单位的代表,座谈会由韦悫主持,胡愈之讲话。会上讨论了在报刊图书上试用第三批简化汉字和铅字铜模规范化等问题。

[本月]人民教育出版社采用第一、二批共 141 个试用简化汉字编印的新的初级小学课本《语文》第一册出版。从秋季开始,这个课本在全国重点地区试用。

《语文知识》7月号发表蒋善国的《简体字的产生和简化汉字运动》、徐一辉的《对汉字简化的意见》、赵永赏的《对汉字简化提几点意见》、刘振邦的《缩写字算不算简体字》以及中国人民解放军总政治部的《中国人民解放军对汉字简化问题的讨论意见》。

8月

【3日】中国文字改革委员会召开第二十四次常务会议,讨论《汉字简化表草案修正稿》。

《光明日报·文字改革》双周刊发表郑英汉的《关于"汉字偏旁手写简化表草案"的问题》、乐嗣炳的《简化汉字的几个原则问题》和王才宽的《汉字简化的实质》等文章。

【15日】北京、天津40种报刊开始试用第二批84个简化字。

【17日】《光明日报·文字改革》双周刊发表了马公愚的《汉字简化的必然性》、方孜行的《首先推行简化汉字有着重要的意义》和姚家珍的《我的意见和希望》等文章。

【22日】《中国语文》8月号发表丁勉哉的《〈汉字简化方案草案〉的优越性》、鲍幼文的《对"汉字简化方案草案"的几点意见》、陈大愚的《建议简化三个虚字》和许锡丰的《我们拥护汉字简化》等文章。

【25日】中国文字改革委员会在北京图书馆展览厅举办的中国文字改革文献资料展览会开始预展。展览会共分两大部分:第一部分是关于汉字简化和整理的文献资料,第二部分是关于拼音化的文献资料。第一部分又分三个单元:第一单元是"汉字形体的简化",第二单元是"汉字字数的精简",第三单元是"其他汉字改良方案"。

【31日】《光明日报·文字改革》双周刊发表了韦悫的《关于汉字简化的几个原则性的问题》、唐兰的《中国文字的简化和拼音化》、黄健身《对汉字简化的两种不正确的看法》、余学文的《谈汉字整理》等文章。

[本月]《语文知识》8月号发表杜定友的《"又"的问题》。

9月

【14日】《光明日报·文字改革》双周刊发表了《人民政协广东省委员会继续讨论汉字简化问题》、曹伯韩的《关于汉字简化中的同音代替问题》、人大语文

教研室的《应该扩大同音代替的范围》、任铭善的《从"词"的角度来看"同音代替"问题》等文章。

【16日】汉字简化方案审订委员会举行第一次会议。会议由董必武主持。会上通过了简化汉字采取"约定俗成,稳步前进"的方针。

【22日】《中国语文》9月号发表刘泽先的《略谈汉字在日本的整理和简化》、邱常恕的《"系统整理"和"约定俗成"》、王士襄的《运用同音代替方法,扩大精简范围》、唐伯先的《关于同音代替方法的商讨》、范同的《反对乱造新字》和徐世松的《谈"汉字简化方案草案"中的"同音代替"问题》等文章。

【28日】汉字简化方案审订委员会举行第二次会议,会议由胡乔木主持。魏建功作投票结果和意见整理情况的报告。会议决定由中国文字改革委员会根据讨论情况作出取舍,再交审订委员会投票复决,然后由中国文字改革委员会提交全国文字改革会议讨论。讨论后,审订委员会再作最后审订,然后提请国务院公布。会议原则通过《异体字整理表》,提交出版事业管理局参考采用。

《光明日报·文字改革》双周刊发表了纪实之的《偏旁系统类推,一次彻底简化,为什么难以实行?》、陈越的《要考虑汉字部首的适当简化》、伍洁以的《汉字简化在目前主要应该"从俗"》、齐简之的《从印刷上使用简化汉字是正确的》和君杨的《简化汉字中可以有个别的新创简字》等文章。

[本月]《语文知识》9月号发表尹斌庸的《同音代用字还可以适当增加一些》、王田健的《汉字简化不能一律类推》、余行达的《谈简体字产生的时代在前汉》、刘绍舫的《我对汉字简化讨论的意见》、徐传行的《"直"和"真"等字有简化的必要》等文章。

10月

【13日】中国文字改革委员会召开第三次全体会议,讨论《汉字简化方案》,准备提交全国文字改革会议通过;韦悫报告全国文字改革会议筹备情况。

【15日】中华人民共和国教育部、中国文字改革委员会联合召开的全国文字改革会议在北京隆重举行。参加会议的有来自全国28个省、市、自治区和中央各一级机关、部队、人民团体的代表207人。会议的任务之一是通过《汉字简化方案》。中国文字改革委员会常务委员叶恭绰作了《关于汉字简化工作的报告》,中央宣传部副部长胡乔木做了总结性发言。会议对报告表示一致同意。

中国科学院语言研究所苏联顾问谢尔久琴克教授也在全体会议上做了题为《关于中国文字的几个问题》的报告。会上讨论了《汉字简化方案修正草案》和《第一批异体字整理表草案》，对《汉字简化方案修正草案》做了必要的修正和补充之后，对这两个文件一致表示同意。会议通过了提案审查委员会《提案审查报告》和《全国文字改革会议决议》。决议指出：①建议中国文字改革委员会把修正后的《汉字简化方案》提请国务院审定公布实行。②要求各报刊和文化教育机关广泛宣传简化汉字；各级学校使用简化汉字；出版和印刷机关立即着手制作铜模，迅速采用简化汉字，并按照异体字整理表在出版物上废除异体字。③要求中国文字改革委员会继续简化汉字、整理异体字的工作，并向群众广泛征求意见。

【22日】《中国语文》10月号发表朱广福的《关于"汉字简化方案草案"的名称及其他》。

【23日】《北京日报》第2版发表通讯《简化汉字好处多》。

【24日】《光明日报》发表社论《文字改革工作的伟大开端》。社论指出，在国家发展的现阶段，汉字已经不能完全适应现代生活各个方面的需要，不能满足人民的要求。我国的文字必须改革，改革的方向是改用拼音文字，在实现拼音化之前，必须首先解决简化汉字和推广普通话两个迫切问题。

教育部于24日到26日召集参加全国文字改革会议的中小学、各级师范学校教师和教育行政干部代表举行座谈会。教育部副部长董纯才做了总结性发言。他号召各级各类学校要积极采用简化字。教育部决定在教育行政部门的公文往来中用简化字。

【26日】《中国青年报》发表社论《在文字改革中做好三件事》。社论号召青年要成为推动文字改革的一支积极活跃的力量。青年教师、广播员和演员们应该成为推广简化汉字的突击力量。

《中国语文》10月号发表韦悫的《拥护第一次全国文字改革会议的决议，大力宣传文字改革的方针和步骤，积极推行简化字和以北京话为标准音的普通话》。

[本月]全国文字改革会议秘书处编辑的《全国文字改革会议文件汇编》出版（内部发行）。1957年10月公开发行。

《语文知识》10月号发表陈越的《谈简化汉字和现有字典的利用问题》、吴竞的《〈水浒全传〉中的一些同音代替字》、法念曾的《一个小统计》和王效文的《一个比较》等文章。

11月

【2日】《文汇报》第3版发表郑芸的《简化汉字可以解决识字教学中的困难》。

【4日】中国人民解放军总政治部发出《关于在军队中推行汉字简化、推广普通话和实现现代汉语规范化的通知》。

【9日】《光明日报》的《文字改革》双周刊发表了李纪生的《识字教学与汉字简化》。

《文汇报》第3版发表张中杰的《语文教学迫切需要简化汉字》。

【21日】中华人民共和国教育部发出《关于在各级学校推行简化汉字的通知》和《对推行简化汉字和横行排写等问题的规定》。

【22日】《中国语文》11月号集中刊登全国文字改革会议的文件、讲话、消息。

【25日】《文史哲》1955年第11期发表殷焕先的《汉字简化中的"系统"和"类推"问题》。

［本月］《语文知识》11月号发表约斋的《常用汉字还可以大加精简》和李祖璋的《怎样进行简化汉字的教学》。

12月

【10日】中国文字改革委员会和中华人民共和国文化部联合发出《关于〈汉字简化方案〉中第一批简化字260个,拟自1956年1月1日起试用的通知》。

［本年］

易熙吾编著,《简化字原》,中华书局出版。

陈光尧编著,《常用简字普》,中华书局出版。

陈光尧著,《简化汉字》,通俗读物出版社出版。

易熙吾编著,《文字改革论集》,上海东方出版社出版。

▲1956 年

1 月

【7 日】中国文字改革委员会召开第二十六次常务会议,讨论向国务院请示工作的报告。报告包括:把《汉字简化方案》送交各审订委员审定,然后提请国务院公布。地名生僻用字、少数民族汉字名称用字,建议分别由内务部会同中国文字改革委员会与当地协商,民族事务委员会会同文改会与本民族协商。

【16 日】国务院汉字简化方案审订委员会同意 1956 年 1 月中国文字改革委员会再次修正的《汉字简化方案》。

【27 日】中共中央发出《关于文字改革工作问题的指示》,决定公布汉字简化方案。

【28 日】国务院全体会议第 23 次会议通过《关于公布〈汉字简化方案〉的决议》。

【31 日】《人民日报》发表国务院《关于公布〈汉字简化方案〉的决议》和《汉字简化方案》。《决议》指出,1955 年 1 月提出的草案,经全国文字学家、各省、市学校的语文教师以及部队、工会的文教工作者约 20 万人参加讨论,提供意见,再经全国文字改革会议通过,并由国务院汉字简化方案审订委员会审订完毕。方案分三个部分:第一部分即汉字简化第一表所列简化汉字共 230 个,已经由大部分报纸、杂志试用,应该从 1956 年 2 月 1 日起在全国印刷的和书写的文件上一律通用;除翻印古籍和有其他特殊原因以外,原来的繁体字应该在印刷物上停止使用。第二部分即汉字简化第二表所列简化汉字 285 个和第三部分即汉字偏旁简化表所列简化偏旁 54 个。为慎重起见,特现行公布试用,并责成各省、市人民委员会邀集本省、市政协委员征求意见,在 3 月底以前报告国务院,以便再作必要的修正,然后正式分批推行。

[本月]《中国语文》1 月号发表曹伯韩的《关于中国文字改革的过渡时期》和唐兰的《论马克思主义与中国文字改革基本问题》。

《东北人民大学人文科学学报》第 1 期发表了蒋善国的《从汉字发展史上看汉字的简化》。

2 月

【1 日】《汉字简化方案》的《汉字简化第一表》开始正式推行。公布第一批

推行的简化字260个(包括《汉字简化方案》第一表的230个简化字和《汉字简化方案》之外的30个偏旁类推简化字)。

《光明日报·文字改革》双周刊发表叶恭绰的《关于汉字简化工作》,文章谈了:汉字简化问题是怎样提出来的;目前汉字简化工作的方针和步骤可以用"约定俗成,稳步前进"八个字来概括;以及简化字是不是破坏了汉字的完整性和艺术性等问题。

[本月]《语文学习》第2期发表了曹伯韩的《谈谈汉字简化方案中的同音代替字》。

《汉字简化方案》单行本由人民教育出版社出版。

3月

【18日】《中国语文》2月号发表社论《大家来讨论研究〈汉语拼音方案(草案)〉和〈汉字简化方案〉》。

[本月]论文集《汉字简化问题》出版。第一部分是有关汉字改革方针、原则的文章,第二部分是对《汉字简化方案(草案)》编制经过和具体内容的说明、分析,第三部分是从文字应用的方方面面分析研究《汉字简化方案(草案)》。

林汉达,《文字改革是怎么回事》,工人出版社出版。

4月

【11日】《光明日报·文字改革》双周刊发表了李静远的《对今后进一步简化汉字和整理汉字的意见》和陈光尧的《汉字简化方案中汉字简化前后字数笔画统计对照表》。

[本月]《中国语文》4月号发表陈文彬的《对汉字简化方案第一表中的一些字的说明》。

5月

【23日】《光明日报·文字改革》双周刊发表了陈越的《在出版物的美术设计中正确地推广简化汉字》。

6月

【1日】《汉字简化方案》的第二批简化字开始正式推行。这一批推行了95个字。

【7日】台湾地区"教育部"发令规定作业试卷及出版书刊字体与款式。针

对大陆推行简化字规定:"各国校学生作业,均应用正楷,不得写简体字。"

【3日】中华人民共和国内务部、中国文字改革委员会发出公函征求对地名生僻用字简化的意见。

7月

《文史哲》第7期发表了蒋维嵩的《汉字改革和汉语规范化》。

8月

【1日】《光明日报·文字改革》双周刊发表了唐嗣丰的《从实用统计中看简化汉字》和金华的《必须注意简化汉字的规范作用》。

[本月]《语文学习》第8期发表了本刊编辑部的《要重视简化汉字,正确使用简化汉字》。

9月

【26日】中国文字改革委员会召开第三十五次常务会议,讨论修正《汉字简化方案》中第二表和第三表的问题。会议决定,召开座谈会,根据各地政协委员的意见,讨论并写成修正建议,然后由常务会议通过,送请国务院汉字简化方案审订委员会审订,国务院批准正式推行;已正式公布推行的《汉字简化方案》中的第一表,如有个别字简化得不完全恰当,也可建议修订。

中华人民共和国文化部、中国文字改革委员会联合发出通知,规定在报刊、书籍中,日本、朝鲜的人名、地名、书名等暂且不用简化字。

10月

【29日】《文汇报》第3版发表了平心的《论简体字》。

11月

【6日】《文汇报》第3版发表了平心的《再论简体字》。

12月

【5日】《光明日报·文字改革》双周刊发表了方遒君的《"汉字简化方案"第一表的分类说明》、傅朝阳的《容易写错用错的简化汉字》、陈越的《认真使用简化汉字》等文章。

【19日】《光明日报·文字改革》双周刊发表了金华的《改换偏旁的简化字是不是可以类推》。

【30日】中国文字改革委员会召开第三十八次常务会议,决定:简化字和异

体字整理工作,根据国务院已公布的三批简化字和异体字表,进行审订,制定一个 500 字以上的 1957 年简化字表和繁简字对照表,再请文化部公布实行。

[本年]

中国语文杂志社编《简化汉字问题》由中华书局出版。

陈光尧著《简化汉字字体说明》由中华书局出版。

中国文字改革委员会编《文字改革和汉字简化是怎么回事》,通俗文物出版社出版。

人民出版社出版《中国文字改革的第一步》。

现代汉语规范问题学术会议秘书处编《现代汉语规范问题学术会议文件汇编》出版。

《第一次全国文字改革会议文件汇编》由文字改革出版社出版。

▲1957 年

1 月

【30 日】《光明日报·文字改革》双周刊发表了陈丕赞的《汉字简化与简化字的应用问题》、周孔成《关于使用简化汉字的几点意见》。

[本月]《山东大学学报》(人文科学版)发表了赵太侔的《关于汉字简化问题》。

2 月

【13 日】《光明日报·文字改革》双周刊发表了王大可的《也谈谈简化字推行中的一些问题》。

【27 日】《光明日报·文字改革》双周刊发表杲明的《怎样克服简化汉字使用中的混乱现象?》。

3 月

【13 日】《光明日报·文字改革》双周刊发表唐士丰的《正确认识汉字简化的理论与实践》。

【22 日】《中国语文》3 月号发表韦悫的《和唐兰先生商谈文字改革问题》。

【27 日】《光明日报·文字改革》双周刊发表王永言的《也谈汉字简化与简化字的应用问题》和本刊通讯《关于讨论"汉字简化与简化字的应用问题"的来稿情况》。

[本月]《语文知识》第3期发表定北的《汉字简化"到此为止"吗?》。

《文字改革》第6期发表了曹伯韩的《关于修正〈汉字简化方案〉的问题》。

4月

【5日】《人民日报》第8版发表柏寒的《汉字的简化和繁化》。

【18日】《人民日报》发表唐兰的《行政命令不能解决学术问题》。

5月

【6日】中国文字改革委员会召开第四十二次常务(扩大)会议。在这以前,4月18日《人民日报》刊发唐兰的《行政命令不能解决学术问题》。会议决定:①为贯彻执行百花齐放,百家争鸣的方针:A.举办文字改革问题讲座或讲演会;B.召开文字改革工作座谈会,听取各方面的意见;C.文字改革刊物应多登载不同意见;D.整理人民来信,将有价值的建议、意见发表。②叶恭绰委员提议由前汉字整理部委员丁西林、叶恭绰、邵力子、胡愈之、韦悫、找平生、叶圣陶、林汉达、曹伯韩、黎锦熙、魏建功、傅东华12人,组成汉字整理临时委员会,丁西林为召集人。

【16日】中国文字改革委员会召开第一次文字改革问题座谈会,听取专家和著名人士对文字改革工作的意见。应邀出席座谈会的有陈梦家、周亚卫、俞平伯、茅以升、马学良、胡庶华、唐兰、陶坤、高名凯、翁文灏、张德庆、曾世英、钱文浩等15人。唐兰、周亚卫、陶坤、俞平伯、曾世英、马学良、钱文浩等发了言。座谈会主要围绕四个问题发表意见:①汉字要不要改革?②对汉字简化的意见;③对汉字拼音化的意见;④对中国文字改革委员会的意见。

【19日】《光明日报·文字改革》双周刊第82期发表陈梦家的《关于汉字的前途》和熊科华的《关于汉字简化和创造拼音文字的问题》。陈梦家的文章分四个部分:①什么是汉字?②汉字有哪些缺点?③如何改进汉字?④对研究汉字的意见。这篇文章是陈梦家3月22日应邀在中国文字改革委员会做的讲演。5月17日《文汇报》还曾发表陈梦家的《慎重一点"改革"汉字》。

【20日】中国文字改革委员会召开第二次文字改革问题座谈会。应邀出席座谈会的有王伯祥、江超西、李长之、萧璋、周亚卫、周祖谟、胡庶华、翁文灏、高名凯、袁翰青、杨晦等。

【22日】《中国语文》5月号发表刘又辛的《从汉字演变的历史看文字改

革》。

【27日】中国文字改革委员会召开第三次文字改革问题座谈会。应邀出席的有王伯祥、艾青、江超西、陈定民、陈梦家、周亚卫、袁家骅、楚图南等10人。从1957年下半年起,由于当时"反右斗争"扩大化,有关文字改革的争鸣也基本停息。有些学者因为在学术上、理论上对文字改革持不同意见而受到了批判。

【30日】《光明日报@文字改革》双周刊发表了《文字改革问题座谈纪录》。

[本月]《文字改革》第10期发表澄移的《对个别简体字的意见》。

6月

【4日】中国文字改革委员会召开第四十五次常务(扩大)会议。会议对同音代替字及异体字作出决定。对《汉字简化方案》中的同音代替字做如下处理:①撤销不是真正同音的。②撤销代替后意义上可能引起混淆的。③方案上已经取消了的同音代替字,在通用字表里繁体和简体并存,但是已经约定俗成的同音代替字仍可使用。会议还集中讨论了大部首简化问题。

【13日】《光明日报·文字改革》双周刊发表温应时的《和陈梦家先生商讨简化汉字问题》、潘沫的《一个普通公民的意见》、洪明的《我对同音代替的意见》,还发表了《文字改革问题座谈会收到的来信》。

【22日】《中国语文》6月号发表关锡给陈梦家的一封信。信中批评了汉字简化工作,同时发表了陈梦家的"附记"。

【27日】《光明日报·文字改革》双周刊开展"汉字要不要改革"的讨论。当日发表邱常恕的《我对调整部分简化字的意见》、李世清《讨论"汉字要不要革"是必要的》、申索的《为继承历史传统反对改革汉字》和李倩的《为广大工农着想必须改革汉字》等文章。

7月

【11日】《光明日报·文字改革》双周刊发表了梁东汉的《〈关于汉字的前途〉读后感》、黎德超执笔的《我们对文字改革的意见》、周铸的《汉字必须彻底改革》和高梦兰的《汉字不简化未必就落后》等一系列讨论汉字要不要改革的文章。

[本月]中国文字改革委员会第一研究室编《外国文字改革经验介绍》由文字改革出版社出版。本书收录了10篇分别介绍越南、朝鲜、日本、蒙古、苏联和

土耳其的文字改革情况的文章。

《语文知识》第 7 期发表关于"汉字要不要改革"的相关文章,有张世禄的《从不赞成到赞成》、R.Ms 的《文字要不要改革》、傅东华的《文字改革座谈会给我的启发》、朱庆夏的《希望继续公布汉字简化表》和李朴的《几点意见》等。

8 月

【8 日】《光明日报·文字改革》双周刊发表王士烈的《人民需要文字改革——驳陈梦家〈关于汉字的前途〉》。

【15 日】《拼音》月刊改名为《文字改革》。改刊的目的就是要扩大刊物的内容范围,除了保持《拼音》月刊原有的内容以外,还将容纳有关文字改革各项问题的研究和讨论,包括汉字的整理和简化等问题。

【22 日】《光明日报·文字改革》双周刊发表史式的《驳陈梦家并质问关锡》。

《中国语文》8 月号发表魏建功的《我对汉字改革的一些粗浅的看法》、潘山的《评关锡和陈梦家对文字改革问题的态度》和毛西旁的《反对歪曲和诬蔑文字改革》等文章。

9 月

【5 日】《光明日报·文字改革》双周刊发表曹明的《〈汉字简化方案〉撤回不得》和何斌厚的《简化汉字是人民的愿望》。

【19 日】《光明日报·文字改革》双周刊发表杨长礼的《从汉字简化方面驳斥陈梦家的谬论》。

【22 日】《中国语文》9 月号发表梁东汉的《从汉字的演变看文字改革》。

[本月] 刘复、李家瑞编著的《宋元以来俗字谱》由文字改革出版社重印出版。这是有关汉字简化的一本重要史料。

10 月

【4 日】《光明日报·文字改革》双周刊发表宋燕公等人的《我们反对"撤回汉字简化方案"》。

【11 日】《光明日报》的文字改革双周刊发表申索的《我并不反对汉字简化》。

[本月]《语文知识》第 10 期发表竹风的《汉字必须改革——驳斥陈梦家的

谬论》。

11月

【14日】《光明日报》的文字改革双周刊发表樊江的《从简化字公布后的副作用问题谈起》。

【28日】《光明日报》的文字改革双周刊发表俞传贤的《我对汉字简化的一些意见》和伯舆的《汉字简化必须贯彻实行》。

[本月]《语文知识》第11期发表了罗竹风的《不要因小失大》、丁方豪的《也谈文字改革》和约斋《正告以文字学家自命的先生们》等讨论文字改革的文章。

《文字改革》第11期发表了王茂材的《贡献一点关于修正〈汉字简化方案〉的意见》。

12月

《人民日报》发表社论《当前文字改革的任务和汉语拼音方案》。社论指出,当前文字改革工作的任务之一是简化汉字,就是简化汉字的笔画和字数,以便利教学汉字和应用汉字。

[本年]

黎锦熙编的《文字改革论丛》由文字改革出版社。

张世禄编著的《汉字改革的理论和实践》由文字改革出版社出版。

▲1958年

1月

【10日】周恩来总理在中国人民政治协商会议全国委员会举行的报告会上作《当前文字改革的任务》的报告。报告规定了我国当前文字改革的任务是简化汉字,推广普通话,制定和推行《汉语拼音方案》。《当前文字改革的任务》于1958年2月由人民出版社出版单行本,以后又多次印刷。

[本月]《语文知识》第1期发表沈百英的《怎样教简化字》。

2月

【22日】《中国语文》2月号发表明之的《略谈汉字的简化和繁化(和周有光先生商榷)》。

【24日】《光明日报·文字改革》双周刊发表曹伯韩的《汉字简化工作必须

继续推进》。

[本月]《语文学习》第2期发表向若的《汉字简化和文字教学》以及本刊通讯《正确对待简化汉字》。

《文字改革》第4期发表周起凤的《驳"汉字简化糟得很"》、吴良祚《太平天国文献中的简体字》和韩志超的《用草书简化汉字不符合当前文字改革的任务——兼论如何继续简化汉字》等文章。

3月

【10日】《光明日报·文字改革》双周刊发表郝望山的《从教学时间中体验简化字的优点》。

[本月]《语文知识》第3期发表吴玉章的《关于当前文字改革工作和汉语拼音方案的报告》。

4月

【7日】《光明日报·文字改革》双周刊发表王国柱的《对简化汉字工作的一些意见》。

【21日】《光明日报·文字改革》双周刊发表沈阳教育工业学院的《教师要带头使用简化字》、杜凤珍的《简化汉字应该多为工农想一想》、苗凤舞的《建议继续简化汉字》和汪宝训的《建议修订〈汉字简化方案〉》等文章。

【29日】中国文字改革委员会、中华人民共和国文化部联合通知,从5月10日起推行第三批简化字70个(5月3日又补充通知将5月10日改为15日)。通知指出,国务院公布的《汉字简化方案》,其中简化字已于1956年推行两批,计355个字。现在再在原方案中选定70个简化字,从15日起在北京市各报纸、杂志、一般书籍上一律采用(古籍等例外),其他省、市也尽早采用。各报纸杂志从使用这批简化字之日起刊登字表一次或数次,使读者了解。

5月

【6日】《光明日报·文字改革》双周刊发表赵地的《怎样认识群众新创简字?》。

【15日】北京市各报纸、杂志开始推行第三批简化字70个。

【19日】《光明日报》的文字改革双周刊发表马尘的《关于"家"字要不要简化的问题》。

［本月］《文史哲》第 5 期发表蒋维嵩《简化汉字建立汉字字形的规范》。

6 月

《文字改革》第 11 期发表李明显的《我不赞成汉字草体化——读赵太侔〈关于汉字简化问题〉随笔》。

7 月

【14 日】《光明日报》的文字改革双周刊发表李僎甫的《汉字简化需要大跃进》、任双燕的《应大力推行简化汉字》和佳纯《建议报刊全部采用三批简化字》等文章。

【28 日】《光明日报》的文字改革双周刊发表温应时的《少删改,多类推,收新字——关于修正〈汉字简化方案〉的意见》和丁西林的《为什么必须继续简化汉字和怎样继续简化汉字》等文章。

9 月

【22 日】《中国语文》2 月号发表鲍祖宣的《应该欢迎群众创造简字》。

10 月

【17 日】中国文字改革委员会向部分省、市、县发出《更改一部分生僻地名字的建议》。建议更改的地名一共有 81 个。

【20 日】《光明日报》的文字改革双周刊暂时停刊。

［本月］《语文知识》第 10 期发表朱尔铸的《怎样对待新出现的简化字》。

［本年］

孙伯绳、俞运之编《古代的简化汉字》由文字改革出版社出版。

▲1959 年

4 月

《文字改革》第 7 期发表了刘禾的《进一步简化汉字》。

7 月

【15 日】第四批简化字 92 个开始正式推行。至此,只剩下 28 个字尚未推行。中国文字改革委员会发言人发表谈话,对第四批推行的简化字表做了规定:《汉字简化方案》中的简化偏旁,在手写、油印、胶印上通用已久,在铅印的出版物上,将根据字模刻制情况,陆续推行,不再分批公布。

[本年]

语言学家、文字改革研究专家曹伯韩(1897—1959)逝世。

▲1960 年

2 月

《中国语文》2 月号发表周有光的《汉字改革运动的历史发展》(上)。

《文字改革》第 3 期发表了王力的《文字改革的三大任务》。

3 月

《中国语文》3 月号发表周有光的《汉字改革运动的历史发展》(下)。

《文字改革》第 6 期综合报道《读者对简化汉字的意见》。

6 月

【4 日】中华人民共和国教育部、文化部、中国文字改革委员会联合向各省、市、自治区教育厅(局)、文化(出版)局发出《关于征集新简化字的通知》。《通知》中提出了几条选用简化字的原则意见：①首先应该尽量利用汉字结构的兴盛原则。②在使用时绝不引起意义混淆的条件下,也可以考虑采用同音代替；③以上两种简化方法不能适用的时候,可以酌量采用下列办法：用原字的一部分,会意字,轮廓字,草书楷化。《通知》还指出,为了减轻儿童和成人的学习负担,地名用的生僻字(包括少数民族和少数民族地名的译音汉字)应该一并加以简化。

[本月]《中国语文》6 月号发表陈光尧的《拥护继续简化汉字》。

《文字改革》第 11 期发表了林启钦的《试谈简化汉字的教学》,第 12 期发表了曹伯韩的《汉字简化问题提纲》。

7 月

【18 日】中华人民共和国教育部、中国文字改革委员会、中国科学院语言研究所和心理研究所联合邀请语言、文字、教育、心理等方面的专家 30 多人座谈进一步简化汉字问题。

【28 日】《光明日报·文字改革》双周刊恢复出版。当日发表丁西林的《为什么必须继续简化汉字和怎样继续简化?》和 7 月 18 日召开的汉字简化座谈会《纪要》。

[本月]《文字改革》第 13 期发表了叶永烈《"鹼""碱"不能合并为一》,第

14期发表了编者《关于简化汉字若干问题的解答》。遂停刊。

8月

【11日】《光明日报·文字改革》双周刊发表唐兰的《论汉字简化的方法问题》、潘敔的《笔画少还要合于规律》、苗矢诚的《多用同音代替少造新字》、月北的《拥护继续简化汉字》和中国文字改革委员会汉字整理组的《群众来信中的新简化字》。

【25日】《光明日报·文字改革》双周刊发表黎锦熙的《略谈汉字简化三原则》和杜修林的《同音代替好》等文章。

9月

【8日】《光明日报·文字改革》双周刊发表丁晨的《也谈简化汉字》和周有光的《简体字运动纪要》。

【22日】《光明日报·文字改革》双周刊发表《汉字简化座谈会议纪要》（二）、赵永大的《丁晨同志的意见实质是什么？》以及柴春华、蒋荫刑的《做简化汉字的促进派》。

10月

【6日】《光明日报·文字改革》双周刊发表蒋善国的《继续简化汉字的原则和方法》、潘乘的《值得注意的"几句话"》、刘伯璜的《群众不能造字吗？》和温永禄的《乱与不乱》。

【20日】《光明日报·文字改革》双周刊发表唐兰的《从群众造字说起——兼论新形声字问题》、辽宁大学中文系语言教研室的《对"也谈简化汉字"一文的意见》和杭州大学中文系语言教研组《为进一步简化汉字而努力》等文章。

11月

【3日】《光明日报·文字改革》双周刊发表内蒙古师范学院中文系汉语教研室的《我们和丁晨看法的根本分歧》和容庚的《对于"也谈简化汉字"的批判》。

【17日】《光明日报·文字改革》双周刊发表周有光的《改进汉字的表音功能》、南京大学中文系语言教研组的《丁晨同志意见的实质》和陈万良等的《读"也谈简化汉字"》等文章。

【20日】中国文字改革委员会主办的《文字改革》半月刊改为月刊，恢复

出版。

［本年］

中国文字改革委员会征集群众创造的简化字。

▲1961 年

1 月

《文字改革》第 1 期发表刘伯璜的《简化汉字之我见》。

3 月

《中国语文》3 月号发表陈越的《象声字和译音字的简化问题》。

4 月

【19 日】《光明日报·文字改革》双周刊发表于在春的《关于在古书翻印工作中推行汉字简化的问题》。

5 月

【3 日】《光明日报·文字改革》双周刊发表周有光的《汉字简化方案和汉字的进一步简化》。

6 月

《文字改革》第 11 期发表邓森的《写简化字也要注意汉字的书写规律》、郭存孝的《太平天国的简化字》。

9 月

【20 日】《光明日报·文字改革》双周刊发表于在春的《古籍重印与汉字简化》。

10 月

【4 日】《光明日报·文字改革》双周刊发表林汉达的《严肃活泼与汉字简化》。

12 月

【27 日】中国文字改革委员会向国务院文教办公室递交了《关于〈汉字简化方案〉推行情况的报告》。报告中说："我们准备把从 1956 年到 1961 年公布推行和作了修改的简化字做成一张总表(其中包括已推行和作了修改的简化字 649 个,偏旁类推简化字 1170 个,共 1819 字),由我会和文化部、教育部联合发出,作为 1961 年底为止推行的简化字的一个总结。这样做,可以使各项手写和

印刷的简化字体有一个共同一致的准则,避免那些因为先后公布、推行、修改或类推错误而可能发生的分歧。"

［本年］

中国文字改革委员会根据国务院公布的《汉字简化方案》,就6年来分批推行及修订补充的简化字进行一次总结,编成《简化汉字总表》,收录简化字532个、偏旁简化字1382个,共计1914字。

周有光著《汉字改革概论》由文字改革出版社出版。1964年再版。1979年三版。

▲1962年

1月

【13日】国务院文教办公室批示同意中国文字改革委员会的报告。

［本月］《文字改革》第2期发表林汉达的《简体字有个统一的规范好》。

2月

《文字改革》第3期发表周辅仁的《谈"的"字的简化》。

《新建设》第2期发表陈越的《试论汉字简化的规律性》。

4月

中国文字改革委员会、中华人民共和国文化部、教育部向全国各省、市、自治区文化、教育厅(局)发布《简化汉字总表》。

5月

【20日】在一次会上,周恩来总理向中国文字改革委员会负责同志当面指示:简化字应当邀请各方面人士重新讨论;如有不同意见或反对意见,必须虚心接纳,即使国务院早已公布的简化字,如大家有意见,也可以考虑重新修改。

【22日】中国文字改革委员会向周恩来总理报告《简化汉字总表》制订经过以及重新讨论这个《总表》的计划。《报告》中说:"经周恩来总理指示后,我们认识到,《总表》在公布之前,没有经过各方面充分讨论,征求意见……这是不对的。因此,我们决定将《简化汉字总表》这本小册子暂时停发,并将《总表》提请各方面有关人士举行座谈,或书面征求意见。经过充分讨论以后,根据多数意见,进行一次修订,再行报请总理核示。"

6月

【5日】中国文字改革委员会商同中华人民共和国文化部、教育部向全国各省、市、自治区文化、教育厅(局)说明《简化汉字总表》尚须重新讨论修改,暂时不要转发,也不要登报。

【13日】中国文字改革委员会副主任胡玉枝向习仲勋副总理书面报告关于重新组织讨论《简化汉字总表》的事情。《报告》中说,中国文字改革委员会目前正在忙于办理机构及人事精简工作。组织讨论《简化汉字总表》的实践,是否可推迟到中国文字改革委员会机构调整以后,再由新机构负责办理。

【14日】习仲勋副总理对中国文字改革委员会副主任胡愈之的报告做了批示:"同意文改会机构调整后再组织座谈的意见。"

7月

【25日】
《光明日报·文字改革》双周刊发表林汉达的《必须防止滥用简字》。

8月

【8日】《光明日报·文字改革》双周刊发表韩阙林、郭祖良的《同音代替不是汉字简化的多快好省法——兼谈汉字简化的规律性问题》。

9月

【6日】中国文字改革委员会举行第八次全体委员会议,讨论汉字简化问题。会议指出,《汉字简化方案》公布6年多来,受到了群众的欢迎和拥护,但是也有小部分简化字,主要是一些同音代替的简化字和个别字形容易跟别的字相混的简化字,群众感到不便;简化偏旁如何使用才算正确,也一直不明确。根据周恩来总理的指示,要在广泛征求群众意见的基础上,对原方案进行总结修订。会议做出决议:召开座谈会,征求对《汉字简化方案》的意见;成立总结修订小组。总结修订小组,经推举由丁西林主持,叶圣陶、吕叔湘、林汉达、黎锦熙、魏建功、赵平生6位委员组成。

【21日】中国人民政治协商会议全国委员会文化教育组邀请有关方面人士座谈汉字简化问题。出席座谈的有政协全国委员会委员,高等学校社会科学方面的教授,编译出版工作者,历史学家,古代文物研究工作者和北京市部分中、小学校老教师,共300余人。座谈会由全国政协文化教育组组长胡愈之主持。

中国文字改革委员会副主任丁西林就《汉字简化方案》公布以来的情况做了介绍。

【22日】中国文字改革委员会邀请北京市中、小学语文教师,业余学校教师以及部队文化教员26人座谈汉字简化问题。座谈会由韦悫副主任主持。

【25日】中国人民政治协商会议全国委员会文化教育组中小学分组召开座谈会,讨论汉字简化问题。座谈会由徐楚波、吴研因主持。参加座谈讨论的有14人。

【26日】中国人民政治协商会议全国委员会文化教育组语言分组召开座谈会,讨论汉字简化问题。座谈会由吕叔湘主持。参加座谈讨论的有16人。

【27日】中国人民政治协商会议全国委员会文化教育组高教分组召开座谈会,讨论汉字简化问题。座谈会由吴大琨主持。参加座谈讨论的有8人。

中国人民政治协商会议全国委员会文化教育组出版分组召开座谈会,讨论汉字简化问题。参加座谈讨论的有8人。

【28日】中国人民政治协商会议全国委员会文化教育组文史分组召开座谈会,讨论汉字简化问题。座谈会由吕振羽主持。参加座谈讨论的有6人。

【29日】中国人民政治协商会议全国委员会文化教育组第一组召开座谈会,讨论汉字简化问题。座谈会由丁西林、邵力子主持。参加座谈讨论的有12人。

10月

【10日】中国人民政治协商会议全国委员会文化教育组语言分组召开汉字简化问题第二次座谈会。座谈会由季羡林主持。参加座谈讨论的有14人。

【17日】中国文字改革委员会组成修订简化汉字七人小组,根据各方面的意见,研究修订《汉字简化方案》。这个小组由丁西林、叶圣陶、黎锦熙、赵平生、魏建功、吕叔湘、叶籁士组成,丁西林担任组长。该日举行第一次会议。

【19日】中国文字改革委员会修订简化汉字七人小组举行第二次会议,继续研究修订《汉字简化方案》。

【22日】中国文字改革委员会修订简化汉字七人小组举行第三次会议,继续研究修订《汉字简化方案》。

【25日】中国文字改革委员会修订简化汉字七人小组举行第四次会议,继

续研究修订《汉字简化方案》。

【31日】《光明日报·文字改革》开展"文言能不能用简化汉字"的讨论。当日发表蒋仲仁的《用简化字排印文言文》、于在春的《文言文和简体字》、赵捷民的《重印古书不必用简化汉字》和王年一的《不必要也不可能用简化字》等文章。

中国文字改革委员会接到国务院秘书厅电话通知,周恩来总理指示,修改后的简化汉字明年(1963年)元旦要在《人民日报》公布,同时发布国务院命令。

11月

【7日】中国文字改革委员会修订简化汉字七人小组举行第五次会议,提出《对〈汉字简化方案〉的修改意见(初稿)》。

【9日】中国文字改革委员会副主任叶籁士向周恩来总理书面报告简化汉字讨论、修订情况及今后计划。《报告》中说,①原准备争取在11月15日完成简化汉字的修订工作,现在看来要推迟至11月底。②将在《人民日报》发表《反对乱造乱用简化字》一文。③将《对〈汉字简化方案〉的修改意见(初稿)》发给上次参加政协讨论的人士,再一次书面征求意见;同时召开中央各部门负责同志、新闻出版以及学校教师座谈会,听取他们对《修改意见(初稿)》的意见。根据各方面意见,七人小组再一次讨论修改,编制成准备公布的《简化汉字总表》。④草拟供公布用的《关于修改简化汉字的说明》,召开中国文字改革委员会全体委员会议讨论通过。⑤草拟国务院的《命令》,一并送请周恩来总理审核。⑥组织一些委员、专家写文章,提倡写规范的简化字,反对乱造乱用简化字。

【10日】周恩来总理在叶籁士关于简化汉字讨论、修订情况及今后计划的报告上批示,同意照此安排,修改意见待收到文件后再复。

【12日】中国文字改革委员会修订简化汉字七人小组举行第六次会议,继续研究修订《汉字简化方案》。胡乔木出席会议。

【14日】《光明日报·文字改革》双周刊发表王竹楼的《简化汉字和重印古书》、宋云彬的《用简体字排印古书的先决条件》和王克仲的《从〈论·孟〉谈文言文使用简化字》等文章。

【15日】上海市部分大、中、小学教师,编辑出版工作者座谈讨论《对〈汉字简化方案〉的修改意见》。座谈会由傅东华主持。出席座谈的有32人。

【16日】中国文字改革委员会通过中国人民政治协商会议全国委员会发出300份《对〈汉字简化方案〉的修改意见》，书面征求意见。

【17日】《人民日报》发表《反对滥造滥用简化字》一文。编者按说，本报最近收到有关简化汉字的读者来信270多封，绝大多数来信反对任意滥造滥用简化字，主张根据国务院公布的《汉字简化方案》统一简化字的用法，以消除目前在使用简化字方面存在的一些混乱分歧现象。

【20日】中华人民共和国文化部和中国文字改革委员会联合召开新闻出版界座谈会，讨论汉字简化问题。座谈会由胡愈之主持，叶籁士说明了《对〈汉字简化方案〉的修改意见》的草拟经过。参加座谈讨论的有26人。

【22日】中国文字改革委员会主任吴玉章邀请中央机关负责同志座谈，听取他们对修改简化汉字方案的意见。座谈会由胡愈之主持，丁西林就《对〈汉字简化方案〉的修改意见》作了说明。参加座谈讨论的有24人。

【24日】中国文字改革委员会再次召开语文教师座谈会，讨论《对〈汉字简化方案〉的修改意见》。参加座谈讨论的有22人。

【30日】中国文字改革委员会副主任叶籁士通过教育部有关负责同志向中共中央宣传部报告简化字讨论情况及各方面提出的意见和问题。《报告》中说，简化字讨论中各方面的主要意见如下：①对于汉字简化没有根本反对或者主张大量收回的意见。对国务院公布的方案以外的滥造滥用颇表不满，希望政府加以制止。②对原方案尽可能少改动。《修改意见》修改得太多了。③要不要补充新的简化字，小学和扫盲教师主张多增加一些，中学教师主张少增加一些。高级知识分子希望汉字简化工作稳定一个时期。④对于偏旁类推，高级知识分子和小学教师都说好。在讨论中遇到两个主要问题：①文言文和古书中用不用简化字的问题。②简化方法从形好，还是从声好。

人民教育出版社召开中、小学语文教材使用简化字问题座谈会。出席会议的有中、小学教师14人。

[本月]中国文字改革委员会通过中共中央宣传部办公室给在北京参加宣传会议的各省、市、自治区宣传部部长、教育厅（局）长分发《对〈汉字简化方案〉的修改意见》140份，书面征求意见。

12月

【12日】《光明日报·文字改革》双周刊发表蒋善国的《也谈文言能不能用简化字》、周叔弢的《简化汉字不宜用于文言文》和 Y. G. 的《文言古书和简体字》等文章。

【15日】修订简化汉字七人小组主持人丁西林提出《简化汉字的原则和对修改原方案的意见》,印发给中国文字改革委员会各位委员。它的主要内容是:①规定一切简化的字和原繁体字并存。规定在现代刊物和教科书上引用古书上的文言时,一般也用简体字,对中小学的学生不教繁体字。②规定简化繁体字的原则。首先是"约定俗成",其次是尽量保留原字的轮廓。③不要造即时标音准确的新形声字。④少改已经公布推行的原方案中的字。⑤承认汉字有楷书和行书(草书是另一问题)两体,规定两体并用,印刷上用楷体,手写时可以用行书。⑥规定类推简化原则。⑦在新方案中增加少数新简化字。

【26日】《光明日报·文字改革》双周刊发表萧斧的《排印古书和字形问题》、狄晚晴的《排印古书应该保留原字》和四亭的《古色古香不体现在文字的繁简上》。

【29日】中国文字改革委员会再次召开北京语文教师座谈会,专门讨论汉字简化的偏旁要不要类推、如何类推等问题。出席会议的有文化教育办公室、人民教育出版社、北京市教育局教材编审处的同志和中小学教师共21人。

▲1963 年

1月

【4日】中国文字改革委员会修订简化汉字七人小组举行第七次会议,继续研究修订《汉字简化方案》。

【8日】中国文字改革委员会修订简化汉字七人小组举行第八次会议,继续研究修订《汉字简化方案》。

【15日】中国文字改革委员会修订简化汉字七人小组举行第九次会议,继续研究修订《汉字简化方案》。

【23日】《光明日报·文字改革》双周刊发表倪海曙的《古书的古貌》和本刊编辑是的《"文言能不能用简化汉字"来稿综述》。

[本月]《文字改革》第2期发表毛汶、贺水彬的《同音代替字需要收回吗?》

2月

【7日】中国文字改革委员会修订简化汉字七人小组举行第十次会议,继续研究修订《汉字简化方案》。

【8日】中国文字改革委员会修订简化汉字七人小组举行第十一次会议,继续研究修订《汉字简化方案》。

【9日】中国文字改革委员会以叶籁士的名义向周恩来总理呈报《关于汉字简化方案修订工作的报告》。《报告》说,《汉字简化方案》已经讨论修订完毕,目前正在作文字加工,起草给总理并中央的报告。《报告》中汇报了修订工作的三条原则:①对原方案尽量少做改动;②对于哪些简化字可作偏旁类推,哪些不能类推,作出明确规定,以防止混乱;③不增加新简字。

【24日】周恩来总理批复《关于汉字简化方案修订工作的报告》,原则同意。请先提交中国文字改革委员会全体会议讨论,通过后再交我阅。

【27日】中国文字改革委员会修订简化汉字七人小组举行第十二次会议,继续研究修订《汉字简化方案》。胡乔木出席会议。

[本月]《文字改革》第3期发表殷焕先的《关于汉字形体结构的简化》。

3月

【3日】中国文字改革委员会草拟《国务院命令(草稿)》和《简化汉字修订方案(草案)》。

《国务院命令(草稿)》指出,1956年公布的《汉字简化方案》,经过7年多的实践证明,受到全国人民,特别是广大工农兵群众和青少年、儿童的欢迎。在实践过程中,也发现少数简化字还有容易读错写错,或者在某种情况下意义不明确的情况;原方案没有详细规定哪些字无论单用或者作偏旁都简化,哪些字只在单用时简化,哪些字只在作偏旁时简化;此外,原方案注意了汉字需要简化的一面,对于汉字需要规范化的一面注意不够,对于纠正乱造简化字的倾向和防止发生读错字写错字的情况,没有起应有的和可能有的作用。《国务院命令(草稿)》指明,这次修订只在1956年《方案》的范围内进行,对于各地群众要求增补的简化字,留待以后适当时机处理。《国务院命令(草稿)》还就有关汉字简化和规范化的重要事项作了如下规定:①除供专家使用的古籍、高等学校中国古代语言文字、文学、历史、哲学各科的教学用书和其他某些适应特殊需要的书籍以外,一般出版物一律通用简化字。②简化汉字由于刻铸各号各体字模需要相当时间,在一般出版物上仍将陆续推行,但是字典辞典、中小学教材、扫盲教材、青少年课外读物和通俗书报应尽早全部使用。③群众自造的简化字,凡是未经中国文字改革委员会采用和国务院批准的,一律不得在出版物中应用,不得在县级以上的国家机关的布告和省级以上的国家机关的公文中应用,不得在各级学校的试卷和作业中应用。④为了树立现代汉字的明确规范,责成中国文字改革委员会、中国科学院语言研究所、文化部和教育部搜集目前通用的汉字,审定每个字的形体,使一个字只有一种正式的写法,不同的字不相混淆,编成字表公布,并责成编辑《标准字典》,作为正字正音的标准。

《简化汉字修订方案(草案)》包括修订说明和三个表。"修订说明"指出:①原方案有少数简化字作了修改。这些修改一般是尽量减少同音代替,尽量接近繁体字的原字形和原系统,便于互相对照,尽量避免可能发生的意义混淆、读错和写错和尽量照顾过去汉字简化的习惯。②《简化汉字修订方案(草案)》把简化字分列两表。第一表的字只在单用时简化,第二表的字无论单用或作偏旁都简化。简化偏旁表所列简体限于作偏旁时使用。③为了防止和纠正乱造简化字的现象,先列繁体,次列简体,在必要时加注简单的说明,这些说明和方案本身同样有效。

《简化汉字修订方案(草案)》的"简化字第一表"收录303字(不能当作偏旁类推出别的简化字),"简化字第二表"收录131字(能当作偏旁类推出别的简化字),"简化偏旁表"收录32个简化偏旁(只限于作字的类推)。

【8日】中国文字改革委员会召开全体委员会议,讨论修订简化汉字问题。吴玉章宣布开会,胡愈之主持会议。修订简化汉字七人小组汇报了工作。

【9日】上海语文学会召开座谈会,讨论《简化汉字修订方案(草案)》。座谈会由傅东华主持。大字、中字、小学、出版社、印刷研究所等单位的15人参加了座谈会。

【18日】中国文字改革委员会研究处派人到北京朝阳区东坝中德友好人民公社向社员征求对简化汉字的意见。

【19日】中国文字改革委员会再次召开教师座谈会,继续征集对《汉字简化方案》的修订意见。北京市中小学、业余学校教师和课本编辑人员、部队文教工

作者共12人参加了座谈会。会议由叶籁士主持。

【31日】中国文字改革委员会再次以叶籁士的名义向周恩来总理报告有关修订简化汉字的工作情况。报告中说,上次送审的命令和修订方案,又做了一些小的改正。随报告送审的文件有《国务院命令(草稿)》《简化汉字修订方案(草案)》《关于修订简化汉字的报告(草稿)》。

4月

【1日】《光明日报·文字改革》双周刊刊登新闻《中国文字改革委员会、文化部、教育部发出联合通知——明确规定简化偏旁的使用范围》。还发表了王非的《简化偏旁是个好办法》和蔡廷锴的《从蔡字应当简化谈起》等文章。

【19日】

《光明日报·文字改革》双周刊发表溥雪斋的《简化字和书法艺术》。

【27日】中国文字改革委员会研究出邀请北京市第一实验小学、景山学校等校教师座谈在语文教学和学生作业中发现的难写难读和容易写错读错的字,以及有关简化汉字的一些问题。

【28日】中国文字改革委员会研究处派人到北京大兴县红星中朝友好人民公社征求社员和教师对简化汉字的意见。

【29日】

《光明日报·文字改革》双周刊发表吴辉的《简化汉字可以减轻学生的负担》和王芸生的《汉字简化大有可为》。

5月

【11日】《人民日报》第5版发表文改会、文化部联合发出的《关于简化汉字一些问题的说明》。

中国文字改革委员会研究处派人到北京市部分商店、誊印社进行调查,征求对简化汉字的意见,搜集在商业和誊印工作中经常使用的简化字。

【13日】

《光明日报·文字改革》双周刊发表李烛尘的《谈简化字及其他》。

【27日】

《光明日报·文字改革》双周刊发表《汉字改革座谈会纪要》。

6月

【10日】

《光明日报·文字改革》双周刊发表曾世英的《乱用简化字不好,不用简化字好不好》和马大京的《简些,再简些》。

[本月]《山东大学学报》(语言文学版)第2期发表殷焕先的《汉字的组形与汉字的简化》。

8月

【19日】

《光明日报·文字改革》双周刊发表沈玉贤的《汉字简化有利于教和学》。

9月

【2日】《光明日报·文字改革》双周刊发表杨亦周的《"庄户字"的简化及其他》、蓝大名的《简化农业方面的繁体字》、薛安静的《急需简化这些字》和董德沛的《首先简化最常用的字》。

【16日】

《光明日报·文字改革》双周刊发表胡敬简的《如何对待新简体字》。

10月

【28日】中国文字改革委员会给周恩来总理写了关于简化字问题的请示报告。报告说,如果简化汉字修订方案中央一时还不能讨论,拟请总理考虑,可否将其中一部分字,即"可以类推简化的字",先行批准。

[本月]陕西省推广普通话工作委员会、教育厅、文化局、高教局发出《关于加强推行简化汉字的联合通知》。《通知》要求各出版单位和印刷厂尽可能购置各号简化汉字铜模,在出版物中尽量使用已推行的简化汉字。

11月

【25日】《光明日报·文字改革》双周刊发表何金松的《论同音字分类合并》。

[本月]中国文字改革委员会不断研究、修改《简化汉字修订方案(草案)》。1963年11月的修改稿,包括修订说明、简化字表、简化偏旁表三部分。简化字表列繁简对照的字492组,简化偏旁表列繁简对照的偏旁28组。

在第二届全国人民代表大会第四次会议上,全国人民代表大会代表丁西林、叶圣陶、车向忱、陈望道、吴贻芳、林汉达、竺可桢、周建人、胡愈之、曾世英、黎锦熙等作了"继续促进文字改革工作"的联合发言,对简化汉字的成绩给予了肯定,指出:"文字有社会性和全民性,它的产生必须经过两个过程,一个是创造的过程,另一个是规范化的过程。群众所创造的简化汉字,必须经过国家的统一,才能成为社会和全民的工具。""这一点必须向群众宣传说明,说服他们不要乱用简化汉字。"

12月

【9日】《光明日报·文字改革》双周刊发表林焘的《精简通用汉字不能光靠同音合并》、李慕韩的《农村常用字极待简化》、曾宪达的《医药上的简化字》和赖震川的《〈简化字总表〉读后》。

【23日】《光明日报·文字改革》双周刊发表容庚的《对〈简化字总表〉的我见》和吴辉的《同音代替是精简汉字的重要方法》。

【25日】中国文字改革委员会就简化汉字问题,向国务院呈报《关于类推简化原则的请示》,表示类推简化的原则问题需要及早解决,也可以提前解决。拟请国务院批准《关于类推简化原则的请示》中提出的类推简化原则,以便据此作出可以类推简化的字表,分发新闻出版部门遵照执行,以统一简字规范。

▲1964年

1月

【3日】《北京日报》第2版发表了董治齐的《对于滥用滥造简化字的意见》。

【4日】中国文字改革委员会再次就类推简化原则问题向文教办公室并国务院请示,拟请国务院批准类推简化的原则。

【7日】中国文字改革委员会向文教办公室并国务院呈报《关于简化字问题的请示》。表明遵照周恩来总理的指示,为了修订简化字,从1962年9月开始,采取座谈、通信、访问等方式,组织了关于简化字问题的讨论和调查,经过反复研究和仔细推敲,最后拟具修订方案草案,送请周总理审批。后因周总理出国以前事忙,不及审批。由于目前学校教科书及若干词典急待排印,各新闻出版等有关单位都要求简化字有个明确规定,以免混乱,为此,拟通知各有关方面,在修订方案为公布前,使用简化字仍以1956年国务院公布的原方案为准,其中尚未推行的28个字,亦仍照原方案简化。但简化汉字中的类推部分,由于原方

案交代不够明确,目前出版物上存在分歧混乱现象。在简化字修订过程中,确定了类推简化的原则。1962 年 2 月间,根据这个原则拟定的修订方案草案初稿,曾送周总理审核。周总理批示"原则同意"。这个问题经过各方面人士的讨论和广泛征求意见,大家的认识是一致的。为此,拟请国务院批准上述类推简化的原则。

【16 日】《北京日报》第 2 版发表了陆志韦等人的《对于自造简体字的几点意见》。

2 月

【4 日】国务院关于简化字问题给中国文字改革委员会批示:"同意你会在报告中提出的意见:《汉字简化方案》中所列的简化字,用作偏旁时,应同样简化;《汉字简化方案》的偏旁简化表中所列的偏旁,除了四个偏旁(讠饣纟钅)外,其余偏旁独立成字时,也应同样简化。你会应将上述可以用作偏旁的简化字和可以独立成字的偏旁,分别作成字表,会同有关部门下达执行。

3 月

【6 日】中国文字改革委员会向国务院文教办公室呈报《关于推行 28 个简化字的请示报告》。

【7 日】中国文字改革委员会、文化部、教育部发出《关于简化字的联合通知》。

5 月

【3 日】郭沫若的《日本的汉字改革和文字机械化》一文在《人民日报》上发表。全文分五部分:①日本的"当用汉字"1850 个;②日本的"教育汉字"881 个;③整理字体和简化笔画;④文字工作的机械化;⑤"他山之石,可以攻玉"。同年 10 月,由人民出版社出版单行本。

【11 日】中国文字改革委员会、文化部就读者提出的意见在《人民日报》发表《关于简化汉字一些问题的说明》,有四部分内容:①关于繁简并用问题。分析了书报上繁简并用的原因。②关于铅字字形的统一。③关于简化字与原有字混淆和繁难常用字的简化问题。④关于增加简化汉字问题。

中国文字改革委员会编《简化字总表》由文字改革出版社出版。

6月

【12日】《文字改革》6月号转载郭沫若的《日本的汉字改革和文字机械化》，还开辟了"为了减轻学生负担,在汉字整理方面应该做些什么?"讨论专栏,并发表了中国文字改革委员会、文化部印发的《关于简化汉字一些问题的说明》。

［本月］《文字改革》第6期发表了殷焕先的《汉字简化工作需要继续进行》、袁翰青的《汉字偏旁简化有利于教学工作》和丰子恺的《简化字一样可以艺术化》等文章。

7月

【16日】中华人民共和国民族事务委员会复文给中国文字改革委员会,对少数民族名称中的一些生僻难写的字的简化和改换问题提出了意见。

【19日】《人民日报》第8版发表林曦的《好好利用〈简化字总表〉》。

【22日】《光明日报·文字改革》开展"关于改换生僻地名用字"的讨论。

中国文字改革委员会召开全体委员会议,讨论关于《简化字总表》的问题。

［本月］《文字改革》第7期发表了傅东华的《谈简化偏旁问题》、董渭川的《需要进一步做好汉字简化工作》、濮之珍的《促进汉字简化工作》等文章。

8月

《文字改革》第8期发表冯振的《汉字必须继续简化》、方轶群的《简化字还太少》和梁尚之的《把汉字简化工作搞得彻底些》等文章。

9月

《文字改革》第9期发表了冯一航的《做好汉字简化和拼音教学工作》,唐钺的《对汉字简化的几点意见》,任溶溶的《也谈汉字简化》,韩镕石的《消除滥用简化字的正确途径》,沈长春、王宏珍的《应当为青少年着想》,可膺的《一个校对工作人员对简化字的意见》和方治鉴的《艺术字也要采用简化字》等文章。

10月

《文字改革》第10期发表了徐楚波的《汉字简化工作应该继续积极进行》、华舒野的《对今后汉字简化工作的几点意见》、施若霖的《手写隶字要采用简化字》和子在春的《把简化部首工作进行到底》等文章。

11月

经青海省人民委员会第五次全体会议决定,对青海省一些地名用字中生僻繁难的字加以更改、简化。

《文字改革》第11期发表了钟吉宇的《关于汉字简化和整理的几点意见》、春潮的《正确地书写公布的简化字》和李实际的《跟剧本有关的两项建议》等文章。

《简化字总表检字》由文字改革出版社编辑、出版。

12月

【12日】《文字改革》12月号发表霍羽白的《〈简化字总表〉在字形上的革新》、车载喜的《汉字简化工作促进少数民族学校的汉语教学》、王镇华的《继续简化汉字是广大群众的要求》和朱星的《形声简字还可提倡》等文章。

▲1965年

1月

【20日】《光明日报·文字改革》双周刊发表李未的《积极进行汉字的整理与简化工作》、林曦的《大家来按〈简化字总表〉写字印书》。

[本月]《文字改革》第1期发表文志传的《在教学中正确对待汉字简化工作》。

2月

【17日】《光明日报·文字改革》双周刊发表李效桐的《同音字分类合并不切实际》。

[本月]《文字改革》第2期发表倪镇封的《谈谈〈简化字总表〉的注解》、徐仲华的《要一简到底》、向山的《汉字需要继续简化》和刘靖、张倩的《从保护学生视力谈汉字简化》等文章。

3月

【17日】《光明日报·文字改革》双周刊发表《简化笔画和整理字形有利于减轻学习负担——北京市部分教师座谈〈简化字总表〉和〈印刷通用汉字字形表〉》和解放军某部教员的《我们希望看到更多的简化字》。

[本月]《文字改革》第3期发表凡丁的《为什么不能把简化字的部分结构当作简化偏旁使用》、程鹏勋的《一本语文教学的工具书〈简化字总表〉》、吴友

根的《汉字的简化和规范化》、宋仲鑫的《几点建议》、林海丰的《简化字好》、黄河的《从学生的错别字谈起》和姚永的《常用字简化前后统计比较》等文章。

4 月

【14 日】《光明日报·文字改革》双周刊发表容庚的《对简化字总表的我见》。

［本月］《文字改革》第 4 期发表方遐君的《简化汉字的新阶段》、萧天柱的《注意掌握〈简化字总表〉的字形》、胡百凡的《从小学生错别字多，来对汉字简化工作提几点建议》、张飞谋的《相近偏旁可以简化归并》、黄世忠的《群众欢迎新形声简字》和潘桂元的《日常生活和农业用字应该简化》等文章。

5 月

【12 日】《文字改革》5 月号发表编辑室的《〈简化字总表〉答问》。

［本月］《文字改革》第 5 期发表向善的《〈简化字总表〉对语文教学的好处》。

6 月

《文字改革》第 6 期发表黎龙荣的《是"约定俗成"的就可以吸收》。

7 月

【7 日】《光明日报·文字改革》双周刊发表林平的《日本是怎样精简汉字的？》。

【21 日】《光明日报·文字改革》双周刊发表张瑞麟的《从中学语文教学谈汉字的进一步简化》和刘伯璜的《简化字总表的优点》。

［本月］《文字改革》第 7 期发表李丹的《教学简化字的几点经验》。

8 月

【4 日】《光明日报·文字改革》双周刊发表孙晓辉的《简化农业常用字》。

［本月］《文字改革》第 8 期发表吴金裕的《我是怎样把〈简化字总表〉教给学生的》。

9 月

《中国语文》第 4 期发表陈越的《偏旁简化、草书楷化综论》。

10 月

《文字改革》第 10 期发表杨业荣的《非语文教师也应正确使用简化字》和宋

裕华的《报纸上的繁体字应该尽快简化》。

12月

(台湾)国语日报社出版方师铎的《五十年来中国国语运动史》。

▲1966年

1月

《四川教育通讯》第1期发表读者来信《不要乱写简化字》。

4月

《文字改革》第4期发表郑林曦的《怎样使用〈简化字总表〉?》。

7月

《文字改革》杂志停刊。

8月

【4日】《光明日报·文字改革》专刊停刊。

12月

无产阶级革命家、教育家、历史学家、中国文字改革先驱、中国文字改革委员会主任吴玉章(1878—1966)逝世。

▲1968年

8月

【6日】中国文字改革委员会常务委员叶恭绰(1880—1868)逝世。

[本月]《新亚书院学术年刊》第8期发表陈绍棠的《论中共的简化字总表》。

▲1969年

1月

《星际日报·新年特刊》发表李孝定的《从中国文字的结构和演变过程泛论中国文字的整理》。

5月

【28日】台湾"中华文化复兴运动委员会"举行常务委员会议。林语堂临时动议,整理我国现有简体文字。会议决定原则同意交由"教育部改革促进委员会"研究办理。

12月

【25日】台湾热心研究和推行简体字的罗家伦(1897—1969)逝世。

▲1970年

《中国语文论丛》发表周法高的《续论简体字》。

台北国际关系研究所出版汪学文著《中共文字改革与汉字前途》。

▲1972年

4月

《红旗》杂志第4期发表郭沫若的通信《怎样看待群众中新流行的简化字?》。信中指出:"把民间纷纷简化汉字,一律认为是错误的,却未免言之过重。""在汉字拼音化以前要经历一段长远的过渡时期。在这过渡时期中,为了减少汉字在使用上的困难,故进行了汉字简化和减少字数的工作。""民间对汉字纷纷简化,这正表明汉字必须简化,也正表明文字必须改革。这是时代潮流,不应禁止,也不能禁止。""从事文改工作的人,应该经常注意民间的简化汉字,吸取其可取者而随时加以推广。""简化汉字和所谓'艺术字'截然不同,在崔同志的信中把它们等同了起来,而一律加以非难,我觉得也值得考虑。"

10月

【14日】周恩来总理接见一位美籍中国科学家,在谈到文字改革时指出,第一要推广普通话,第二要简化汉字。

▲1973年

1月

《文史哲》第1期发表蒋维嵩的《关于利用形声原则简化汉字的问题》,提倡用改换声旁的方法来简化汉字。

5月

【10日】经毛泽东主席批示"同意",《光明日报·文字改革》专刊复刊。当日发表了本刊编辑室的《在汉字的简化方面作过那些工作?》。

6月

【10日】《光明日报·文字改革》双周刊发表了国朋的《谈群众简化汉字的方法》。

【25日】《光明日报·文字改革》双周刊发表了林西的《简化汉字要多用同

音假借的方法》,宁强、郭联的《驳"简化字吃亏"论》和罗春第的《简化字对我的学习有帮助》等文章。

【27日】《文汇报》发表柳兵的《谈简化字的群众化和规范化》。

7月

【11日】《文汇报》发表宁文的《加速汉字的简化工作——从学生书写错别字中想到的》。

【17日】国务院科教组提出文字改革工作机构的名称问题的建议。周恩来总理批示,同意恢复"中国文字改革委员会"名称,归国务院科教组管。

【25日】《光明日报·文字改革》双周刊发表了刘应祥的《希望有更多的简化字》、史洪志的《进一步简化汉字是革命的需要》。

8月

【10日】《光明日报·文字改革》双周刊发表了徐成淼的《浅谈简化汉字的形声问题》和杨柏青的《汉字简化势在必行》。

【25日】《光明日报·文字改革》双周刊发表了程祥徽的《运用规律适当类推——谈简化汉字的方法》。

10月

【10日】《光明日报·文字改革》双周刊发表了穆奕的《对具体问题要做具体分析——也谈简化汉字的形声问题》。

11月

【10日】《光明日报·文字改革》双周刊发表了戴礼的《从汉字发展谈汉字简化》。

▲1974年

1月

【25日】《光明日报·文字改革》双周刊发表了张蕴光的《对同音字去留原则的意见》和余发海的《汉字简化是工人的心愿》。

3月

【25日】《光明日报·文字改革》双周刊发表了张庚西的《批判孔孟之道,继续简化汉字》和张胜材的《采用多种方法简化汉字》。

4月

【11日】中国文字改革委员会副主任丁西林(1893—1974)逝世。

5月

【10日】《光明日报·文字改革》双周刊发表了钟志祥的《繁难字可适当地用同音字代替》和江晖、鲁歌的《学习鲁迅 精简汉字》。

【25日】《光明日报·文字改革》双周刊发表了浙江省湖州中学的《学习工农群众,积极简化汉字》和陈建康《的汉字要简化,也要规范化》。

6月

【10日】《光明日报·文字改革》双周刊发表了向晖的《汉字的简化和规范化》。

【25日】《光明日报·文字改革》双周刊发表了南师大中文系一年级一班的《简化汉字就是好》。

8月

【10日】《光明日报·文字改革》双周刊发表了李毅的《从"回"字的四样写法谈起》和吉林师大中文系现代汉语教研室的《贫下中农迫切要求汉字进一步简化和规范化》。

10月

【25日】《光明日报·文字改革》双周刊发表了梁赞鲁的《我们赞成同音替代的简化方法》。

11月

【25日】《光明日报·文字改革》双周刊发表了胡双宝的《同音代替是精简汉字字数的重要途径》。

12月

【10日】《光明日报·文字改革》双周刊发表了陈永移的《我们欢迎新简化字》。

【25日】《光明日报·文字改革》双周刊发表了高天如的《简化汉字要注重表音作用》和张诵文的《简化字学起来省劲》。

[本年]

文字改革出版社编《汉字的整理和简化》由文字改革出版社出版。

▲1975 年

3 月

《吉林大学社会科学学报》第 3 期发表长春光机研究所动力车间工人理论组等的《汉字必须继续简化》。

4 月

《华中师院学报》第 4 期发表吴德志等人的《按照汉字发展的规律简化汉字》。

5 月

中国文字改革委员会拟出《第二次汉字简化方案（草案）》，报请国务院审阅。

8 月

【10 日】《光明日报·文字改革》双周刊发表山师大中文系的《人民群众简化汉字的洪流不可阻挡》。

9 月

【15 日】国务院办公室传达周恩来总理对《第二次汉字简化方案（草案）》及文字改革工作的意见："此事（指简化汉字）主席说了那么长时间了，为什么这一次才这么一点？""汉字简化方案让群众讨论提意见，这一条好。"

11 月

【7 日】《光明日报·文字改革》双周刊发表郗纯、项徽的《加强汉字的表音功能——从群众新造简化字中得到的启示》。

12 月

【3 日】《人民日报》第 3 版发表费锦昌的《为巩固无产阶级专政而改革文字》、孙要武的《大力简化农村常用字》和中科院印刷厂文改研究小组的《同音归并，精简汉字》。

▲1976 年

1 月

【17 日】《光明日报·文字改革》双周刊发表李航的《多用同音代替减缩汉字数量》。

6月

【4日】《光明日报·文字改革》双周刊刊登《燕山脚下一个公社的变化——河北省迁西县新庄子公社学理论、学文化、试用新简化字的情况》。

8月

【22日】《语文战线》第4期发表傅国通的《从"新简化字"谈起》。

［本年］

《抖擞》第16期发表郑锦全的《汉字简化的方向》。

文字改革出版社编辑的《汉字简化是当前文字改革的重要步骤》由文字改革出版社出版。

▲1977年

5月

【20日】中国文字改革委员会将《关于〈第二次汉字简化方案(草案)〉的请示报告》送国务院审批。报告中说,在拟订《草案》时着重考虑了以下几点：①主要选用的是群众中流行的简化字；同时根据群众简化汉字的规律,适当拟制了一些新简化字。②从有利于目前的应用出发,着重简化比较常用的汉字。③在简化汉字形体的同时精简汉字的数量。

《光明日报·文字改革》双周刊发表北京市东城区文教局五七大学小学语文组的《汉字怎样做到从形体上和数量上同时精简》和国营卫东机器制造厂业余文改小组的《从工业学大庆运动中简化汉字》。

7月

【6日】《光明日报·文字改革》双周刊发表郭战天的《精简汉字数量,不要再造新字》。

10月

【31日】中华人民共和国国务院发出文件批转中国文字改革委员会关于《第二次汉字简化方案(草案)》的请示报告。文件指出："《第二次简化方案(草案)》可在《人民日报》以及省、市、自治区一级报纸上按照规定日期同时发表,征求广大工农兵群众和各方面人士的意见。其中第一表的字,已在群众中广泛流行,自《草案》发表之日起,即在图书报刊上先行试用,在试用中征求意见。"

11月

【25日】中华人民共和国教育部、中国文字改革委员会在北京联合召开有全国各省、市、自治区、解放军总政治部和中央、国务院有关部门的代表参加的讨论《第二次汉字简化方案(草案)》工作座谈会,就全国讨论《第二次汉字简化方案(草案)》的工作,进行了研究安排。

12月

【1日】中国文字改革委员会发出《关于组织讨论〈第二次汉字简化方案(草案)〉工作的意见》,建议各省、市、自治区成立一个临时领导机构,负责组织本地区《草案》的宣传、征求意见和修订工作。

【2日】《光明日报·文字改革》双周刊发表李如龙的《对同音代替压缩汉字的意见》。

【20日】《人民日报》《光明日报》《解放军报》及各省、市、自治区一级报纸发表中国文字改革委员会拟订的《第二次汉字简化方案(草案)》,广泛征求意见。《第二次汉字简化方案(草案)》共收简化字853个,其中第一表248个,第二表605个。此案发表后,第一表的简化字即在全国图书报刊上陆续试用,在试用中征求意见。《人民日报》为此发表社论,题目是《加快文字改革工作的步伐》。《光明日报》社论的题目是《符合群众愿望的一件大事》。

【21日】《人民日报》开始试用《第二次汉字简化方案(草案)》第一表的简化字。

北京电视台播放有关《第二次汉字简化方案(草案)》讲座。

《文汇报》发表陆继椿的《简化汉字符合群众的愿望》。

【22日】福建省革命委员会教育局发出《关于组织讨论〈第二次汉字简化方案(草案)〉的通知》。

[本年]

文字改革出版社再版《简化字总表》。

▲1978年

1月

【6日】《光明日报·文字改革》双周刊发表了颜逸明、许宝华的《书法家应该写好简化字》和《〈第二次汉字简字方案(草案)〉问答》。

【9日】中国人民解放军总政治部向全军发出关于征求对《第二次汉字简化方案(草案)》意见的通知。

【31日】《人民日报》发表《〈第二次汉字简化方案(草案)〉解释》。

[本月]江西师院的《语文教学》第1期发表邓志瑗的《从文字的演变看〈第二次汉字简化方案(草案)〉的优越性》。

《河北师院学报》第1期发表柴世森的《也谈精简汉字数量——同音归并中的一个问题》。

2月

【3日】上海市成立文字改革临时领导小组,即日召开了第一次会议,研究有关上海市组织讨论《第二次汉字简化方案(草案)》的工作。

辽宁省革命委员会批转省文教办公室《关于组织讨论〈第二次汉字简化方案(草案)〉工作的请示报告》。

[本月]《语文教学参考》(初中)第2期发表马孝义的《汉字简化与〈第二次汉字简化方案(草案)〉》。

《陕西教育》第2期发表李平的《谈谈简化汉字》。

《河南师院学报》第2期发表宇众文的《总结经验加快汉字简化的步伐》。

《文史哲》第1期发表蒋维嵩、殷孟伦的《热烈拥护〈第二次汉字简化方案(草案)〉的发表》。

《第二次汉字简化方案(草案)》由文字改革出版社出版。

3月

【2日】中华人民共和国教育部发出《关于学校试用简化字的通知》。要求全国统编的中小学各科教材,自今秋起一律试用《第二次汉字简化方案(草案)》第一表的简化字。各省、市、自治区今年秋季自编的教材,也应全部试用《草案》第一表的简化字。

【4日】胡愈之、王芸生、王力、周有光等23人联名写信给第五届全国政治协商会议秘书处和第五届全国人民代表大会第一次会议秘书处,要求第五届中国人民政治协商会议和第五届全国人民代表大会的主要文件不采用《第二次汉字简化方案(草案)》第一表的简化字。

【7日】上海市教育局和上海电视台联合举办《文字改革专题讲座》,解说

《第二次汉字简化方案(草案)》。讲座共举办四次。

【21日】《光明日报·文字改革》双周刊发表了沈孟璎的《谈同音代替字》、吴甲丰的《对新简化字的意见》和蒋传一的《贫下中农喜新简化字》等文章。

[本月]《语文学习丛刊》第3期发表彭嘉强的《汉字简化有利于改进语文教学》。

4月

【7日】《光明日报·文字改革》双周刊发表了殷焕先的《同音代替字一定会引起异议混淆吗?》、郭瑞林的《"同音代替字"不宜过多采用》和纪中禾的《从药品标签看汉字简化》等文章。

【13日】广东省成立文字改革委员会,由李嘉人任主任,梁集祥、李又华、商承祚、陈迅之任副主任。自国务院发出批转中国文字改革委员会关于《第二次汉字简化方案(草案)》的请示报告的文件以后,全国已有16个省、市革委会先后成立了文字改革的机构或临时领导机构。其中广东、湖南两省成立了文字改革委员会;云南、浙江、河南、黑龙江、贵州、湖北等省成立了省文字改革领导小组或文字改革办公室;上海、河北、四川、安徽、辽宁、陕西、福建等省市成立了文字改革临时领导小组。有的省市决定不另成立文字改革机构,文改工作由省教育局负责。

【15日】《文史哲》第2期发表殷焕先的《学习〈第二次汉字简化方案(草案)〉——试论同音代替与形声字》。

【17日】中华人民共和国教育部发出《关于学校使用简化字的补充通知》。通知说:"《第二次汉字简化方案(草案)》第一表的字,正在试用并征求意见,今秋供应的教材,凡未发排的,不再使用新简化字。使用了新简化字的教材……可不再改动,但仍用原字进行教学。再版时改用原字。

【21日】《光明日报·文字改革》双周刊发表了宋连昌的《也谈同音代替字及其他》和高寿永的《谈简化汉字的兼顾问题》等文章。

【26日】中国人民政治协商会议全国委员会教育组邀请在京委员40多人座谈《第二次汉字简化方案(草案)》。胡愈之、董纯才、齐燕铭、王力、曾世英、张含英、钱昌照、周有光等出席了座谈会。会上,对《第二次汉字简化方案(草案)》提出了批评意见。座谈会于28日结束。

5月

【1日】《社会科学战线》发表吴甲丰的文章《对当前文字改革的意见和建议》。文章对《第二次汉字简化方案(草案)》提出了具体的意见,对文字改革工作提出了建议。

【10日】《中国语文》复刊后的第1期发表闻进的《努力做好文字改革工作》、陶伦的《关于〈第二次汉字简化方案(草案)〉的几个问题》、徐仲华的《读〈第二次汉字简化方案(草案)〉》。

6月

【16日】《光明日报·文字改革》双周刊发表了周有光的《汉字简化问题的再认识》。

7月

【5日】《文史哲》第3期发表邵冠勇的《假借与汉字简化》。

【10日】《中国语文》第2期发表于夏龙的《关于第二次汉字简化工作的一些意见》。

12月

【30日】《社会科学战线》第4期发表王凤阳的《汉字字形发展的辩证法》。

[本月]

《人民日报》《解放军报》停止试用《第二次汉字简化方案(草案)》第一表的简化字。

[本年]

吴玉章编辑《文字改革文集》由中国人民大学出版社出版。

汪学文著《论中共的文字改革》由(台北)黎明文化事业公司出版。

▲1979年

1月

《江西大学学报》(哲学社会科学版)第1期发表贡树勋的《汉字的发展和简化汉字》。

4月

《中央民族大学学报》(哲学社会科学版)第4期发表史有为的《略谈汉字改革中的几个问题》。

5月

《新闻战线》第5期发表了杨英耀的《简化得不当》。

9月

【1日】《光明日报》调整专刊,《光明日报·文字改革》双周刊停刊。

［本年］

周有光著《汉字改革概论》由文字改革出版社再版。

黄文清著《汉语汉字拼音定型化与汉字简化的新途径研究》由甘肃师范大学出版社出版。

▲1980年

1月

【17日】《人民日报》第2版发表《第二次简化汉字为什么不用了?》。

2月

【18日】中国文字改革委员会委员、语言文字学家、北京大学教授魏建功(1901—1980)逝世。

［本月］《复旦大学学报》(社会科学版)第2期发表邵嘉陵的《漫谈中日两国的简体字》。

3月

《湘潭大学学报》(哲学社会科学版)第3期发表陈建群的《从汉字的演变谈"拼音化"和"简化"》。

4月

《中国语文》4月号发表李静远的《实践的检验与汉字的改革》。

《语言教学与研究》第4期发表周有光的《当前文字改革的几个问题》。

5月

【16日】中国文字改革委员会举行第二次主任会议。这次会议是中国社会科学院院长胡乔木召集的。出席会议的有董纯才、胡愈之、张友渔、吕叔湘、王力、叶籁士、倪海曙、刘平。胡乔木作了重要讲话。他指出,《第二次汉字简化方案(草案)》是正式发表的,政协还开了会,后来暂停试用,所以,一定要有个交代,明确宣布哪些字可以用,哪些字不能用。

【19日】中国文字改革委员会举行第三次主任会议。出席会议的有张友

渔、吕叔湘、王力、叶籁士、倪海曙、刘平。会议认为要成立专门的机构修订《第二次汉字简化方案(草案)》,并考虑计算机处理汉字的要求问题。会议再次研究了有关召开第一次全体委员会议的事情。

【20日】充实和加强以后的中国文字改革委员会第一次全体委员会议在中国人民政治协商会议全国委员会礼堂东厅举行。会议决定由主任会议研究成立专门委员会修订《第二次汉字简化方案(草案)》。修订方案待委员会讨论通过后,报国务院审批。

【21日】《人民日报》《光明日报》等报纸报道了中国文字改革委员会举行1980年第一次全体委员会议的消息。《人民日报》的标题是《促进文字改革实现文字标准化》,《光明日报》的标题是《增补了新委员的文改会一致意见〈第二次汉字简化方案(草案)〉要重新修订》。

6月

【27日】中国文字改革委员会举行第四次主任会议,会议决定由王力、叶籁士、叶圣陶、吕叔湘、王竹溪、陈翰伯、张志公、周有光、倪海曙、钱伟长、马大猷11人组成《第二次汉字简化方案(草案)》修订委员会,由王力、叶籁士主持修订工作。修订委员会根据约定俗成和合理简化两条原则对《第二次汉字简化方案(草案)》进行了修订。

9月

《语文现代化》第3辑发表傅永和的《从〈汉字简化方案〉到〈简化字总表〉》。

10月

【4日】中国文字改革委员会委员周有光,应香港中国语文学会的邀请,到香港讲学。周有光做了题为"中国文字改革的现状和问题"的学术报告。

12月

【16日】《汉语拼音小报》第4版发表庞兆麟的《要坚持使用简化字》。

[本月]张朋、费锦昌合编的《文字改革30年记事(初稿)》在《语文现代化》丛刊第4辑开始连载。

▲**1981 年**

4 月

《语言教学与研究》第 4 期发表陈明远的《汉字的简化字和繁体字》。

7 月

【27 日】中国文字改革委员会召开主任会议。出席会议的有董纯才、张友渔、吕叔湘、王力、叶籁士、倪海曙、刘平。会议讨论通过了《第二次汉字简化方案(草案)》修订委员会提交的《第二次汉字简化方案(修订草案)》,这个草案共收 111 字。会议决定通过教育系统、政协系统、文字改革系统和语言学会系统向全国征求意见,然后,集中各方面意见,对方案进一步修订。

9 月

【16 日】中国文字改革委员会召开全体委员会议。会议经过讨论,原则上通过了《第二次汉字简化方案(修订草案)》。部分委员提出一些个别意见,留待全国征求意见工作结束后一并研究考虑。会议讨论通过了《关于〈第二次汉字简化方案(修订草案)〉征求意见工作的注意事项》。会议决定,《第二次汉字简化方案(修订草案)》立即印发全国征求意见。印发之前,由董纯才主任代表中国文字改革委员会对新华社发表一次谈话,说明修订经过和征求意见的要求、办法。

10 月

《语文现代化》第 5 辑发表袁翰青的《〈第二次汉字简化方案(草案)〉要赶快修订定案》、杜松寿的《当前文字改革问题的面面观》、李乐毅的《新加坡和香港的语文改革》、王力的《〈第二次汉字简化方案草案〉的修订工作(提纲)》等文章。

11 月

【11 日】《人民日报》刊发新华社北京 11 月 9 日电:中国文字改革委员会主任董纯才最近对新华社记者发表谈话,指出《第二次汉字简化方案修订草案》即将在全国范围内有重点地征求意见,并在此基础上形成《第二次汉字简化方案》。董纯才表示希望与台湾的语言文字学者建立联系,共同就汉字的规范化和现代化问题进行深入的研究和探索。

12 月

《自然杂志》第 4 卷 12 期发表陈明远的《汉字简化刍议——从汉字笔画的统计和分析看汉字简化》。

[本年]

殷焕先著《汉字三论》由齐鲁书社出版。

▲1982 年

1 月

【23 日】胡乔木在中国文字改革委员会主任会议上做了关于当前文字改革工作的重要讲话。讲话中提到,现在汉字的整理和简化工作为了适应新的形势的需要,特别是为了汉字信息处理和机械化的需要,应该在总结过去简化汉字工作的基础上,根据下面的原则和方法进行:①应该减少汉字的结构单位。②要减少汉字的结构方式。③要减少汉字的笔形。④要尽量使得汉字可以分解和容易分解。⑤要减少难写难认的字,尤其是那些最容易读错写错的字。⑥简化汉字时应该优先考虑采用形声字的方法。⑦要尽量减少多音字和歧义字。⑧简化字要尽量减少记号字等。

【26 日】《人民日报》发表《胡乔木提出文字改革工作三点意见》。

[本月]《文字改革》第 1 期发表傅永和的《第二次汉字简化方案(草案)的修订工作》、编辑室的《把文字改革的火焰继续燃烧下去——学习胡乔木同志1982 年 1 月 23 日关于文字改革问题的讲话》和刘涌泉的《科技革命和汉字改革》。第 2 期发表吕叔湘的《汉字改革问题》、苏培成的《"象"与"像"的纠葛》和高景成的《谈"长"字》。

2 月

【2 日】《人民日报》发表郑林曦的《滥用繁体字的倒车千万开不得》。

【12 日】《人民日报》发表赵朴初的《关于汉字简化问题的一些看法》。

3 月

【13 日】中国文字改革委员会举行主任会议。会议讨论了《第二次汉字简化方案(修订草案)》的修改问题,研究了有关必须调整的简化字的建议。

【23 日】中国文字改革委员会召开第八次主任会议。根据胡乔木讲话精神,会议决定,要对 1956 年公布的《汉字简化方案》中简得不合理,特别是容易

产生歧义的简化字进行必要的调整,调整时本着能不改的就不改、尽量少改的原则进行。鉴于此次修订涉及已经公布的《汉字简化方案》,因此《第二次汉字简化方案修订草案》改名为《增订汉字简化方案》。

4月

《人大复印资料》(语言文字学)第4期发表詹龙标的《从汉字的发展看汉字的简化》。

《北京师范学院学报》(哲学社会科学版)第4期发表刘庆锷的《从汉字的特点说到汉字的改革》。

10月

《北京电大通讯》第10期发表吴明的《汉字简化与信息论》。

▲1983年

2月

《文字改革》第4期发表雷群明的《新版图书应该尽量少用繁体字》。

6月

【1日】中国文字改革委员会举行主任(扩大)会议。出席会议的有董纯才、吕叔湘、叶籁士、倪海曙、唐守愚、周有光、王均。会议由董纯才主持。会议一致同意把《第二次汉字简化方案(修订草案)》上报国务院审批公布,并在公布的同时,向全国人民说明不能随意乱造、乱写汉字,要严格使用规范的简化字。会议还讨论了国务院审订委员会的组成人员(建议意见)。

8月

[本月]刘之强编《简化字 繁体字 选用字 异体字对照表》由上海辞书出版社出版。

9月

【1日】中国文字改革委员会举行主任会议。出席会议的有吕叔湘、王力、叶籁士、倪海曙、陈章太。会议由叶籁士主持。会议决定,待中国社会科学院院部对《第二次汉字简化方案(修订草案)》批复后,即举行中国文字改革委员会全体委员会议,审议通过《第二次汉字简化方案(修订草案)》。

12月

[本月]中国文字改革委员会汉字处拟定"关于《汉字简化方案》的调整和

《第二次汉字简化方案修订草案》的修改意见"(打印稿)。"意见"重点对《汉字简化方案》中103个同音代替简化字在使用中是否会发生意义上的混淆的问题进行了反复研究,并搜集了有关资料进行验证。对经删除后的《第二次汉字简化方案(草案)》123个简化字中的40组同音代替简化字(包括少数异体字)也进行了重点研究。

▲1984年

1月

【26日】《人民日报》发表《胡乔木提出文字改革工作三点意见》。

《光明日报》发表题为《争取文字改革工作更大的全面的进步》的社论。

《北京日报》发表题为《把文字改革的火焰继续燃烧下去》的社论。

[本月]《文字改革》第1期发表傅永和的《巩固整理和简化汉字工作的成果促进汉字使用的规范化》。

2月

【16日】经广泛征求意见和多次讨论,中国文字改革委员会决定《第二次汉字简化方案(草案)》不再作为修订方案公布,而拟作《增订汉字简化方案》发表。在中国文字改革委员会对《第二次汉字简化方案(草案)》修订和《汉字简化方案》调整的审订意见基础上,参考吕叔湘、曾世英等委员的意见,中国文字改革委员会汉字处编制了《增订汉字简化方案(征求意见稿)》。

3月

《文字改革》第5期发表中国文字改革委员会的《新中国的文字改革》和王均的《文字改革与新技术革命》。

《杭州大学学报》(哲学社会科学版)第2期发表倪镇封的《汉字简化的应用》。

9月

【14日】中国文字改革委员会召开主任、副主任、顾问联席会议。主任委员刘导生,副主任委员陈原、陈章太、王均,顾问吕叔湘、王力、叶籁士、唐守愚、周有光出席会议。文改会各部门负责人列席会议。会议主要议程有:汇报文改会当前的工作;讨论1984年10月召开全国文字改革工作座谈会的有关事项。会议提出即将着手的主要工作有:召开语言文字应用研究所成立大会;召开全国

文字改革工作座谈会,交流情况,促进工作,并为1985年召开第二次全国文字改革会议做准备;基本完成《第二次汉字简化方案(草案)》征求意见的工作,力争早日公布《增订简化汉字方案》。会议还讨论了1985年工作要点。

10月

【19日】中共中央政治局委员胡乔木写信给参加文字改革工作座谈会的全体代表。信中指出,通过对汉字简化的深入研究,不久将向社会提出修订简化汉字总表征求意见,这也是一项重要的成果。

11月

【2日】中国文字改革委员会举行主任扩大会议。主任委员刘导生,副主任委员陈章太、王均,还有张允臣、傅永和、厉兵等出席会议。会议就"增订汉字简化方案"问题和近期工作进行了讨论。对原准备调整的《汉字简化方案》中的6个字,一致认为以不动为好。《第二次汉字简化方案(草案)》从1977年公开征求意见到现在已经7年。此事应该有个交代,正式确定下来,免得人们等待。这个年底将修订方案上报国务院审批。会议还对文字改革工作近期的宣传工作进行了讨论部署。

【27日】《中国教育报》发表《胡乔木同志关于当前文字改革工作的意见》和《胡乔木同志给参加文字改革座谈会全体同志的一封信》。

12月

《第二次汉字简化方案草案》修订委员会将拟出的《增订汉字简化方案》(征求意见稿)和征集到的意见提交给中国文字改革委员会主任会议审议。主任会议决定:由于《汉字简化方案》中的简化字已推行近30年,群众早已习惯,而且已被新加坡、马来西亚等国采用,根据多数人的意见,现在不宜改动。

［本年］

曹澄方编著《文字改革工作问答》由上海教育出版社出版。

蒋仲仁著《形声字·复音词·汉字简化》由语言学与语言教学出版社出版。

▲1985年

1月

【29日】中国文字改革委员会给胡乔木写报告,报告中说:"我们将《增订汉字简化方案》(征求意见稿)中调整一简的6个简化字删除了,只保留了经全国

讨论通过的111个简化字。为了争取时间,我们准备把这111个简化字,拿到全国人大常委和政协常委中征求意见,待意见汇总后,根据您对简化汉字问题的多次指示精神,召开修订委员会会议,进一步对《增订汉字简化方案》进行修改,然后报请国务院审批。"

［本月］《文字改革》第1期发表杨萱庭的《简化字也可以入书法》和陈章太的《关于当前文字改革工作的意见》。

2月

【1日】胡乔木批示同意中国文字改革委员会的报告。

【13日】《文字改革》杂志第1期发表杨萱庭的《简化字也可以入书法》等文章,发表对社会用字问题的看法。

［本月］《文字改革》第3期发表《关于文字改革工作座谈会情况的报告》。第4期发表陈重瑜的《试评汉字简化的一些论说》。

《信阳师范学院学报》(哲学社会科学版)第2期发表吴力生的《进一步整理和简化汉字》。

［本年］

费锦昌主编、《文字改革》杂志编辑部编写的《建国以来文字改革工作编年记事》由于文出版社出版。

程祥徽的《繁简由之》由三联书店香港分店出版。

▲1986年

1月

【6日】经国务院批准,国家教育委员会和国家语言文字工作委员会于1月6日至13日在北京召开了全国语言文字工作会议。会议建议国务院批准正式宣布废止《第二次汉字简化方案(草案)》。今后对于汉字的简化,应持谨慎的态度,在一个时期内使汉字的形体保持相对的稳定,以利社会应用。

【7日】《光明日报》发表周有光的《汉字、拼音和语文现代化》。

2月

【13日】《人民日报》(海外版)发表余章瑞的《当前语言文字改革问题》。

［本月］《大连教育学院院刊》第2期发表孙牧的《汉字简化与字形同化》。

5月

【14日】《人民日报》(海外版)发表林榆的《从发展中求统一、根本解决繁简字的矛盾——兼与袁晓园教授商榷》。

【23日】国家语言文字工作委员会报送国务院《关于废止〈第二次汉字简化方案(草案)〉和纠正社会用字混乱现象的请示》。

《请示》说:"在今年一月召开的全国语言文字工作会议上,与会同志对《第二次汉字简化方案(草案)》长期未作定论和当前社会用字的严重混乱现象,提出了批评和建议,要求国家语言文字工作委员会尽快加以解决。"

"由原中国文字改革委员会拟订的《第二次汉字简化方案(草案)》,经国务院批准,于1977年12月20日在中央和省、自治区、直辖市一级报纸上发表,在全国征求意见,其中第一表的简化字在出版物上试用。由于这批简化字不够成熟,所以1978年4月和7月,原教育部和中宣部分别发出通知,在课本、教科书和报纸、刊物、图书等方面停止试用第一表的简化字。但是,这个草案并未废止。几年来,原中国文字改革委员会采取各种方式广泛征求各方面人士的意见,并对这个草案进行了多次修订。但在这个过程中,无论社会上或学术界,对要不要正式公布、使用这批新简化字,一直存在着不同意见。我们认为,1956年公布的《汉字简化方案》和1964年编印的《简化字总表》中的简化字已经使用多年,但有些字至今仍不能被人们准确使用,还需要经过一段时间的消化和巩固。同时,考虑到汉字形体在一个时期内需要保持相对稳定,这对社会应用和纠正当前社会用字的混乱现象较为有利。此外,当前规模最大的《汉语大字典》、《汉语大词典》、《中国大百科全书》以及其他多卷本工具书,已经或即将出版;电子计算机的汉字库已采用固定掩膜芯片存储,如现在再增加新简化字,将会造成人力、财力、物力上的浪费。因此,我们建议国务院批准废止《第二次汉字简化方案(草案)》。"

《请示》提出:"使用简化字,以1964年原中国文字改革委员会编印的《简化字总表》为准。具体要求如下:(一)报纸、杂志、图书、大中小学教材,应当严格使用规范的简化字;(二)文件、布告、通知、标语、商标、广告、招牌、路名牌、站台牌、街道胡同名牌等,要使用规范的简化字;(三)电影电视上的片名、演员职员表和说明字幕要使用规范的简化字;(四)汉字信息处理要使用规范的简化字;

(五)提倡书法家书写规范的简化字;(六)凡使用汉语拼音,拼写应当准确。"

6月

【24日】国务院批转国家语言文字工作委员会《关于废止〈第二次汉字简化方案(草案)〉和纠正社会用字混乱现象的请示》的通知。指出:"1977年12月20日发表的《第二次汉字简化方案(草案)》,自本通知下达之日起停止使用。今后,对汉字的简化应持谨慎态度,使汉字的形体在一个时期内保持相对稳定,以利于社会应用。""当前社会上滥用繁体字,乱造简化字,随便写错别字,这种用字混乱现象,应引起高度重视。国务院责成国家语言文字工作委员会尽快会同有关部门研究、制订各方面用字管理办法,逐步消除社会用字混乱的不正常现象。为便利人们正确使用简化字,请《人民日报》、《光明日报》以及其他有关报刊重新发表《简化字总表》。"

7月

【10日】国家语言文字工作委员会召开第一次委员会议。中国文字改革委员会改名为国家语言文字工作委员会后,国务院批准组成新的委员会。会议回顾了全国语言文字工作会议以来语言文字工作开展的情况,并着重研究了如何贯彻落实《国务院批转国家语言文字工作委员会〈关于废止《第二次汉字简化方案(草案)》和纠正社会用字混乱现象请示〉的通知》。

8月

《电大教学》(语文版)第4期发表祝鸿熹的《汉字繁简散论》。

9月

【27日】国家语言文字工作委员会负责人就废止《第二次汉字简化方案(草案)》和纠正社会用字混乱现象,对《光明日报》记者发表谈话。谈话指出:"最近,国务院批转国家语委《关于废止〈第二次汉字简化方案(草案)〉和纠正社会用字混乱现象的请示》,同时要求社会各界充分重视社会用字混乱问题,要求各有关部门要采取措施,干预和纠正这种不正常的现象。国务院的这一决定,意义是重大的,对促进汉字规范化,加强两个文明建设将起积极的作用。"谈话还指出:简化字以《简化字总表》为准,其他的不规范的简化字不能再使用了。希望社会各界共同努力,促进文字规范化。

[本月]《群言》第9期发表厉兵的《对文字体制改革的反思》。

《文科月刊》第 9 期发表叶保民的《谈谈古今字、异体字和繁简字》。

《克山师专学报》(哲社版)第 2 期发表胡瑞昌的《汉字改革的方向》。

10 月

【10 日】经国务院批准决定,国家语言文字工作委员会重新发表了《简化字总表》,共收 2235 字。原《简化字总表》中的个别字作了调整。

【24 日】陕西省政府发出通知,转发了《国务院批转国家语言文字工作委员会〈关于废止《第二次汉字简化方案(草案)》和纠正社会用字混乱现象的请示〉的通知》,并就有关问题提出了六点要求。

12 月

23 日《光明日报》发表孙一冰的《社会用字和汉字的简化》。

▲1987 年

2 月

《中文自修》第 2 期发表李行健的《汉字的整理和改革(续完)》。

《益阳师专学报》(哲学社会科学版)第 1 期发表曾剑、高家俊的《简化汉字应注意汉民族心理》。

4 月

《北方论丛》(哈尔滨师大学报)第 2 期发表李海的《汉字简化之我见》。

《读写月报》第 4 期发表褚半农的《汉字简化小史》。

6 月

《龙岩师专学报》(社科版)第 3 期发表熊金丰的《汉字改革的几个问题》。

12 月

《出版工作》第 12 期发表曹先擢的《关于〈简化字总表〉调整的几个字的答问》。

[本年]

新疆维吾尔自治区民族语言文字工作委员会、自治区教育委员会联合召开自治区大中小学校、工商、财贸、新闻、语言文字研究机构的语言文字专家及语言文字工作者座谈会。就国务院批准废止第二批简化字、贯彻新时期语言文字政策、纠正社会用字混乱以及重新公布《简化字总表》等问题进行了座谈。

语文出版社出版《新时期的语言文字工作——全国语言文字工作会议文件

汇编》。

商务印书馆出版李荣的《文字问题》。

▲1988年

2月

《黔东南民族师专学报》(社科版)第1期发表苏菲的《简体字繁体字部件及其功能分析比较》。

《中国语文天地》第1期发表魏励的《"閑閒間"的源流及簡化》。

6月

《宜春师专学报》第3期发表殷启生的《合并语音是汉字简化的新途径》。

7月

【12日】《人民日报》(海外版)发表黄震平的《也谈祖国的文字改革》。

10月

《江淮论坛》第5期发表王有卫的《现行汉字声旁表音性能及其简化趋势》。

11月

【26日】《人民日报》(海外版)王宁的《重视汉字的自然发展趋势》。

［本年］

叶籁士著《简化汉字一夕谈》由上海教育出版社出版。该书的简化字本1995年由语文出版社出版。

袁晓园的《重新认识汉语汉字》由光明日报出版社出版。

中国科学院语用所编辑的《汉字问题学术讨论会论文集》由语文出版社出版。

武占坤、马国凡著《汉字·汉字改革史》由湖南人民出版社出版。

▲1989年

3月

【7日】《文汇报》发表申小龙的《我观汉字简化》。

【21日】谢世涯(新加坡)著《新中日简体字研究》由语文出版社出版。

4月

《语文建设》第2期发表周质平的《为简体字重新定位》和彭小明的《海峡两岸语言文字异同初析》。

6月

【2日】通用中文代码国际联合会在北京召开简、繁、异体汉字编码专题研讨会。近百名专家学者参加了会议。会议就中国、日本、韩国为主的汉字文化圈所用汉字的通用代码的设计问题进行了广泛的讨论。

［本月］《语文建设》第 3 期发表程荣的《汉字繁简问题琐议》和李大遂的《略述钱玄同的汉字简化理论与实践》。

8月

《北方论丛》第 4 期发表张汉生等人的《也谈汉字改革》。

10月

《语文建设》第 5 期发表周有光《〈汉字简化方案〉的推行成果》。

［本年］

台湾《国文天地》组织了一次"文字简化面面观座谈会"。台湾清华大学林安梧指出："文字简化是趋势，是需要，我们必须摆脱政治的干扰，还文字本来面目，让它继续朝该有的简化方向前进……这种简化不是大陆化，大陆的简体字不是健全发展下的产物，我们应该将不合理的部分剔除，代之以符合文字学原则的字体，制定出一套符合文字学化的简明字体。"

▲1990 年

2月

《语文建设》第 1 期发表郑林曦的《汉字简化错了吗？——兼论"识繁写简"》

《湖南教育学院学报》第 1 期发表刘基森的《汉字声符研究——兼话汉字改革》。

《济宁师专学报》（社科版）第 1 期发表许进的《从汉语词的构成谈汉字简化》。

《汉字文化》第 2 期发表储朝晖的《也谈汉字的"识繁写简"》和许嘉璐的《关于汉字简化问题答台湾学者问》。

3月

《杭州大学学报》（哲社版）第 1 期发表倪镇封的《关于当前繁体字使用问题》。

4月

《语文建设》第2期发表罗安琴的《汉字简化与邮票用字》。

《桂林市教育学院学报》(综合版)第2期发表李义琳的《有必要认识繁体字》。

8月

《黄淮学刊》(社会科学版)第4期发表李可亭的《激励奋进、决破罗网：钱玄同文字改革的理论和实践》。

《求是学刊》(黑龙江大学)第4期发表梁廷山的《简化汉字的结构分析》。

9月

【10日】《人民日报》发表刘乃崇的《也谈简体字繁化》。

［本月］《松辽学刊》第3期发表李长仁的《关于汉字规范化问题的探索——兼谈繁简字和异体字》。

12月

《南京师大学报》(社科版)第4期发表刘宁生的《论字符的同音替代及其意义》。

［本年］

教育科学出版社出版段农生的《关于文字改革的反思》。

▲1991年

1月

【25日】广东省语言文字工作委员会、广州市语言文字工作委员会在广州市联合召开纪念《汉字简化方案》公布35周年座谈会。

【26日】国家语言文字工作委员会在北京人民大会堂举行纪念《汉字简化方案》公布35周年座谈会。到会的有中共中央政治局委员、国务委员、国家教委主任李铁映，人大常委会副委员长孙起孟，全国政协副主席、中国社会科学院院长胡绳，国家教育委员会副主任何东昌，中央有关部委的负责人，各省、自治区、直辖市、计划单列市的副市长、副主席、副市长、教委主任，还有语言文字、教育、科技、书法等各界的专家学者，以及首都新闻界记者150多人。中共中央顾问委员会常委胡乔木做了书面发言。国家语委主任柳斌主持了座谈会。与会者回顾35年《汉字简化方案》在普及教育、扫除文盲、发展文化科学技术等方面

发挥的积极作用,批评了随意使用繁体字和干扰简化字推行的做法。座谈会还认为,文字是记录语言的符号,是传递信息、交流思想、协调社会生产和社会生活的重要工具,全社会必须遵守统一的文字规范。

［本月］为纪念《汉字简化方案》公布35周年,《语文建设》编辑部发表《积极推行简化字,促进社会用字规范化》,还发表了詹伯慧的《坚持简化方向坚持规范化原则》,胡裕树、陈光磊的《让简化汉字走向世界》以及胡明扬的《简化汉字的功过》等文章。

《古汉语研究》第1期高家莺的《汉字简化评析》。

《课程教材教法》第1期发表蒋仲仁的《汉字简化与汉字教学》。

2月

【5日】《光明日报》发表刘如森的《汉字繁简与法规》。

［本月］为纪念《汉字简化方案》公布35周年,《语文建设》第2期发表王宁的《论汉字简化的必然趋势及其优化的原则》、张静的《简化字根植于人民群众之中》、申筼如(吕叔湘)的《起复繁体字也不是那么轻而易举》、文炼的《谈谈"识繁写简"》、裘锡圭的《从纯文字学角度看简化字》、卢绍昌(新加坡)《论汉字的改进》、林焘的《认真总结经验,巩固简化成果》、廖序东的《简化字的进一步推广和汉字教学》、胡奇光的《简化字与出版物》、颜逸明的《海峡两岸统一用字的思考》、陈炜湛的《书法家与简化字》和《建国以来的汉字简化工作》等文章。

《中国社会科学》第1期发表王宁的《汉字的优化与简化》。

《探索与争鸣》第4期发表吕素勤的《汉字改革的动力与困境》。

《学术交流》第2期发表梁延山的《简化字有字理》。

《学语文》第1期发表朱景松的《正确使用简化汉字》。

《语文学习》第2期发表潘自由的《小议"识繁写简"》

《人大复印资料》第2期发表傅公的《谈汉字简化》。

《语文月刊》第2期发表唐启如的《应该继续用好简化汉字》、陈宝如的《汉字简化深得人心》。

《汉语学习》(延边大学)第1期发表张育泉的《谈谈对"识繁写简"的看法》。

3月

为纪念《汉字简化方案》公布35周年,《语文建设》第3期发表胡乔木的《巩固发扬汉字简化的成果:在纪念〈汉字简化方案〉公布35周年座谈会上的书面发言》,王伯熙、裘锡圭的《纪念〈汉字简化方案〉公布35周年座谈会发言》,费锦昌的《简化汉字面面观:正确处理汉字简化工作中的10种关系》、鲍明炜的《汉字简化与语文现代化》,郑林曦的《汉字要生存发展,就必须简化》,黎树旺的《由"亚运会"说开去——略谈汉字简化的意义》,苏培成的《就汉字简化问题和台湾学者商榷》,梁东汉的《汉字简化好》,史有为的《汉字简化的价值评估》和张寿康的《"识文断字"小札》等文章。

《语文研究》第1期发表苏培成的《关于简化汉字的几个有争论的问题》和许长安的《实事求是地评价简化字》。

《上海教育学院学报》第1期发表李遂孙的《汉字的简化是有功过,汉字的整理宜有进有退》。

《汉字文化》第1期发表黄顺宾的《繁简汉字话短长》。

4月

【18日】《自学高地生报》发表王宁的《谈谈繁简字》。

《上海师范大学学报》第2期发表王志方的《从"二简"看汉字简化》。

6月

《求是学刊》第3期发表邹韶华的《汉字简化功不可没》、崔重庆的《简化是汉字字形演变的总趋势》和张国庆的《汉字应该慎重稳妥地继续简化》。

8月

《语文建设》第8期发表尹斌庸的《台湾学生认读大陆规范简化字的测查报告》、魏励的《〈简化字总表〉的学习》。

9月

【11日】国家语言文字工作委员会语言文字应用研究所主办的第二次全国汉字问题学术讨论会11日至14日在北京召开。会议讨论了简化字问题以及汉字应用等问题。

《语文建设》第11期发表张育泉的《也谈人——社会因素对文字改革的作用:与史有为同志商榷》。

12月

《群言》第12期发表赵光贤的《汉字简化仍须改进》。

《汉语学习》(延边大学)第6期发表竹君的《要注意繁体字的泛滥——一位语文教师的呼吁》。

[本年]

上海教育出版社出版《倪海曙语文论集》,其中选倪海曙论文《中国的简化汉字》。

▲1992年

1月

《语文建设》第1期发表许长安的《海峡两岸用字比较》。

2月

《语文建设》第2期发表王宁的《再论汉字简化的优化原则》、孙剑艺的《评"识繁写简"》、高之正(美)的《大众需要简体字》、辛奇的《繁体字大回潮——中国文字"海外化"》、张书岩的《简化偏旁独立成字时是否应该简化》。

《龙岩师专学报》(社科版)第1期发表熊金丰的《应该继续坚持使用和推广简化汉字——评一种取消简化汉字的理论》。

3月

《语言文字应用》第1期发表戴昭铭的《繁体风、"识繁写简"和语文立法问题》。

4月

【8日】《团结报》发表袁晓园的《要继续发挥繁体字的积极作用》。

[本月]《语文建设》第4期发表王凤阳的《汉字的演进与规范》。

《汉字文化》第2期发表袁晓园的《论"识繁就简"与"文字改革"》,黄顺宾的《汉字的繁化与简化》和陈玉凤、林新民的《中学生"识繁写简"教学探讨》等文章。

《齐齐哈尔师范学院学报》第2期发表仇玉烛的《汉字改革的历史根由和现实基础》。

6月

【20日】《团结报》发表苏培成的《坚持推行简化字》。

【21日】《中国教育报星期刊》发表冯树林的《简化汉字:是耶？非耶？》。

［本月］《汉字文化》第3期发表丁岳的《客观评价文字改革成果》。

《语言文字应用》第2期发表陈章太的《论汉字简化》。

《贵州文史丛刊》第2期发表王鍈的《汉字简化与用字规范》。

《安徽教育学院学报》第3期发表远征、余韦的《汉字简化运动的兴起和发展》。

《蒲峪学刊》第2期发表胡瑞昌的《论汉字的简化》。

7月

【1日】从今天起《人民日报》(海外版)改用简化字排印。这一举措对于推动海外华人进一步学习和使用简化字,纠正大陆目前存在的社会用字混乱现象,促进语言文字的规范化、标准化,将起到积极作用。

［本月］《语文学习》第7期发表邓明以的《简化字推广使用不容逆转》。

《语文建设》第7期发表《人民日报〈海外版〉自7月1日起改用简化字》。

8月

【1日】新闻出版署和国家语言文字工作委员会联合发出的《出版物汉字使用管理规定》自今日起正式施行。《规定》的主要内容为:

本规定适用于经国家新闻出版行政管理机关批准出版发行的报纸、期刊、图书、音像制品等出版物。本规定所称的规范汉字,主要是指1986年10月根据国务院批示由国家语言文字工作委员会重新发表的《简化字总表》所收录的简化字;1988年3月由国家语言文字工作委员会和新闻出版署发布的《现代汉语通用字表》中收录的汉字。报纸、期刊、图书、音像制品等出版物的报头(名)、刊名、封皮(包括封面、封底、书脊等)、包装装饰物、广告宣传品等用字,必须使用规范汉字,禁止使用不规范汉字。向中国台湾、香港、澳门地区及海外发行的报纸、期刊、图书、音像制品等出版物,可以用简化字的一律用简化字,如需发行繁体字版本的,须报新闻出版署批准。整理、出版古代典籍;书法艺术作品;古代历史文化学术研究著述和语文工具书中必须使用繁体字、异体字的部分;经国家有关部门批准,依法影印、拷贝的中国台湾、香港、澳门地区及海外其他地区出版的中文报刊、图书、音像制品等出版物,可以例外。印刷通用汉字字模的设计、计算机编排系统和文字信息处理系统使用汉字,必须符合国家标准和有关规定。需要使用繁体字的,须经新闻出版署批准。违反本规定,由省级以上(包括省级)新闻出版行政管理机关根据情节轻重分别处以责令改正、警告、500元以上5000元以下罚款、停业整顿和行政处罚。

[本月]《汉字文化》第4期发表开辟"繁体字问题座谈会"专栏,刊登了袁晓园在座谈会上的开幕词;孔子基金会常务副会长辛冠洁讲话;原中顾委委员赵健民讲话;北京图书馆馆长任继愈讲话;北京市教育学会会长韩作黎讲话;北京国际汉字研究会名誉会长胡厚宣讲话。同时还发表了董见为的《文改工作必须从整体上进行反思——兼评当前关于汉字问题的争论》、峦岭的《苦恼的中文电脑》、李敏生的《关于繁体字问题》、苏新春的《汉字优劣讨论中的情绪与理性》、刘庆俄的《强行清除招牌中的繁体字值得商榷》、丁辽的《识繁及其他》等一系列文章。

《语文建设》第8期发表一谭的《关于汉字构件简化的系统化问题——读〈再论汉字简化的优化原则〉》以及史有为的《汉字辩证四题》。

《中国青年政治学院学报》第4期发表赵清治的《试论汉字改革运动的理论与实践》。

9月

《语文研究》第3期发表魏励的《有双重身份的汉字》。

《内部文稿》第9期发表方闻的《要全面恢复使用繁体字吗?》。

10月

《语文建设》第10期发表周世钺的《汉字简化琐议》以及《〈人民日报(海外版)〉改用简化字好——来信来稿综述》。

11月

《语文建设》第11期发表汪惠迪(新加坡)的《〈人民日报〉(海外版)由繁改简意义重大》。

12月

【14日】中国共产党中央委员会总书记江泽民在和国家语言文字工作委员会主任柳斌谈到语言文字工作时说:"语言文字工作,我讲三点意见:一,继续贯彻国家现行的语言文字工作方针政策,汉字简化的方向不能改变。各种印刷品、宣传品尤应坚持使用简化字。二,海峡两岸的汉字,当前可各自维持现状,

一些不同的看法,可以留待将来讨论。三,书法是一种艺术创作,写繁体字,还是简化字,应尊重作者的风格和习惯。可以悉听尊便。"

[本年]

陈永舜著《汉字改革史纲》由吉林大学出版社出版。

中信出版社出版苏培成的《汉字简化字与繁体字对照字典》。

▲1993年

1月

《语文建设》第1期发表《江泽民总书记对语言文字工作作出三点指示》和陈一、詹人凤的《评对"识繁写简"的新解释》。

2月

《汉字文化》第1期发表廖仲安的《希望大学中文、历史、哲学系学生和中学语文、历史教师都要"识繁写简"》、聂振斌的《历史不能"废除"》、弓力的《汉字研究和祖国统一》、赵士林的《也谈汉字之繁简》等文章。

3月

《语文研究》第1期发表苏培成的《简化字与繁体字的转换》。

《学术研究》第3期发表曹兆兰的《从易错字看汉字的简化与整理》。

4月

《汉字文化》第2期发表陈泰夏(韩国)的《东方文化圈内汉字使用的新方向》。

6月

《北方论丛》第3期发表叶子雄的《简化是汉字发展的固有规律》。

《语言文字应用》第2期发表费锦昌的《海峡两岸现行汉字字形的比较分析》。

《语文建设通讯》(香港)第40期发表姚德怀的《展望2056年的汉字——汉字简化之我见》、田惠刚的《汉字简化质疑》和胡明亮的《汉字的简化与拼音化》等文章。

《汉字文化》第3期发表胡双宝的《海峡两岸用字异同议》和卯西丁的《"识繁写简"应纳入教育法规》。

8月

《广州师院学报》第4期发表苏新春的《论汉字繁化与简化的语言表达功能》。

《汉字文化》第4期发表周汝昌的《汉字繁简之思》、徐禹鼎的《汉字"识繁写简"势在必行——也谈我的一点心得体会》以及本刊汉字文化评论员的《〈北京日报〉提倡牌匾写简写繁、悉听尊便》等文章。

9月

《语文建设通讯》(香港)第41期发表苏培成的《〈第一批简体字表〉读后》。

10月

《语文建设》第10期发表施正宇的《繁体字现象面面观》、聂鸿音的《评"文字的发展趋势不是简化"》。

《语文教学之友》第10期发表曾双全的《浅谈繁体字回潮》。

[本年]

《中国语文》(台北)第432期发表伯龙的《汉字的繁简如何统一》。

四川人民出版社出版厉兵、魏励的《简化字 繁体字 异体字辨析字典》。

人民日报出版社出版王铁昆的《汉字规范通俗讲话》。

▲1994年

2月

《汉字文化》第1期发表廖拾的《汉字的困惑》。

《语文建设》第2期发表代长胜、魏励的《〈简化字总表〉收多少简化字?》

3月

《东疆学刊》(哲学社会科学版)第1期发表聂鸿英的《汉字"识繁写简"随感》。

《淮阴师范学院学报》(哲学社会科学版)第1期发表张桂芹、陆为群的《坚持简化方向 加速汉字规范化进程》。

6月

《语文建设通讯》(香港)第44期发表张贵生的《谈形声简字》和孙剑艺的《论祖国书同文的基础》。

《盐城师专学报》(哲学社会科学版)第2期发表张其昀的《关于汉字简化

的回顾与思考》。

《北华大学学报》(社会科学版)第3期发表陈永舜、陈宏阁的《文字与文字改革》。

《山西师大学报》(社会科学版)第3期发表王临惠的《也谈"简化字"》。

《内蒙古大学学报》(人文社会科学版)第2期发表马叔骏的《中日使用汉字之比较:兼论统一汉字简化》。

8月

《云南教育学院学报》第4期发表王兴佳的《汉字简化浅谈》。

《西南民族大学学报》(人文社科版)第4期发表邓雪琴的《关于汉字简化规范化的历史回顾与思考》。

《汉字文化》第4期发表仁德的《使用繁体是"守旧"、"复古"吗?》和余培英的《滥用同音代替不可取》。

9月

《语言教学与研究》第3期发表陈亚川的《繁简汉字文体转换初探》。

▲1995年

1月

《语文建设》第1期开始连载张书岩的《简繁正异字辨析》,至第十二期完。本期还发表了王惠的《简化字在电视传播中的优势》和汪惠迪的《滥用繁体字成笑柄》。

2月

《山东大学学报》(哲学社会科学版)第1期发表孙剑艺的《论海峡两岸汉字的现状与前景》。

《语文建设》第2期发表聂鸿音的《就此打住》和拱玉书的《也谈"一国两字"》。

《黑河学刊》第1期发表李新华、王喜奎的《谈文字的改革与规范化问题》。

4月

《语文建设》第4期发表仇志群的《汉字简化问题在台湾》。

6月

《江淮论坛》第3期发表欧远方的《汉字 改革 国力》。

《探索与争鸣》第6期发表汪家堂的《文化的传承与文字的断裂》。

《山东大学学报》(哲学社会科学版)第3期发表盛玉麟的《信息处理用海峡两岸简繁体汉字自动转换系统的理论与实践》。

《云南学术探索》第3期发表黄光成的《成功与挑战:中国人怎样对待自己的语言文字》。

8月

《汉字文化》第4期发表李祥鹤的《有违初衷的〈辨析〉》、施春宏的《汉字简化的历史到底有多长》、江枫的《流毒犹在,岂可打住:再议汉字的恶性简化》等文章。

9月

《台湾研究》第3期发表孙剑艺的《论汉字繁简与书同文》。

12月

《东方文化》冬卷发表江枫的《文字改革,不妨暂停:浅谈汉字的恶性简化》。

《大庆社会科学》第6期发表张建军的《从汉字的沿革看汉字的简化与规范化》。

《镇江师专学报》(社会科学版)第4期发表郑红明的《对汉字简化的一点看法》。

《宁德师专学报》(哲学社会科学版)第4期发表许少鹤的《繁体字与简化字的书写关系》。

[本年]

王均主编《当代中国的文字改革》由当代中国出版社出版。

王均主编《语文现代化论丛》由语文出版社出版。

凌远征著《新语文建设史话》由河南大学出版社出版。

苏培成编《现代汉字规范化问题》由语文出版社出版。

张育泉编著《语文现代化概论》由首都师范大学出版社出版。

▲1996年

1月

《江西师范大学学报》(哲学社会科学版)第1期发表苏新春的《对百年"汉

字改革潮"中几个理论问题的思考》。

《中学语文教学》第1期发表张育泉的《坚持汉字简化的方向——纪念〈汉字简化方案〉颁布40周年》。

《语文建设》第1期发表万业馨的《形声化:汉字结构方式的简化》。

2月

【7日】《团结报》发表纪洪志的《简体字在台湾》。

【15日】《人民日报》(海外版)刊登《香港研制简体字学习方案》。

［本月］《社会科学探索》第1期发表胡华的《简化字与"规范用字"意识》。

4月

《语文建设》第4期发表邹哲承、黎明的《简化字不等于简体字》。

《广州社会》第2期发表张振江、梁捷航的《广州市繁体字使用的社会语言学考察》。

5月

《语文与信息》第1期发表温应时的《古今书法家是简体字的推行者》和丁方豪《拥护继续整理和简化汉字》。

《西北大学学报》(哲学社会科学版)第1期发表林允富的《从秦"书同文"和唐"正字学"看繁体字回潮》。

6月

《语言文字应用》第2期发表高家莺的《消化和巩固汉字简化的成果》和陈松龄、谢俊英的《北京市城区公共场合繁体字出现原因分析》。

8月

《语文教学之友》第8期发表赵同亮的《不应再用"二简字"》。

《汉字文化》第4期发表鲁冀海的《"二简"的制定与公布仍是笔糊涂账》和吴小如的《从简化汉字想到的》。

《语文建设》第8期发表李乐毅的《80%的简化字是古已有之的》。

《北京人民警察学院学报》第4期发表邱大任的《境外简体字刍议(连载二)》。

《日本学刊》第4期发表肖平的《中日近代汉字改革运动对比研究》。

《临沂师专学报》第4期发表刁在祥的《论"繁体字热"》。

9月

《语言文字应用》第3期发表张书岩的《简化字与同形字》。

《语文建设》第9期发表仇志群的《台湾五十年来语文规范化述略》。

《成都大学学报》(社会科学版)第3期发表汪长学的《从审美趣味看繁体字回潮》。

《上海师范大学学报》(哲社版)第3期发表沈宽的《试论汉字的改造方法》。

10月

《山东教育学院学报》第5期发表李仲颜的《汉字简化是历史发展的必然趋势》。

《语文现代化论丛》第2期发表高更生的《汉字简化的方向不能改变》、濮之珍的《〈汉字简化方案〉公布40年有感》、苏培成的《简化字与繁体字的对应》《上海市语文工作者座谈〈汉字简化方案〉公布40周年》和范可育的《偏旁类推简化及其学习和运用》。

11月

《语文建设》第11期发表郭小武的《"易"字说:兼论汉字简化中的义理流变》。

12月

《北京警院学报》第6期发表邱大任的《境外简体字刍议(二)》。

[本年]

李乐毅著《简化字源》由华语教学出版社出版。

胡双宝编著《简化字 繁体字 异体字辨析手册》由北京大学出版社出版。

国家语言文字工作委员会办公室编《文字改革和现代汉语规范化工作40周年纪念手册》由语文出版社出版。

国家语委编《国家语言文字政策法规汇编》由语文出版社出版。

▲1997年

1月

【25日】《中国教育报》发表苏培成的《坚决贯彻执行国家的语文政策》。

2月

【22日】《中国教育报》发表苏培成的《坚持汉字简化的方向》。

［本月］《中国社会科学》第1期发表王宁的《二十世纪汉字问题的争论与跨世纪的汉字研究》。

《编辑之友》第2期发表刘丰杰的《简化汉字利弊辩议》。

《上海大学学报》(社会科学版)第1期发表高云峰的《简化繁化与标准化——关于汉字未来趋势的一份答卷》。

4月

《汉字文化》第2期发表唐松波的《〈千字文〉和〈百家姓〉中不能简化的字》和王汝刚的《在文字改革中的转变》。

6月

《聊城师范学院学报》(哲学社会科学版)第3期发表鲍文超的《汉字繁简之我见》。

《贵阳师范高等专科学校学报》(社会科学版)第2期发表何以刚的《论汉字简化的客观性和现实性》。

7月

《前进论坛》第7期发表程乃珊的《今日香港的普通话与简体字》。

8月

《汉字文化》第4期发表伍仁言的《约定俗成,稳步前进——关于文字改革问题的几点看法》。

《西北大学学报》(哲学社会科学版)第4期发表林允富的《祖国统一:繁简字统一》。

9月

【16日】《光明日报》发表吴孙权的《也谈简化字出现的年代》。

［本月］《徐州教育学院学报》第3期发表王兴佳的《新中国的汉字简化工作》。

［本年］

《语文现代化论丛》第3辑发表一系列文章讨论繁体字回潮和汉字规范问题。其中有王均的《语文现代化与双语双文制》,周小琴的《在中国语文现代化学会第二次学术会议闭幕式上的讲话》,王开扬的《论王力先生对文字改革的理论贡献》,高家莺的《关于继续推动文字改革工作的思考》,陈炜湛的《论汉字规范化的全民性》,金国泰、陈永舜的《继续整理简化汉字的思考》以及刘明臣的《关于北京高校汉字繁简问题的调查报告》。

张书岩等编著《简化字溯源》由语文出版社出版。

李大遂编著《速学简化字》由语文出版社出版。

费锦昌编著《中国语文现代化百年记事》由语文出版社出版。

▲1998年

1月

《语文建设》第1期发表邢福义的《令人忧虑的汉字"繁体错位"》。

2月

《中国语文》第2期发表许嘉璐的《语言文字工作会议上的报告》。

《汉字文化》第1期发表唐松波的《共同汉字、简化字和繁体字》。

3月

《语言文字应用》第1期发表吴英成的《新加坡学生繁体字辨认测查》。

4月

【4日】《中国教育报》发表伍铁平、潘钧的《简化汉字是"损坏汉字"吗?》。

[本月]《汉字文化》第2期开始连载武占坤、马国凡的《汉字改革史话》,至1999年第3期完。

6月

《云南民族学院学报》(哲学社会科学版)第2期发表汤亚平的《汉字繁简的同一性》。

《同济大学学报》(人文、社会科学版)第2期发表黄顺兴的《汉字简化是弘扬和继承中国的传统文化》。

8月

《语文建设》第8期发表顾金元的《简化字"陕"不应列入〈简化字总表〉第三表》。

12月

《河南大学学报》(社会科学版)第6期发表发表李可亭的《论钱玄同的语

言文字改革与近代中国社会的进步》。

［本年］

《山东师大学报》（社会科学版）增刊发表李爱英的《繁体字的使用问题》。

赵斌编《实用教学汉字简化字字典》由湖北少年儿童出版社出版。

▲1999 年

1 月

《语文建设》第 1 期发表徐在国的《读〈简化字溯源〉琐记》。

7 月

【27 日】《中国教育报》发表苏培成的《新中国的语文改革》。

8 月

【10 日】《中国教育报》发表陈永舜、王艾英的《求简：两岸现代汉字发展的共同趋势：台湾〈标准行书范本〉字形与大陆规范字形比较》。

9 月

【10 日】《唐都学刊》第 3 期发表孙艳的《试论文字改革的不同方式：兼谈汉字改革》。

《语言文字应用》第 3 期发表齐沪扬、王敏敏的《上海浦东新区商业广告中繁体字使用情况的调查》。

《浙江传媒学院学报》第 3 期发表孙艳的《再议汉字简化问题》。

12 月

【10 日】《唐都学刊》第 4 期发表王兆阳的《汉字"识繁写简""正繁便简"之我见》。

［本年］

人民出版社出版《胡乔木谈语言文字》。

▲2000 年

1 月

【28 日】《光明日报》发表彭培根的《从文字形象心理学看繁体字与简化字的联想与改进》。

3 月

《池州师专学报》第 1 期发表王希杰的《汉字的理想和现实——也说形声汉

字的改造》。

《河北大学成人教育学院学报》第1期发表陈双新的《汉字三题》。

4月

《汉字文化》第2期发表于广元的《中日汉字整理简化情况比较》。

6月

《语文建设》第6期发表刘志基的《电脑对汉字命运的影响》。

《汉字文化》第3期发表吴小如的《汉字必执"繁"始能驭"简"》。

9月

《桂林市教育学院学报》第3期发表李义琳的《几组对应不工整的类推简化字》。

《语言文字应用》第3期发表叶青的《简版古籍的字形处理问题》。

10月

《国家通用语言文字法》修订通过,确定"普通话、规范汉字、拼音方案"的法定地位。

12月

《语言文字应用》第4期发表《电子文本的繁简转换:关于简体古籍逆向工程的实验报告》。

《湘潭大学学报》(哲学社会科学版)24卷增刊发表蔡国妹的《试论汉字构造中的繁化现象》。

《遵义师范高等专科学校学报》第4期发表李菡幽的《关于汉字简化的回顾与思考》。

[本年]

苏培成主编《语文现代化论丛》(第四辑)由北大出版社出版。

▲2001年

2月

《北京大学学报》(哲学社会科学版)第1期发表苏培成的《面向21世纪的中国语文现代化》。

3月

《语文建设》第3期发表苏培成的《要有一张"规范汉字表"》。

《大庆高等专科学校学报》第 1 期发表肖甫春的《汉字改革趋向新探（之一）》。

4 月

《扬州大学学报》（人文社科版）第 2 期发表于广元的《从信息处理的角度看中日整理简化汉字》。

教育部、国家语委启动《规范汉字表》的研制工作。

6 月

《语言文字应用》第 2 期发表万波的《香港与新加坡大专学生繁简字认读能力调查》。

《山西大学学报》（哲学社会科学版）第 2 期发表董国炎的《论普通话与简化字的学理依据——兼论学术史上几桩重要公案》。

7 月

《中学语文教学》从第 7 期开始连载高更生的《学习简化字总表的捷径》，至第 9 期完。

8 月

《贵州师范大学学报》（社会科学版）第 4 期发表蓝东兴的《白话文运动和汉字改革运动不同结果之分析》。

12 月

《长春师范学院学报》第 4 期发表邹德文、孙淑琴的《谈汉字改革的缘起——对百年文字改革运动的反思》。

《上海金融高等专科学校学报》第 4 期发表胡中柱的《汉字的现状与发展趋势刍议》。

《语文建设》第 12 期发表苏培成的《造新汉字的现状应当改变》。

［本年］

苏培成著《20 世纪的现代汉字研究》由书海出版社出版。

沈克成、沈迦著《汉字简化说略》由人民日报出版社出版。

▲2002 年

2 月

《南京师大文学院学报》第 1 期发表胡乔木的《关于文字改革的通信》。

《贵州民族学院学报》(哲学社会科学版)第1期发表蓝东兴的《百年汉字改革:中西文化碰撞、政治和学术纠缠》。

3月

《南阳师范学院学报》第3期发表詹鄞鑫的《汉字改革的反思》。

4月

《汉字文化》第2期发表曹念明的《百年荣辱说汉字》。

6月

《大庆高等专科学校学报》第2期发表肖甫春的《汉字改革趋向新探(之二)》。

《语言文字应用》第2期发表张书岩的《研制〈规范汉字表〉的设想》。

《求是学刊》第3期发表李长耕的《简化字应否无限类推》。

《北京广播电视大学学报》第2期发表胡吉成的《关于简化字问题的思考》。

《邵阳师范高等专科学校学报》第3期发表朱友舟的《从今人书法作品中繁简字误用谈繁简字的关系》。

8月

《书屋》第8期发表王文元的《欲简弥繁,欲清弥浑,欲速弥迟——有感于简化字改革》。

《西南师范大学学报》(人文社会科学版)第4期发表钟维克的《试论汉字特点与汉字改革》。

9月

《南华大学学报》(社会科学版)第3期发表黄青的《略论汉字发展中的简约机制》。

《徐州师范大学学报》(哲学社会科学版)第9期发表苏培成的《中国语文现代化的回顾与展望》。

12月

《北方论丛》第6期发表王正的《对"二简字——炖"使用的合理性却尚未取得合法性的建议》。

[本年]

高更生编著《现行汉字规范问题》由商务印书馆出版。

苏培成、颜逸明、尹斌庸编《语文现代化论文集》由商务印书馆出版。

▲2003年

2月

《北京大学学报》(哲学社会科学版)第1期发表苏培成的《重新审视简化字》。

3月

《语言文字应用》第1期发表章琼的《汉字类推简化的考察与分析》。

《平顶山师专学报》第1期发表张睿哲、李卫红、刘春套的《汉字简化、拼音化、信息化之一体化探讨》。

4月

《群言》第4期发表周有光的《漫说文字改革》。

《两岸关系》第4期发表陈键兴的《简体字在台湾》。

6月

《杭州师范学院学报》第6期发表何华珍的《日本简体字探源》。

8月

【20日】《中华读书报》发表刘辰的《长时段看文字改革》。

《江西师范大学学报》(哲学社会科学版)第4期发表黎传绪的《汉字简化的反思和新思路》。

《上饶师范学院学报》(社会科学版)第8期发表黎传绪的《简化字问题刍议》。

10月

《山东大学学报》(哲学社会科学版)第5期发表刘淑梅、于天祎的《论汉字在日文中的演变与发展》。

《云南社会科学》第5期发表刘元根的《汉字对先秦类推方法的影响》。

11月

《南阳师范学院学报》(社会科学版)第11期发表徐时仪的《百年汉语拼音化和汉字改革的探索和反思》。

《杭州师范学院学报》(社会科学版)第11期发表何华珍的《日本简体字探源(续)》。

12月

《语言文字应用》第4期发表程荣的《字表制定的规范性与应用性:从〈规范汉字表〉研制工作的启动所想到的》。

▲2004年

1月

《广西社会科学》第1期发表覃觅的《汉字乎？拼音乎？关于当前汉字前途论争综述》。

2月

《语文学刊》第1期发表宣丽娟的《繁简字理据性比较分析》。

3月

《现代语文》第3期发表郭龙生的《汉字简化的得与失》。

4月

《安庆师范学院学报》(社会科学版)第2期发表金辉的《字词典中简化字述评》。

6月

《语言文字应用》第2期发表王铁琨的《关于〈规范汉字表〉的研制》、袁贵仁的《以科研为支撑,做好〈规范汉字表〉研制工作》以及苏培成的《〈规范汉字表〉的研制》等文章。

《中国社会科学》第3期发表王宁的《论汉字规范的社会性与科学性——新形势下对汉字规范问题的反思》。

《新疆教育学院学报》第2期发表李志忠的《鲁迅汉字改革思想评介》。

《语文学刊》第3期发表耿美香的《应当如何理解"博士后"——兼谈汉字简化过程中的一点问题》。

8月

《课外阅读》第8期发表田娟华的《繁简字转换要小心》。

《聊城大学学报》(社会科学版)第4期发表陈雪乔的《关于"系"字的繁简辨析——兼论几本工具书的繁简对照问题》。

10月

《现代传播》第5期发表张民权、郭凌鹤的《关于汉字简化问题的理性思考》。

12月

《语言文字应用》第4期发表李国英的《简论类推简化》。

[本年]

史定国编《简化字研究》由商务印书馆出版。

李宇明、费锦昌编《汉字规范百家谈》由商务印书馆出版。

▲2005年

1月

【15日】《秘书》第1期发表濮之珍的《汉字·汉字简化》。

《今传媒》第2期发表王之枫的《报刊上不能再使用已被废止的"闫"字》。

2月

《当代学生》第2期发表陈璧耀的《"后"与"後"》。

4月

《山东档案》第2期发表朱金玉的《〈二简(草案)〉流产的原因探讨》。

《南昌大学学报》(人文社会科学版)第2期发表陆锡兴的《"二简"研究》。

《福建教育学院学报》第4期发表杨立国的《汉字简化——既要摆脱繁难，又要传承文化》。

6月

《哈尔滨学院学报》第6期发表李晰的《简化字中形声字理据性浅析》。

8月

《社会科学战线》第4期发表李长仁的《使用简化字符合汉字发展趋势》。

9月

《咬文嚼字》第9期发表山村的《"鐘爱一生"?》。

12月

《南昌高专学报》第6期发表吴照义、王琪的《汉代草书与简化字》。

▲2006年

2月

《南京中医药大学学报》(社会科学版)第1期发表吉文辉的《汉字改革百年回顾(一)》。

3月

《现代语文》(语言研究版)第3期发表王开扬的《关于"文字简便化"》。

4月

《现代语文》(语言研究版)第4期发表王均的《王均先生谈"二简"字(摘录)》、张育泉的《试谈完善简化字的路径》、王开扬的《〈规范汉字表〉可以吸收少量"二简"字》、周济的《做好语言文字工作,为经济社会发展服务——在纪念国务院〈关于公布《汉字简化方案》的决议〉和〈关于推广普通话的指示〉发布50周年座谈会上的发言》、苏培成的《用科学发展观统领语言文字工作——纪念国务院〈关于公布《汉字简化方案》的决议〉和〈关于推广普通话的指示〉发布50周年》、赵沁平的《关注社会语言生活,做好语言文字规范化工作——在语言文字规范化工作学术研讨会开幕式上的简化》、吴仕民的《推广普通话和规范汉字促进各民族发展进步——在纪念国务院〈关于公布《汉字简化方案》的决议〉和〈关于推广普通话的指示〉发布50周年座谈会上的发言》、胡占凡的《在纪念国务院〈关于公布《汉字简化方案》的决议〉和〈关于推广普通话的指示〉发布50周年座谈会上的发言》、石峰的《贯彻语言文字规范,推动新闻出版事业繁荣发展——在纪念国务院〈关于公布《汉字简化方案》的决议〉和〈关于推广普通话的指示〉发布50周年座谈会上的发言》等文章。

《咬文嚼字》第4期发表华威的《"锺":一道独特的风景》。

《语文学刊》第2期发表刘群的《汉字简化的必然性和渐进性——兼谈文字发展的规律》。

5月

《语文建设》第5期发表于桂英的《纪念国务院〈关于公布《汉字简化方案》的决议〉和〈关于推广普通话的指示〉发布50周年座谈会在京召开》。

《语文新圃》第5期发表祝鸿熹的《简便与麻烦》。

6月

《咬文嚼字》第6期发表立励的《类推简化规则需要优化》。

《咬文嚼字》第7期发表金文明的《当简未简说"臆""耀"》。

▲**2009 年**

1 月

《中国文字研究》发表苏培成的《〈汉字类推简化问题研究综述〉订补》。

4 月

《长江学术》整理国家语委副主任、教育部语言文字信息管理司李宇明司长讲话,发表《关于〈通用规范汉字表〉的研制及公开征求意见的相关问题》。

5 月

《山东师范大学学报》(人文社会科学版)发表王开扬的《贯彻〈通用规范汉字表〉需要澄清误解——以朱大可〈汉字革命和文化断裂〉为例》。

《寻根》发表王立军的《〈通用规范汉字表〉与"简繁之争"》。

8 月

《通用规范汉字表》(征求意见稿)发布,向全社会公开征求意见。

《中国改革报》发表葛新中的《教育部拟对44汉字"整形"》。

10 月

《中国教育报》发表刘海峰的《汉字的繁简与规范》。

11 月

《陕西师范大学学报》(哲学社会科学版)发表王东海、杜敏、陈淑梅的《简评〈通用规范汉字表〉简繁字的处理原则》。

《学习月刊》发表王述爽《对汉字改革问题的几点看法》。

▲**2010 年**

3 月

《武陵学刊》发表彭泽润整理的《马庆株等8位学者对〈通用规范汉字表〉的建议》。

5 月

《语文学刊》发表张喜洪的《略论〈通用规范汉字表(征求意见稿)〉的字形调整问题》。

6 月

《云南师范大学学报》(哲学社会科学版)发表王立军的《印刷宋体字形规范的必要性和可行性》。

▲2011 年

1 月

《南开语言学刊》发表史建伟的《〈通用规范汉字表〉(征求意见稿)之我见》。

《基础教育课程》义务教育课程标准修订特刊发表北京师范大学王宁的《儿童与成人阅读语料的差距催生了字表》。

▲2013 年

1 月

《南阳师范学院学报》(社会科学版)发表孙建伟的《对现行汉字规范的几点思考》。

6 月

《汉字文化》发表胡双宝的《对〈通用规范汉字表〉的认识》。

8 月

《通用规范汉字表》正式颁布。

教育部官方网站发表北京师范大学王宁的《〈通用规范汉字表〉的制定与应用》。

【28 日】《光明日报》发表李卫红的《贯彻实施〈通用规范汉字表〉提升语言文字应用规范化标准化水平》。

【30 日】《中国教育报》发表张书岩的《〈通用规范汉字表〉对汉字规范的继承与发展》、费锦昌的《汉字规范的集大成与新起点》、王宁的《谈信息时代的汉字规范》。

9 月

《学术界》发表杜丽荣、邵文利的《建国以来的汉字异体字整理研究之断想》

《辽宁教育》发表新闻《教育部就制定公布〈通用规范汉字表〉答记者问》。

【2 日】《中国教育报》发表巢宗祺的《〈通用规范汉字表〉对基础教育的重要作用》、王立军的《〈通用规范汉字表〉的总体特点》。

【25 日】《中国教育报》发表苏培成的《近百年来汉字的规范》。

10月

【9日】《语言文字周报》发表张书岩的《〈通用规范汉字表〉的五个亮点》。

11月

【13】日《中国教育报》发表苏培成的《表外字不类推简化不可行》。

12月

【14日】《中国教育报》发表张书岩的《〈通用规范汉字表〉以外的字应准许类推简化》。

▲2014年

2月

《中国文字研究》发表何瑞的《义务教育基础字表浅析——基于〈义务教育语文课程标准〉新增常用字表》。

3月

《辞书研究》发表王宁的《〈通用规范汉字表〉与辞书编纂》。

4月

《湖南师范大学社会科学学报》发表苏培成的《"表外字不类推简化"不是国家的政策》。

6月

《教学与管理》发表曹国军的《语文课本语言规范应当与时俱进：以三种小学语文课本有关词语的词形为例》。

《云南师范大学学报》(哲学社会科学版)发表北京师范大学王宁的《再论〈通用规范汉字表〉发布的背景和制定的意义——兼论汉字规范保持稳定的重要性》、卜师霞的《〈通用规范汉字表〉关于异体字的整理》。

▲2015年

1月

《教学与管理》发表曹国军的《苏教版小学语文课本不规范语言文字问题的商榷》。

《语言文字应用》发表王立军的《当代汉字系统优化的基本原则》。

5月

【6日】《语言文字周报》发表张萍的《从汉字源流看部件字》。

7月

【15日】《语言文字周报》发表王敏、陈双新的《〈通用规范汉字表〉应用的重点领域是哪些?》。

12月

《第六届汉字与汉字教育国际研讨会论文摘要集》刊登任翔的《对识字教材编制的几点想法》。

《现代语文》发表许征的《〈通用规范汉字表〉研读》。

▲2016年

6月

《辞书研究》发表魏励的《对〈通用规范汉字表〉的点滴意见》。

8月

《语言文字应用》发表王晓明的《论〈通用规范汉字表〉的社会性》。

▲2017年

1月

《汉字文化》发表洪飏、姚姝婧的《〈通用规范汉字表〉增减字研究》。

《学术界》发表杜丽荣、邵文利的《再谈〈通用规范汉字表〉异体字整理中存在的问题》。

《汉字文化》发表郭小武的《关于〈通用规范汉字表〉兼容性问题的考察论证》。

4月

《汉字文化》发表邵霭吉的《〈通用规范汉字表〉简化字统计与思考》。

《中国文字学报》发表沙宗元、沈亮的《〈通用规范汉字表〉与〈简化字总表〉简繁汉字对比分析》。

▲2018年

10月

【15日】《光明日报》发表李宇明的《立足语言生活解决时代需求》,刘剑、周世祥的《推广通用规范汉字,还有多远的路要走——〈通用规范汉字表〉发布五周年回顾》。

▲2019 年

4 月

《西藏教育》发表赵伟的《漫谈规范字的问题》。

8 月

《汉字文化》发表傅晓莉的《〈通用规范汉字表〉研究述评》。

10 月

《汉字文化》发表曹维平的《对〈通用规范汉字表〉的几点思考》。

▲2020 年

3 月

《陕西师范大学学报》(哲学社会科学版)发表王翠叶的《简论〈通用规范汉字表〉制定的特点及问题的解决》。

5 月

《语言文字应用》发表王立军的《当代汉字应用特点问题回顾与思考》。

参考文献

[1] 王宁.汉字的优化与简化[J].中国社会科学,1991(1).

[2] 王宁.论汉字简化的必然趋势及其优化的原则[J].语文建设,1991(2).

[3] 苏培成.关于简化汉字的几个有争论的问题[J].语文研究,1991(1).

[4] 詹伯慧.坚持简化方向坚持规范化原则[J].语文建设,1991(1).

[5] 裘锡圭.从纯文字学角度看简化字[J].语文建设,1991(2).

[6] 王宁.汉字的发展趋势与前景[J].现代中国,1991(2).

[7] 申筠如.起复繁体字也不是那么轻而易举[J].语文建设,1991(2).

[8] 颜逸明.海峡两岸统一用字的思考[J].语文建设,1991(2).

[9] 黎树旺.由"亚运会"说开去:略谈汉字简化的意义[J].语文建设,1991(3).

[10] 黄顺宾.繁简汉字话短长[J].汉字文化,1991(1).

[11] 蒋仲仁.汉字简化与汉字教学[J].课程教材教法,1991(1).

[12] 倪海曙.中国的简化汉字[M]//倪海曙著作编辑小组.倪海曙语文论集.上海:上海教育出版社,1991.

[13] 胡明扬.简化字的功过[J].语文建设,1991(1).

[14] 苏培成.就汉字简化问题和台湾学者商榷[J].语文建设,1991(3).

[15] 史有为.汉字简化的价值评估[J].语文建设,1991(3).

[16] 高家莺.汉字简化评析[J].古汉语研究,1991(1).

[17] 吕素勤.汉字改革的动力与困境[J].探索与争鸣.,1991(4)

[18] 王宁.再论汉字简化的优化原则[J].语文建设,1992(2).

[19] 王力.《繁简由之》序[M]//王力文集·第二十卷.济南:山东教育出版社,1992.

[20] 陈章太.论汉字简化[J].语言文字应用,1992(2).

[21] 张书岩.简化偏旁独立成字时是否应该简化[J].语文建设,1992(2).

[22] 高更生.字体代变 趋易避难[J].语文建设,1992(9).

[23] 苏培成.简化字与繁体字的转换[J].语文研究,1993(1).

[24] 裘锡圭.谈谈汉字整理过程中可以参考的某些历史经验[M]//现代汉字规范化问题.北京:语文出版社,1995.

[25] 张建军.从汉字的沿革看汉字的简化与规范化[J].大庆社会科学,1995(6).

[26] 费锦昌.简化汉字面面观[M]//现代汉字规范化问题.北京:语文出版社,1995.

[27] 苏培成.简体字与繁体字的对应[M]//语文现代化论丛:第二辑.北京:语文出版社,1996.

[28] 苏培成.就当前语言文字应用问题答客问[J].语文建设,1996(8).

[29] 苏培成.坚持汉字简化的方向[N].中国教育报,1997-2-22.

[30] 王宁.二十世纪汉字问题的争论与跨世纪的汉字研究[J].中国社会科学,1997(1).

[31] 许嘉璐.关于语言文字规范问题的若干思考[J].语言文字应用,1998(4).

[32] 苏培成.新中国的文字改革和汉语规范化[J].语言文字报,1999(9).

[33] 黎传绪.汉字简化的反思和新思路[J].江西师范大学学报,2003(4).

[34] 黎传绪.简化字问题刍议[J].上饶师范学院学报,2003(8).

[35] 詹鄞鑫.关于简化字整理的几个问题[M]//史定国.简化字研究.北京:商务印书馆,2004.

[36] 李国英.简论类推简化[J].语言文字应用,2004(4).

[37] 王宁.汉字的优化与繁简字[M]//史定国.简化字研究.北京:商务印书馆,2004.

[38] 王宁.论汉字规范的社会性与科学性:新形势下对汉字规范问题的反思[J].中国社会科学,2004(3).

[39] 王立军.《通用规范汉字表》与"简繁之争"[J].寻根,2009(5).

[40] 苏培成.《汉字类推简化问题研究综述》订补[J].中国文字研究,2009(1).

[41] 王立军.印刷宋体字形规范的必要性和可行性[J].云南师范大学学

报(哲学社会科学版),2010,42(6).

[42] 王宁.儿童与成人阅读语料的差距催生了字表[J].基础教育课程,2012,(第C1期).

[43] 王宁.谈信息时代的汉字规范——《通用规范汉字表》的制定与应用[M]//教育部语言文字信息管理司组编.信息时代汉字规范的新发展《通用规范汉字表》文献资料集.北京:商务印书馆,2015.

[44] 张书岩.《通用规范汉字表》对汉字规范的继承与发展[N].中国教育报,2013-08-30(4)

[45] 费锦昌.汉字规范的集大成与新起点[N].中国教育报,2013-08-30(4).

[46] 王宁.谈信息时代的汉字规范[N].中国教育报,2013-08-30(4).

[47] 巢宗祺.《通用规范汉字表》对基础教育的重要作用[N].中国教育报,2013-09-02(8).

[48] 王立军.《通用规范汉字表》的总体特点[N].中国教育报,2013-09-02(8).

[49] 苏培成.近百年来的汉字的规范[N].中国教育报,2013-09-25(7).

[50] 张书岩.《通用规范汉字表》的五个亮点[N].语言文字周报,2013-10-09(1).

[51] 孙建伟.对现行汉字规范的几点思考[J].南阳师范学院学报(社会科学版),2013(1).

[52] 王宁.《通用规范汉字表》与辞书编纂[J].辞书研究,2014(3).

[53] 王宁.再论《通用规范汉字表》发布的背景和制定的意义[J].云南师范大学学报(哲学社会科学版),2014(6).

[54] 卜师霞.《通用规范汉字表》关于异体字的整理[J].云南师范大学学报(哲学社会科学版),2014(6).

[55] 王立军.当代汉字系统优化的基本原则[J].语言文字应用,2015(1).

[56] 王立军.当代汉字应用特点问题回顾与思考[J].语言文字应用,2020(5).

[57] 陈望道.陈望道语文论集[M].上海:上海教育出版社,1980.

[58] 全国语言文字工作会议秘书处.新时期的语言文字工作:全国语言文字工作会议文件汇编(1986年1月)[M].北京:语文出版社,1987.

[59] 中国社会科学院语言文字应用研究所.汉字问题学术讨论会论文集[M].北京:语文出版社,1988.

[60] 王铁昆.汉字规范通俗讲话[M].北京:人民日报出版社,1994.

[61] 苏培成,等.现代汉字规范化问题[M].北京:语文出版社,1995.

[62] 王均.语文现代化论丛(第二辑)[M].北京:语文出版社,1996.

[63] 国家语言文字工作委员会办公室.文字改革和现代汉语规范化工作40周年纪念手册[M].北京:语文出版社,1996.

[64] 国家语言文字工作委员会政策法规室.国家语言文字政策法规汇编[M].北京:语文出版社,1996.

[65] 王均.语文现代化论丛(第三辑)[M].北京:语文出版社,1997.

[66] 苏培成.语文现代化论丛(第四辑)[M].北京:北京大学出版社,2000.

[67] 苏培成、颜逸明、尹斌庸.语文现代化论文集[M].北京:商务印书馆,2002.

[68] 周有光.周有光语文论集[M].上海:上海文化书版社,2002.

[69] 史定国.简化字研究[M].北京:商务印书馆,2004.

[70] 李宇明、费锦昌.汉字规范百家谈[M].北京:商务印书馆,2004.

[71] 向光忠.文字学论丛(第二辑)[M].武汉:崇文书局,2004.

[72] 黎锦熙.国语运动史纲[M].北京:商务印书馆,1934.

[73] 陈光尧.常用简字表[M].上海:北新书局,1936.

[74] 郭挹清.手头字概论[M].出版地不详:天马书店,1936.

[75] 童振华.中国文字的演变[M].上海:上海生活书店,1937.

[76] 王力.汉字改革[M].北京:商务印书馆,1940.

[77] 倪海曙.鲁迅论语文改革[M].上海:时代出版社,1949.

[78] 丁易.中国文字与中国社会[M].北京:中国出版社,1950.

[79] 曹伯韩.中国文字的演变[M].北京:生活·读书·新知三联书店,1952.

[80] 易熙吾.简化字原[M].北京:中华书局,1955.

[81] 陈光尧.常用简字普[M].北京:中华书局,1955.

[82] 陈光尧.简化汉字字体说明[M].北京:中华书局,1956.

[83] 张世禄.汉字改革的理论和实践[M].北京:文字改革出版社,1957.

[84] 孙伯绳,俞运之.古代的简化汉字[M].北京:文字改革出版社,1958.

[85] 梁东汉.汉字的结构及其流变[M].上海:上海教育出版社,1959.

[86] 本社.汉字简化是当前文字改革的重要步骤[M].北京:文字改革出版社,1976.

[87] 周有光.汉字改革概论[M].北京:文字改革出版社,1979.

[88] 高更生,王立廷,王淑潜.汉字知识[M].山东:山东教育出版社,1982.

[89] 刘之强.简化字 繁体字 选用字 异体字对照表[M].上海:上海辞书出版社,1983.

[90] 曹澄方.文字改革工作问答[M].上海:上海教育出版社,1984.

[91] 《文字改革》杂志编辑部.建国以来文字改革工作编年记事[M].北京:文字改革出版社,1985.

[92] 叶籁士.简化汉字一夕谈[M].北京:语文出版社,1987.

[93] 李荣.文字问题[M].北京:商务印书馆,1987.

[94] 袁晓园.重新认识汉语汉字[M].北京:光明日报出版社,1988.

[95] 武占坤,马国凡.汉字·汉字改革史[M].湖南:湖南人民出版社,1988.

[96] 裘锡圭.文字学概要[M].北京:商务印书馆,1988.

[97] 段农生.关于文字改革的反思[M].北京:教育科学出版社,1990.

[98] 苏培成.汉字简化字与繁体字对照字典[M].北京:中信出版社,1992.

[99] 陈永舜.汉字改革史纲[M].吉林:吉林大学出版社,1992.

[100] 厉兵,魏励.简化字 繁体字 异体字辨析字典[M].成都:四川人民出版社,1993.

[101] 高家莺,范可育,费锦昌.现代汉字学[M].北京:高等教育出版社,1993.

[102] 苏培成.现代汉字学纲要[M].北京:北京大学出版社,1994.

[103] 王均.当代中国的文字改革[M].北京:当代中国出版社,1995.

[104] 杨立秋,张化忠.汉字规范常识[M].北京:语文出版社,1995.

[105] 张育泉.语文现代化概论[M].北京:首都师范大学出版社,1995.

[106] 李乐毅.简化字源[M].北京:华语教学出版社,1996.

[107] 胡双宝.简化字 繁体字 异体字辨析手册[M].北京:北京大学出版社,1996.

[108] 张书岩等.简化字溯源[M].北京:语文出版社,1997.

[109] 费锦昌.中国语文现代化百年记事[M].北京:语文出版社,1997.

[110] 赵斌.实用教学汉字简化字字典[M].湖北:湖北少年儿童出版社,1998.

[111] 《胡乔木传》编写组.胡乔木谈语言文字[M].北京:人民出版社,1999.

[112] 林允富.汉字规范化论纲[M].陕西:陕西师范大学出版社,1999.

[113] 高更生.汉字研究[M].济南:山东教育出版社,2000.

[114] 杨润陆.现代汉字学通论[M].北京:长城出版社,2000.

[115] 连登岗.汉字理论与实践[M].甘肃:甘肃教育出版社,2000.

[116] 苏培成.20世纪的现代汉字研究[M].太原:书海出版社,2001.

[117] 沈克成,沈迦.汉字简化说略[M].北京:人民日报出版社,2001.

[118] 唐兰.中国文字学[M].上海:上海古籍出版社,2001.

[119] 王宁.汉字学概要[M].北京:北京师范大学出版社,2001.

[120] 高更生.现行汉字规范问题[M].北京:商务印书馆,2002.

[121] 王宁.汉字构形学[M].上海:上海教育出版社,2002.

[122] 吕永进.汉字规范形音义[M].上海:上海辞书出版社,2004.

[123] 王开扬.汉字现代化研究[M].山东:齐鲁书社,2004.

[124] 中华人民共和国教育部.义务教育语文课程标准2011年版[M].北京:北京师范大学出版社,2012.

[125] 通用规范汉字表[M].北京:语文出版社,2013.

[126] 王宁.《通用规范汉字表》解读[M].北京:商务出版社,2013.

[127] 王敏,陈双新.《通用规范汉字表》七十问[M].北京:语文出版社,2016.

后 记

该书基本框架是我的硕士毕业论文,是在我的导师李国英教授的悉心指导下完成的。老师严肃的治学态度、严谨的治学精神、精益求精的工作作风,深深影响着我。在此谨向李老师致以诚挚的谢意和崇高的敬意。

全书从起意到成稿,得到了我的密友闫璟、扈乐乐两位老师的鼓励、支持和帮助,没有她们不懈的关注,也许书稿还在持续整理当中。在此向两位老师表示诚挚的感谢。

感谢我的老同学温英明博士为书稿的最后一章出谋划策。天涯海角我们依然还如学生时代一般澄澈坦诚。

最后要感谢我亲爱的家人——在身边默默支持我的先生和小女儿,在远方时刻牵挂的老父亲。没有他们为我分担忧虑、与我共享欢乐,生命的意义将无处追寻。